www.ingramcontent.com/pod-product-compliance
Lightning Source LLC
LaVergne TN
LVHW010916051026
849532LV00003B/721
* 9 7 8 9 3 6 9 0 8 0 3 2 8 *

اردو کی بات

(حصہ سوم / مضامین)

مرتبہ:

مکرم نیاز

Urdu ki baat : Part-3 (Essays)
by: Mukarram Niyaz
Edition: November '2025
Publisher :
Taemeer Publications LLC (Michigan, USA / Hyderabad, India)

ISBN 978-93-6908-032-8

کتاب	:	**اردو کی بات (حصہ: سوم)** (مضامین)
مرتب	:	**مکرم نیاز**
صنف	:	تحقیق و تنقید
ماخذ	:	بشکریہ: الف یار ویب سائٹ[www.alifyar.com]
ناشر	:	تعمیر پبلی کیشنز (حیدرآباد، انڈیا)
سالِ اشاعت	:	۲۰۲۵ء
صفحات	:	۲۳۲
سرورق ڈیزائن	:	تعمیر ویب ڈیزائن

فہرست

۱

اردو کا چرخہ اور چرخے کی آواز

احمد حاطب صدیقی

ہمارے 'ہم کالم' بھائی خورشید احمد ندیم اچھی اردو لکھتے ہیں۔ ہم ان کے کالموں کا مطالعہ صرف رواں، رسیلی اور شستہ اردو سے لطف اندوز ہونے کی لالچ میں کرتے ہیں۔ پُرکھوں نے سچ کہا ہے: 'لالچ بری بلا ہے'۔ کبھی بلائے جان اور کبھی 'بلائے بیان' بن جاتی ہے۔ گزشتہ سے پیوستہ ہفتے (۱۱ ستمبر ۲۰۲۱ء کو) اُن کا کالم بعنوان "اُردو یا انگریزی" روزنامہ 'دنیا' میں شائع ہوا۔ گوکہ مضمون میں ہمارے مطلب کی اور بھی باتیں ہیں، جن پر گفتگو ضروری ہے۔ تاہم ایک اہم نکتہ، بڑی دل گرفتگی اور دل سوزی سے، انھوں نے یہ بیان کیا کہ

"وہ کلچر اب باقی نہیں جس سے تشبیہ و استعارہ اُٹھے تھے۔ چرخہ اب کہیں نہیں ہے۔ نئی نسل نے چرخہ دیکھا نہ اس کی کوک سنی۔"

آخری فقرہ پڑھ کر تو ہم بھی کُوکنے لگے۔ لوجی! 'ایں ہم بچۂ شتر است'۔ یہ بزرگوار بھی نئی نسل کے نکلے۔ 'چرخہ' انھوں نے بھی نہیں دیکھا۔ خیر، چرخہ نہیں دیکھا تو 'چرخی' تو ضرور ہی دیکھی ہوگی، جس پر پتنگ باز مانجھا لپیٹ رکھتے ہیں۔ چرخی چلانے کو آدمی الگ سے مقرر کیا جاتا ہے۔ پیچ پڑ جائے تو ہر ڈھیل اور ہر کھچائی کے ساتھ، مانجھا چھوڑنے اور

لپیٹنے کو مردِ مذکور اپنی گردن اور چرخی گھماتا رہتا ہے۔ اسی پر چرخے کو قیاس کیجیے۔ 'چرخہ لفظ 'چرخی' کی تکبیر ہے، بلکہ 'تکبیر مسلسل'۔ اسے ہاتھ سے گھمایا اور ہاتھ سے چلایا جاتا، تاکہ تشبیہ، استعارہ اور سوت کاتا جاسکے۔ سوت کات کر گاندھی جی اپنی دھوتی اور شال خود بُن لیا کرتے۔ یہ مشقت وہ انگریزوں سے 'عدم تعاون' کے لیے اُٹھاتے تھے۔ اُن کی قید تو بامشقت ہوتی ہی تھی، آزادی بھی کم بامشقت نہ تھی۔ برقی صفحات پر شاید گاندھی جی کی چرخہ چلاتی تصویریں آج بھی دیکھنے کو مل جائیں۔ خیر صاحب، قصہ مختصر کیجیے، چرخہ بے چارا 'چرّخ چوں' تو کر سکتا ہے مگر کُوک نہیں سکتا۔ گرمیوں کی دوپہر میں آم کے باغات میں کوئل کُوکتی ہے۔ آواز سُریلی اور سیٹی جیسی تیز ہوتی ہے، سحرؔ لکھنوی کا دل دہلا دیتی ہے:

فزوں تیر سے کُوک کوئل کی ہے
نہ پوچھو جو حالت مرے دل کی ہے

(فزُوں کا مطلب ہے بڑھی ہوئی، زیادہ) فاختہ اور قُمریاں بھی 'کُوکُو' کرتی پھرتی ہیں۔ پپیہے کی پُکار بھی کُوک کہلاتی ہے۔ شب بیدار چوکی دار بھی ایک دوسرے کو بیدار رکھنے کے لیے کُوک مارا کرتے تھے۔ "کُواُواُو" جیسی سُریلی آواز نکالا کرتے۔ گھڑی یا کسی کھلونے میں جو چابی بھری جاتی ہے، اُس کو بھی کوک بھرنا کہتے ہیں۔ چابی ختم ہو جاتی، گھڑی رُک جاتی تو کہا جاتا 'کوک اُتر گئی'۔ چرخے میں چابی بھرتی ہے، نہ بھونپو بجتا ہے۔ غلط فہمی شاید اس وجہ سے ہوئی کہ وہ جو حضرت مولانا اسمٰعیل میرٹھی رحمۃ اللہ علیہ فرما گئے ہیں کہ

نہر پر چل رہی ہے پن چکی
دُھن کی پوری ہے کام کی پکی

تو جب یہ چکّیاں چلتی تھیں تو کام کی دُھن میں 'کُوکنے' لگتی تھیں۔ اُن کی کُوک دُور تک سنائی دیتی۔ مشین چلنے پر "کُوہُو۔۔۔ کُوہُو" کی جو تیز آواز آتی تھی وہی کُوک کہلاتی تھی۔ بعض چکیاں پانی کے زور سے نہیں، ہوا کے زور سے چلائی جاتی تھیں۔ ہوا سے چلنے والی چکی کو 'پَن چکی' کی جگہ 'پَوَن چکی' کہا جاتا تھا۔ ان چکیوں سے اناج پیسنے کا کام لیا جاتا۔ پن چکی انگریزی میں

Water Mill اور پون چکی Wind Mill کہلاتی تھی۔ اسمٰعیل میرٹھی مرحوم کی پن چکی غالباً آٹا پیسنے پر مامور تھی تاکہ شاعر، اُس کی شاعری اور لوگوں کا پیٹ بھر سکے:

پیسنے میں لگی نہیں کچھ دیر
تُونے جھٹ پٹ لگادیا اِک ڈھیر
لوگ لے جائیں گے سمیٹ سمیٹ
تیرا آٹا بھرے گا کتنے پیٹ

'پن چکیاں' بالعموم نہر کے کنارے کھیتوں میں نصب کی جاتی تھیں۔ اُردو کے افسانوں میں اس قسم کے رُومانوی فقرے اکثر پڑھنے کو ملتے ہیں: "دُور کہیں کھیتوں میں چلتی پَن چکّی کی کُوک ماحول میں گونج رہی تھی۔۔۔" حاصلِ کلام یہ کہ 'چرخے کی کُوک' تو کبھی پرانی نسل نے بھی نہیں سنی، نئی نسل کیا سنے گی! پُرانی نسل بچاری چرخہ کاتتے کاتتے خود چرخہ ہوگئی۔ 'چرخہ ہوجانا' اردو کا محاورہ ہے۔ انجر پنجر ڈھیلا ہوجانے، خستہ حال، کمزور، ضعیف اور لاغر ہوجانے کو کہتے ہیں۔ 'انجر پنجر ڈھیلا ہوجانے' والے معنوں کو استعمال کرتے ہوئے اُس شخص کو، جس کے دماغ کی چُولیں ڈھیلی ہوگئی ہوں 'اُلّو کا چرخہ' کہا جاتا ہے۔ مراد ہے نہایت بے وقوف اور احمق شخص۔ اپنے اِرد گرد نظر دوڑائیے، کوئی نہ کوئی نظر آ ہی جائے گا۔ کوئی نظر نہ آئے تو آئینے پر نظر ڈال لیجیے۔ کام چل جائے گا۔

بھگت کبیر داس نے زمین و آسمان کو بھی چکی کے دو پاٹ قرار دیا۔ قرار دیتے ہی حسبِ عادت رونے بیٹھ گئے:

چلتی چکی دیکھ، دیا کبیر آروئے

دُوئی پاٹن کے بیچ، ثابت بچا نہ کوئے

سنا ہے کہ اس گرو کے کسی چیلے نے اس دوہے کے جواب میں کہا:

اِلا پکڑے جو، ثابت بچا ہے ووئے

اتنا تو سب ہی کو پتا ہو گا کہ چکی کے دو پاٹ بھاری بھاری پتھروں کے پاٹ ہوتے ہیں، جن کی باہمی رگڑ سے اُن کے بیچ میں ڈالا جانے والا اناج پستا ہے۔ اوپری پاٹ کو گھمانے کے لیے، کسی کنارے سے پتھر کاٹ کر ایک کھونٹا ٹھونک دیا جاتا ہے۔ اس کھونٹے کو 'اِلّا' کہتے ہیں۔ اگر 'اِلّا' کے نچلے حصے کے خلا میں کوئی دانہ پھنس جائے تو وہ پِس نہیں پاتا۔ شارحین نے اس مصرعے میں 'اِلّا' کو ذوالمعنین یعنی دو معنوں والا قرار دیا ہے۔ دوسرے معنی 'اِلّا اللہ' سے لیے گئے ہیں۔ جس نے 'اِلّا اللہ' کا کھونٹا پکڑ لیا وہ پسنے سے بچ گیا۔

یہاں یہ وضاحت ضروری ہے کہ 'ذُو معنی' کا مطلب ہوتا ہے: 'معنی والا یا معنی خیز'۔ اس کا مطلب ایک لفظ کے دو معنی نہیں، جیسا کہ اکثر لوگ سمجھتے ہیں، اور ذوالمعنَین کے معنوں میں صرف ذُو معنی بولتے ہیں۔ 'ذُو' کا معنٰی 'والا' ہوتا ہے، جیسے ذوالجلال کا مطلب جلال والا۔

ہمارے بچپن میں ہماری گلی میں ایک نابینا فقیر آیا کرتا تھا۔ بڑی درد بھری پُکار سے کہتا: 'انکھیاں والو! انکھیاں بڑی نِیامت ہیں'۔ اُس زمانے میں ہم پر اصلاحِ تلفظ کا بھوت سوار نہیں ہوا تھا۔ ہوا ہوتا تو شاید وہ 'دھاکڑ' بابا ہمیں بھی بھوت بنا دیتا۔ بہر حال اُسی بابا کی

پیروی یا پیروڈی کرتے ہوئے یہ کہنے کا جی چاہتا ہے کہ 'رونے والو! رونا بڑی نیامت ہے'۔
کبیر داس تو بات بات پر رو دیا کرتے تھے، خواہ وہ بات ہنسنے ہی کی کیوں نہ ہو۔ مثلاً:

رنگی کو نارنگی کہیں اور بنے دودھ کو کھویا
چلتی کو گاڑی کہیں یہ دیکھ کبیر آ رویا

اُردو کا رونا رونے میں ڈاکٹر رؤف پاریکھ، ڈاکٹر تحسین فراقی، ڈاکٹر غازی علم الدین اور جناب رضا علی عابدی سمیت آج کل بہت سے لوگ مصروف ہیں۔ ہمیں اور برادر خورشید ندیم کو بھی انھیں اہلِ گریہ میں ڈال لیجیے۔ مگر رونا کاہے کا؟ اُردو کی فتوحات تو بڑھتی ہی جا رہی ہیں۔ اُردو کا جادُو (کسی بھوت کی طرح) لوگوں کے سر چڑھ چکا ہے اور وہیں چڑھے چڑھے (اُردو) بول رہا ہے۔ اُردو کی ہمہ جہتی کے موضوع پر اور برادر خورشید ندیم کے کالمانہ خیالات پر گفتگو تو آج رہ ہی گئی۔ آج ہم اپنی ظرفہ طبیعت کے ہاتھوں مشقِ سخن کے ساتھ ساتھ چکی کی مشقت کرتے اور کوک بھرا چرخہ ہی چلاتے رہ گئے۔ چلیے پھر کبھی سہی۔ فی الوقت تو اپنی چرّخ چُوں یہیں بند کرتے ہیں۔

***

۲

اردو کی موجودہ ضروریات

دتاتریہ کیفی

چونکہ تھوڑے وقت میں بہت کچھ کہنا ہے اس لئے اردو سے متعلق کئی اہم امور کو مسلمہ مان کر چھوڑ دیا جائے گا۔ ان پر استدلال و توجیہ سے کام نہیں لیا جائے گا۔ کیا ان بدیہی صداقتوں سے کسی کو انکار ہو سکتا ہے کہ اردو زندہ زبان ہے، اردو بہ حیثیت ایک زبان کے اعلیٰ ترین ترقی کے امکان رکھتی ہے، اردو توسیع پذیر ہے، اس کی اشاعت روز افزوں ہے، اس کی زبان اور ادب میں ہمیشہ ترمیم و اصلاح ہوتی رہتی ہے وغیرہ وغیرہ۔ یہاں تک تو آپ مجھ سے متفق ہوں گے۔ اب یہ کہنا ہے چونکہ ہم سب اردو کے حامی ہیں اور دل سے اس کی ترقی چاہتے ہیں، اس لئے یہ دیکھ بھال ہمارا فرض ہے کہ زبان کے کس شعبے یا شق میں اصلاح و ترقی کی ضرورت ہے اور موانع جو ترقی کے مزاحم ہوں انہیں دور کرنا۔ اولیات یا مبادیات سے دست بردار ہو کر براہ راست موضوع سے رجوع لاتا ہوں۔

نہایت محتاط تحلیل سے کام لے کر ہم ان دو حقیقتوں پر پہنچتے ہیں۔ یعنی یہ دریافت کرتے ہیں کہ زبان کی ترقی کے لئے دو چیزیں لابد ہیں، (۱) الفاظ یا کلمات کا وافی ذخیرہ اور (۲) ان کی تنظیم یعنی انشا کہئے۔ جملوں کا ایسا اسلوب جو منشی یا متکلم کے مافی الضمیر کو بوجہ

احسن ظاہر کر سکے اور کار آمد و متداول علوم و فنون سے متعلق اظہار بیان کی طاقت رکھتا ہو۔ ابتدا ہی میں یہ واضح کر دینا ضروری معلوم ہوتا ہے کہ یہ دونوں امور جن کا ابھی ذکر ہوا، زبان کی ساخت اور ترکیب سے ہر نوبت پر متاثر ہوتے ہیں۔ اردو کے اجزائے ترکیبی ہندی زبانیں اور فارسی ہیں۔ آپ دیکھتے ہیں میں نے ہندی زبانیں کہا ہے، اس سے میری مراد ہے ہندوستان کی دیسی زبانیں۔ اردو کا لسانیاتی موازنہ آپ پر واضح کرے گا کہ اردو۔۔ ہماری آج کل کی اردو۔۔۔ میں ہندوستان کی بہت سی زبانوں سے استفادہ ہوا ہے جن میں برج بھاشا، ماگھدی غرض کہ شور سینی کی کئی شاخیں یعنی اپ بھرنش بولیاں اور گجراتی وغیرہ شریک ہیں۔ حیرانی ہوگی کہ عربی اور سنسکرت کا نام کیوں نہیں لیا گیا۔ سنیئے عربی اور سنسکرت سے تصرف کے ساتھ یا بلا تصرف ہم نے صرف مفرد کلمات اور چند مرکبات لئے ہیں۔ ہمارے بیان کا طرز ان کے بیان سے متاثر نہیں ہوا۔ پھر بھی کہہ سکتے ہیں کہ اگرچہ سنسکرت کے مقابلہ میں عربی کلمات کی شرکت اردو میں زیادہ ہوئی لیکن لسانیاتی تاثر کا جہاں تک تعلق ہے اور صرفی نقطہ نظر سے دیکھا جائے تو ہماری زبان عربی سے زیادہ سنسکرت سے براہ راست یا بالواسطہ مستفید ہوئی ہے۔

اب سنیئے! اردو پہلے پہل مقامی اور وقتی ضروریات سے فعل طبیعی کی طرح پیدا ہو گئی۔ اس طرح مدتوں چلتی رہی۔ پھر اس کی طرف اہل علم کی توجہ ہوئی۔ انہوں نے اس کے قواعد مرتب کئے، اصول قائم کئے، آئین اور دستور باندھے، یہاں سے اردو کی تنسیق و تنظیم شروع ہوئی جو انیسویں صدی عیسوی کے شروعات تک برابر جاری رہی۔ اتنا کہہ کر اب میں تنقیح نمبر ایک کو لیتا ہوں۔ عہد گذشتہ کی ضروریات کو زیر نظر رکھ کر بے تامل کہہ سکتے ہیں کہ اردو میں کلمات کا ذخیرہ کافی ووافی ہے، متقدمین نے اپنی ضروریات کے مطابق یہ ذخیرہ اچھا پیدا اور فراہم کر لیا تھا۔ متوسطین نے اس کی تنسیق

میں کار نمایاں کیا متاخرین نے اگر کیا تو یہ کہ نہ صرف اسلاف کے مساعی مشکور پر پانی پھیر دیا بلکہ اردو کو اشتقاقی قوت اور اختراعی قابلیت سے نادانستہ محروم کرنے میں کسر نہ رکھی۔ کیا تو یہ کہ لفظی صناعی اور تخیلی صناعی سے کلام کی فطری خوبی اور سادگی کا خون کر دیا۔ بلاخوف تردید کہہ سکتے ہیں کہ کم و بیش پچھلی نصف صدی میں اصلاحی ضروریات سے قطع نظر اردو میں ایک مفرد کلمہ، ایک مرکب بھی ایزاد نہیں ہوا۔ یہی نہیں ہوا بلکہ اکثر کام کے الفاظ قلیل الاستعمال ہو کر نکمے اور متروک بن گئے۔

ان بزرگواروں نے کیا تو یہ کیا کہ سیدھی سادھی اردو ترکیبیں اور کلمے چھوڑ کر فارسی اور عربی لغات کی بھرمار کر دی۔ دیکھنا کو نظر انداز کیا اور نظر کرنا، تماشا کرنا اس کی جگہ استعمال کیا۔ کہاں وہ اسلاف جنہوں نے بخشنا، بدلنا، آزمانا، لرزانا گرمانا، خریدنا، شرمانا، فرمانا وغیرہ مصدر اردو کو بخشے اور کہاں یہ حضرات ٹھیٹھ اردو میں ان کی جدت اور اشتقاقی وجاہت دیکھئے، کھاو، نکھٹو، گلچھرے، ہنس مکھ، منہ پھٹ، ہتھ چھٹ، سمجھ دار، دیوانہ پن وغیرہ سینکڑوں مرکب بنا ڈالے جو معنی کی بیش بہا دولت کے مالک ہیں۔ متاخرین کے کارنامے صرف یہ ہیں کہ انہوں نے اردو کا باقاعدہ سیکھنے سکھانے کا تو کبھی خیال تک نہ کیا مگر ضرورت پر یا بے ضرورت کلام کو برہان اور قاموس کا ملخص بنا دیا۔ وہ بھی ہیں جو قدم قدم پر امر کوش اور شبد کلپدرم کے دروازے پر الکھ جگائے رہتے ہیں۔ لیکن آپ ہی دیکھئے کہ ادبی دنیا میں ان مہاپرشوں کو کہاں تک جگہ دی جاتی ہے۔

یہ لوگ نہ اردو کے اہل ہیں اور نہ ہندی کے۔ لسانی حریت حریت فکر کی ماں ہے۔ آپ اپنی زبان میں دوسری زبانوں کے دست نگر اور قرض دار رہیں گے تو حریت فکر و تخیل آپ سے دور ہو جائے گی۔ اردو کوئی صرفی زبان تو ہے نہیں کہ مادوں سے کلمے بناتے جائیے۔ یہ اپنے اجزائے ترکیبی کی زبان سے پکار پکار کر کہہ رہی ہے، زہر خرمنے خوشہ

یافتمیہ خوشہ چینی اب بھی ناگزیر ہے اور اس کا تمول بڑھ سکتا ہے، بشر طیکہ ہم اعتدال اور سلیقہ سے کام لیں۔ اس بارے میں سلیقے کی تعریف تشریح طلب ہوگی۔ یہ کام ڈیڑھ صدی کے قریب زمانہ گذرا، سید انشا کر گئے، فرمایا ہے، "واضح رہے کہ ہر لفظ جو اردو میں مشہور ہو گیا، عربی ہو یا فارسی، ترکی ہو یا سریانی، پنجابی ہو یا پوربی، از روئے اصل غلط ہو یا صحیح وہ لفظ اردو کا لفظ ہے، اگر اصل کے مطابق ہو تو بھی صحیح ہے اور اگر اصل کے خلاف مستعمل ہے تو بھی صحیح ہے۔ اس کی صحت و غلطی اردو میں اس کے استعمال پر منحصر ہے کیونکہ جو اردو کے خلاف ہے، غلط ہے، خواہ وہ اصل زبان میں صحیح ہو اور جو اردو کے مواقف ہے خواہ وہ اصل میں صحیح نہ بھی ہو، صحیح ہے۔ (دریائے لطافت ص، ۲۴۱)

متاخرین نے طلسم لسان کے اس اسم اعظم کو بھلا کر اردو کو غیر زبانوں کو کنوڈا کر دیا۔ فرماتے ہیں عرصہ عربی میں مدت کے معنی میں نہیں آتا، اس لئے اس معنی میں لانا غلط ارشاد ہوتا ہے۔ فارسی میں از خود رفتہ تھا، آپ کا خود رفتہ بولنا صحیح نہیں، وغیرہ وغیرہ۔ یہ ماخذ پرستی ہی نہیں بلکہ وہ جبر و استبداد ہے جس کے مرتکب ادبی سخت جان لسانیات اور ادبیات میں ہر کہیں اور ہمیشہ ہوا کرتے ہیں۔ عربی، فارسی، سنسکرت اور فرنگی کلمے اردو میں ہیں اور رہیں گے اور آئیں گے، مگر اسی نوع سے جیسا کہ سید انشا نے فرمایا۔ بحث ضرورت تلفظ اور معنی ہی سے تو ہے۔ ہم نے دھرم کو دھرَم اور کرم کو کرَم اور موسِم کو موسَم بنا دیا۔ ہم آتما یا روح کو نفس یعنی مرکز احساسات و جذبات کے معنی میں استعمال کرتے ہیں۔ ہم حور (صیغہ جمع) کو واحد قرار دے کر اس کی جمع حوروں اور حوریں لاتے ہیں۔ سنسکرت کے بیاکل کو ہم نے بیکل بنا دیا۔ ارواح روح کی جمع ہے، ہم نے کہا اس کی ارواح خوش ہوئی۔ ارواح شرمانا، آپ میں سے بعض اپنے دل میں ضرور کہہ رہے ہوں گے کہ یہ کہاں کا کھٹراگ لے بیٹھے۔ کوئی غزل سنائیں۔ گوبر گنیش اور صلواتیں سنانا

صاف کہہ رہے ہیں کہ مقدس کلمے بھی اردو کے تصرف سے نہ بچ سکے۔

زبان صرفی ہو یا غیر صرفی دونوں زبانوں کے کلموں کے شمول سے نہیں بچ سکتی۔ اس کا تو ذکر ہی کیا کہ بھگوت گیتا میں کئی کلمے پراکرت کے بتائے گئے۔ کلام مجید میں ایک سو کے قریب کلمے غیر عربی زبانوں کے موجود ہیں۔ آج کل کی عربی زبان میں جس کا لغات (لغات جدید) سید سلیمان ندوی نے مرتب کیا، غیر زبانوں کے سینکڑوں لفظ شامل ہیں۔ اسی طرح غیر زبانوں یعنی عربی، فارسی، سنسکرت ہندی اور انگریزی وغیرہ زبانوں سے لغت ہم بھی لیتے ہیں اور لیں گے، لیکن اصول تارید کے تحت یعنی اپنے ڈھنگ پر اردو تصرف کی صلاحیت کے ساتھ۔ دیکھئے صندوق کو ہاتھ نہ لگایا یہی تو ہے تصرف۔ شمس ہم عرب سے اٹھا تو لائے لیکن تصرف کے افسوں نے اسے عورت سے مرد بنا دیا۔ ٹِکٹ کو ہم ٹکَٹ کہتے ہیں اور فیس کو کلمہ مفرد استعمال کرتے ہیں۔ کلمات کے اختراع، مشتق کرنے یا باہر سے لینے کی ضرورت اس عہد میں ہر کبھی سے زیادہ اور بہت زیادہ ہے اور یہ ایک بدیہی حقیقت ہے۔ ظاہر ہے کہ ہر علم اور فن اپنے ساتھ نئے لغات لاتا ہے۔ ہمیں نہ صرف اصطلاحات ہی وضع کرنی ہیں بلکہ معمولی ادبی زبان بھی اپنے لغات میں توسیع چاہتی ہے۔ پہلے وضع اصطلاحات کو لوں گا۔ وہ کہیں سے لائی گئی ہوں۔

تمام ادبی شعبوں، فلسفہ، منطق، جغرافیہ اور ریاضی وغیرہ علموں کے متعدد شعبوں کی اصطلاحیں ہمارے ہاں موجود تھیں، جس وقت کہ مغرب کے نئے سائنس اور کلچر سے ہمارا سابقہ ہوا۔ یہ بھی ہوا کہ اہل فرنگ کے ساتھ ہم کو بھی اپنی اصطلاحوں میں ترمیم کرنی پڑی۔ انگریزی میں پہلے پولیٹیکل اکانومی ایک علم کا نام تھا۔ ہم اسے سیاست مدن کہتے ہیں۔ اب یورپ میں اس علم کی وضع قطع کے ساتھ اس کا نام بھی بدل گیا، اور ہم بھی اکونومکس کو معاشیات کہنے لگے حالانکہ پرانی اصطلاح ملا جلال الدین دوانی کی وضع کی ہوئی

تھی۔ کبھی ہم کو اپنی اندرونی ضرورت سے دقت پیش آئی، جب ولائتی مال جہازوں پر لد کر ہندوستان میں آنا شروع ہوا تو بل آف لیڈنگ ساتھ آنا ہی تھا۔ اس کو ضروری تصرف کے ساتھ بلٹی کہا گیا۔ جب ملک میں ریل جاری ہوئی تو ریلوے کے پارسل کی رسید کو نہ جانے کیوں بلٹی کہنے لگے۔ آج بھی ریل کے پارسل یا گودام کی رسید کو بلٹی کہتے ہیں۔ جنہوں نے اس رسید کو بلٹی کہا وہ اردو بولنے والے تھے۔ جنہوں نے بل آف لیڈنگ کو بلٹی کہا وہ گجراتی بولنے والے تھے۔ دونوں قسموں کا مال لانے والے فرنگی تھے۔ بلٹی کا لفظ مال کی آمد ورفت کے سلسلے میں کانوں میں پڑا ہوا تھا، ادھر بھی سہل انگاری سے اس کا استعمال دوسرے معنی میں شروع ہو گیا۔ اب جو معاشیات کی اصطلاحیں نئے سرے سے وضع ہونے لگیں تو بل آف لیڈنگ کے لئے کوئی لفظ نہ تھا کیونکہ تمام شمالی ہند میں بلٹی کا لفظ ریل کے پارسل کے متعلق مستعمل اور معروف ہو چکا تھا، آخر اس کی جگہ لداؤ پرچہ قرار دینا پڑا جو بل آف لیڈنگ کا اردو ترجمہ ہے۔ برقیات کی ذیل میں الکٹری فائی کی جگہ برقانا وضع کیا گیا جو ہر لحاظ سے قابل داد ہے۔ پونڈ کے روپے اور روپوں کے پونڈ بنائے جائیں تو مبادلہ کا فرق جو ہوتا ہے اسے بھڑوت کہا گیا یعنی ڈفرنس آف اکسچینج۔ لفظی ترجمہ کہیں بد عنوانی بھی پیدا کر دیتا ہے۔

ہونا یہ چاہئے کہ اصطلاح کی ضرورت پر پہلے اپنے ہاں جائزہ لیا جائے، یعنی دیکھا جائے کہ ملکی زبان کا کوئی ہم معنی لفظ پہلے سے کہیں موجود اور مستعمل ہے کہ نہیں۔ نہ ملے تو لفظی ترجمہ کیا جائے یا آکسیجن کی طرح اصل لفظ ہی کو رہنے دیا جائے۔ ایک جگہ رزرو فارسٹ کا ترجمہ کیا گیا محفوظ جنگلات، جو افسوسناک ہے، کیونکہ ٹینک یا آکسیجن کی طرح رزرو فارسٹ ہمارے لئے نئی چیز نہیں۔ یہ پہلے سے ہے اور نہ صرف عرف عام بلکہ دفتری اصطلاح میں بھی اسے رکھ سکتے ہیں۔ اب تک جو کچھ کہا گیا اسم اور فعل پر حاوی

ہے۔ ادبی زبان کا جہاں تک تعلق ہے، نہ تو نفسیاتی اعتبار سے ہمارے ہاں اسموں کی کمی ہے اور نہ صفاتی پہلو سے۔ حروف جاریہ و معنوی بھی کافی ہیں۔ فعل کا کوئی صیغہ ہمیں وضع کرنا نہیں ہے۔ ہمارا صرف کبیر ارادے اور وقوعے کے ہر پہلو اور زمانے کے ہر دقیقے کا صحیح ترجمان ہے۔ غرض کہ مفردات میں ہم کسی سے پیچھے نہیں۔ ہاں اس میں ترقی کی گنجائش ہر وقت ہے۔ دقت اور اختلاف جو آکر پڑتے ہیں تو اسموں کی تذکیر و تانیث اور نتیجتاً افعال کی تذکیر و تانیث میں۔ اس بارے میں اگر ہم دو کلیئے اور صرف چند ضمنی قاعدے قرار دے دیں تو تمام خرابیاں اور اختلاف رفع ہو سکتے ہیں۔ وہ کلیئے یہ ہیں

(۱) جس غیر ذی روح شے کے نام میں جمالی شان پائی جائے، اسے مؤنث اور جس میں جلالی یعنی ہیبت ایذا دہی اور رعب کی کیفیت پائی جائے اسے مذکر قرار دیں

(۲) جذبات، احساسات یا افراد موجودات کے ناموں کے متعلق یہ ہونا چاہئے کہ ان کے مترادف یا قریب المعنی جو لفظ پہلے سے ہندوستانی یا ہندی وغیرہ میں ہیں ان کی جنسیت کا اتباع لازم سمجھا جائے۔ نوٹ عام رواج یا عورتوں کے استعمال کا بھی لحاظ رکھنا ہوگا اور یہ بھی ہے کہ جو لفظ ہمارے نظریہ کے خلاف پہلے سے بالاتفاق ایک جنس میں رکھ دیا گیا ہے اسے ہاتھ نہ لگایا جائے۔ شارٹ سکرٹ جس جامہ میں ہو جوں کا توں رہنے دیا جائے۔ بعض الفاظ محض اپنی بناوٹ اور صوت کی شان کے تحت جنسیت قبول کر لیتے ہیں۔ سنسکرت کے اکثر الفاظ اس صوتی جبر کے معمول ہیں۔ جیسے پتی سنسکرت میں مالک یا صاحب کو کہتے ہیں۔ اس کا مؤنث ہے پتنی۔ مگر ہندوؤں میں لڑکیوں کے نام چندر پتی اور اندر پتی وغیرہ رکھے جاتے ہیں۔ یہ یوں کہ ان کا صوتیاتی بہناپا سرسوتی، لکشمی اور پاربتی وغیرہ سے ہے۔

اسی طرح گنگا جمنا، مالا، چھالیا وغیرہ مذکر ہونے چاہئے تھے مگر ایسا نہیں ہوا۔

متروکات کی لمبی فہرست بھی نظر ثانی کی محتاج ہے جس کے ذکر کی یہاں گنجائش نہیں۔ انشا کے بارے میں بھی کچھ کہنا ہے اس لئے کلمات کا دفتر جو بے پایاں ہے، بند کر دینا پڑتا ہے۔ اس سے پہلے مرکبات اور مشتقات کی نسبت ایک مختصر گذارش کرنی ہے۔ میں نے چند لفظ گڑھے ہیں یا یہ کہیے کہ اخذ و تصرف سے ان کے ساتھ سلوک کیا ہے۔ ان میں سے کچھ یہ ہیں، دو آبہ گنجم یعنی وہ ملک جو گنگا اور جمنا کے درمیان واقع ہے۔ آپ جانتے ہیں یہ قطعہ نہایت اہم ہے، ہندی اور ہند کی زبانوں کی تاریخ کے سلسلے میں اس کا نام بار بار آتا ہے لیکن اس کے لئے ایک لفظ اب تک دیکھنے میں نہیں آیا۔

قم یعنی قبل مسیح اور بم یعنی بعد مسیح میں پولی ٹیشن کو سیاس اور نفسیات یعنی سائیکولوجی کے ماہر کو نفاس کہتا ہوں۔ کلام میں بے ضرورت، مغلق اور غریب الفاظ کی بھرمار کو قاموسیات اور شارٹ اسٹوری کو افسانچہ کہتا ہوں۔ اسی طرح نیم گرم ارادہ، گلابی اصول، احولی نقطہ نظر، عمر کا ڈھلواں حصہ، کایا بدل، استفساریہ، متوازیہ، ام الوطن، لسان یعنی لنگواسٹ، خورد بینی اقلیت وغیرہ کی ترکیبیں ہیں۔ تارید یعنی غیر زبان کے لفظ کو ضروری تصرف سے اردو بنا لینا اور مورد وہ لفظ جو اس طریق پر اردو بنایا گیا ہو پھر ایسی ترکیبیں ہیں جیسے ادبی ناداری، ادبی تمول، ادبی استبداد، ادبی سخت جان، ادھورا حافظہ اور ہر کبھی وغیرہ وغیرہ۔ اب میں ایک بات کہہ کر اس شق سے رخصت ہوتا ہوں اور وہ یہ ہے کہ جب کوئی زبان ضرورت صیحہ کے بغیر دوسری زبانوں کے کلمات اور مرکبات مستعار لینے کی عادی ہو جاتی ہے، تو اس کی صرفی استعداد، اشتقاقی قوت اور اختراعی صلاحیت فنا ہو جاتی ہے اور وہ ادبی ناداری اور دریوزہ گری کی درگت کو پہنچ جاتی ہے۔ کلام، علم معانی کی کتابوں میں آیا ہے، "الفصاحت یوصف بہا المفرد والکلام و المتکلم۔" یعنی فصاحت کا تعلق کلمہ، کلام اور متکلم سے ہے۔ یہاں ہمارا مطمح نظر صرف کلام ہے، یعنی انشا

کے لئے جملہ۔ اس سے پہلے کہ جملے کی ساخت یا ترتیب کی نسبت کچھ کہا جائے، ضروری ہے کہ فصاحت کی جامع و مانع تعریف پیش کر دی جائے جسے غالباً آپ سائنٹفک حیثیت عطا فرمائیں گے اور وہ یہ ہے، "فصاحت کلام کا وہ وصف ہے جو سامع یا قاری کے ذہن کو منشی یا متکلم کے ذہن کے قریب ترین پہنچا دیتا ہے۔" بولتے یا لکھتے وقت ہماری انتہائی کوشش اس امر میں ہونی چاہیے کہ پڑھنے یا سننے والے کو ہمارا مافی الضمیر سمجھ لینے میں دقت اور پریشانی نہ ہو۔ آج کل اس کا لحاظ کم رکھا جاتا ہے، جملوں میں اس قدر بے ربطی ہوتی ہے، اس طرح صلہ در صلہ وارد ہوتا ہے کہ ادھر تو اس کا مطلب سمجھنے میں دشواری ہوتی ہے اور ادھر وہ جملہ اردو کا سا نہیں جچتا، اوپرا اوپر معلوم ہوتا ہے۔

ہماری انشا میں یہ ایک بہت بڑی بدعت آ کے پڑ گئی ہے۔ ارشاد ہوتا ہے، "۲۰ ماہ حال کو ایک جلسے میں تقریر کرتے ہوئے جو بہ سرپرستی انجمن فلاں زیر صدارت جناب الف ہوا تھا، ادبی ضروریات کی نسبت جناب بے نے فرمایا کہ۔۔۔" آپ دیکھتے ہیں اس جملے کی نوعیت خبریہ ہے۔ اور خبر میں سب سے اہم تقریر کرنے والے کا نام ہے اور پھر موضوع جس پر تقریر ہوئی۔ مقرر کا نام اور موضوع دریافت کرنے کے لئے سامع یا قاری کو دیر تک انتظار کرنا پڑا۔ اس عرصے میں اس کا ذہن جانے کہاں کہاں ٹکریں مارتا پھرا۔ کبھی قیاس کیا کہ تقریر کرنے والا زید ہوگا کیونکہ وہ آج کل لاہور میں وارد ہے اور کئی لکچر دے چکا ہے۔ کبھی اس کا ذہن حضرات ہری جن کی طرف منتقل ہوا کیونکہ ان دنوں یہ موضوع بہت زوروں پر ہے۔ غرض کہ یہ خبریہ نہیں بلکہ سامع یا قاری کے صبر سعی، تجسس اور حسن ظن کا امتحان ہے۔ یہ بدعت اول اول انگریزی سے ترجمے کی بدولت اردو میں آفت کی طرح نازل ہوئی، اور اب اسلوب کی سر مشق بن بیٹھی ہے۔ لمبے لمبے پیچیدہ جملے، مغلق فقرے، صلہ موصول کی بھرمار، اضمار قبل الذکر، متعلقات کی

بہتات اور بے ڈھنگاپن۔ یہ عیوب بالعموم آج کل کی انشا کو پابہ گل کر رہے ہیں۔ جو بات کئی چھوٹے چھوٹے جملوں اور قریب الفہم فقروں میں کہی جاسکتی تھی، اسے ایک شیطان کی آنت جملے میں لا کر گڈ مڈ کر دینا عہد حاضر کی انشا کا بڑا عیب ہے۔ اب دیکھئے وہی بات نہایت خوش اسلوبی سے یوں کہی جا سکتی ہے، "جناب (ب) نے ایک جلسے میں ادبی ضروریات پر تقریر کی جو انجمن فلاں کی سر پرستی میں ۲۰ ماہ حال کو جناب الف کی صدارت میں ہوا۔ لکچرار نے دوران تقریر میں کہا۔۔۔" اب سامع یا قاری قیاس اور تلاش کی زحمت سے بچ جاتا ہے۔ اس کا ذہن ادھر ادھر سراسیمہ نہیں پھرتا۔ ہر بات، واقعہ کا ہر جز، صحیح نفسیاتی ترتیب میں اپنے وقت پر واضح ہو جاتا ہے۔ مگر لوگوں کا رجحان الفاظ کے ساتھ جملوں کو بھی مغلق بنا دینے کی جانب ہے۔

اس اندھی تقلید سے اردو کو پاک رہنا چاہئے۔ روز مرہ کا مشاہدہ ہے کہ انگریزی کا طرز انشا اردو کے اسلوب پر حاوی ہو کر اس کو بگاڑ رہا ہے۔ اس کا ملزم ہمارا اخباری لٹریچر ہے۔ افسانوں اور افسانچوں میں یہ بھی رواج ہو چلا ہے کہ قائل کے قول کو توڑ پھوڑ کر راوی کے توصیفی یا اضافی الفاظ سے پیوند کیا جائے۔ مثلاً ایک کہانی یا اس کی فصل اس طرح شروع ہوتی ہے، "میں ہر گز ایسا نہیں کر سکتا۔" حامد نے تیوری چڑھا کر کہا۔ "تم تو کیا۔۔۔" محمود تیزی سے بولا، "تمہارا پیر ایسا کرے اور ضرور کرے۔" زبان کا یہ خون کرنا شرمناک ہی نہیں افسوسناک ہے۔ کوشش کی جاتی ہے کہ ہر شعر یا ہر جملہ ٹھوس اور ٹھکی ہوئی زبان اور اسلوب میں ہو یعنی پڑھتے یا سنتے ہی سمجھ میں نہ آسکے۔ لاگ لپیٹ، کھینچ تان، گرہ در گرہ اور پیچ در پیچ طرز بیان فضیلت کا سکہ بٹھا رہے ہیں۔ یہ کچھ بھی نہیں۔ وہ زبان کو بگاڑ رہے ہیں اور بس۔ کسی موضوع کے لئے بھی مغلق بیانی کی ضرورت نہیں، موضوع جتنا زیادہ وقیع ہو اتنی ہی سہل نگاری اور صراحت چاہے گا۔ یہ کیا کہ اپنی

دشوار پسندی سے اسے دشوار تر بنا دیا جائے۔ بعضوں کا یہ بھی اعتقاد ہے کہ عربی فارسی الفاظ اور ترکیبیں لانے سے کلام کی دل پذیری اور زور بڑھ جاتا ہے مگر وہ سخت مغالطہ اور جہالت میں پڑے ہوئے ہیں۔ ادب کی تاریخ بتاتی ہے کہ لغت بازی یا مغلق بیان سے کلام کبھی سرسبز نہیں ہوا۔ ہر زبان کے اعلیٰ اور الطف ادب میں وہ کلام چوٹی کا سمجھا جاتا ہے جس میں دقت اور اغلاق لفظی یا معنوی نام کو نہ ہو۔ بعض اساتذہ کے اشعار اس ذیل میں پیش کئے جاتے ہیں جو یہی نہیں کہ ستر یا بہتر نشتروں میں تیز تر ہیں بلکہ انہیں حاصل دیوان کہنا شاید درست ہو، تھمتے تھمتے تھمیں گے آنسو رونا ہے یہ کچھ ہنسی نہیں ہے میر صاحب کے اس شعر میں فاری عربی کا ایک لفظ بھی نہیں۔

یہی حال ذوق کے اس شعر کا ہے، اب تو گھبرا کے یہ کہتے ہیں کہ مر جائیں گے مر کے بھی چین نہ پایا تو کدھر جائیں گے ناسخ کا یہ شعر بھی اسی قبیل سے ہے، وہ نہیں بھولتا جہاں جاؤں ہائے میں کیا کروں کہاں جاؤں مومن فرماتے ہیں، تم مرے پاس ہوتے ہو گیا جب کوئی دوسرا نہیں ہوتا مرزا غالب کا یہ شعر ہے، ان کے دیکھے سے جو آتی ہے منہ پر رونق وہ سمجھتے ہیں کہ بیمار کا حال اچھا ہے فارسی عربی کے تین لفظ جو اس شعر میں آئے، ایسے ہیں جنہیں ان پڑھ اور گنوار بھی بولتا ہے۔ وہ لوگ جو لفظوں کے طلسم سے اپنی شاعری یا تصنیف کا گھروندا بنا کر خوش ہوتے ہیں انہیں جلد ہی مایوس ہونا پڑے گا۔ جاننا چاہئے کہ غیر زبانوں کے جو لفظ اردو میں گھل مل گئے ہیں یا اس میں رچنے بچنے کی اہلیت رکھتے ہیں، ان سے اردو کے تمول اور تزئین میں ایزادی ہوتی ہے، لیکن محض لغات بازی یا قاموسیات سے اول تو زبان کا ستیاناس ہوتا ہے، دوسرے متکلم مقبولیت حاصل کرنا تو رہا ایک طرف، اپنے عندیہ کو سامع کے ذہن کے قریب پہنچنے میں مانع ہوتا ہے۔ اس میں کلام نہیں کہ علمی زبان تغزل کی یا عام ادبی زبان سے کچھ نہ کچھ مختلف ہوا کرتی ہے اور ایسا

ہونا لازمی ہے۔ فرانسیسی لسان برگسیں نے کیا خوب کہا کہ علمی زبان بمنزلہ ایک پپڑی کے ہے جو پانی کی سطح پر جم گئی ہو۔ اس کی نوعیت پانی کی نوعیت سے جداگانہ نہیں۔ وہ بھی انہیں اجزا سے بنی جن سے پانی بنا۔ ہاں خاص اسباب نے اس کی ظاہری شکل کو پانی کی شکل سے ممیز کر دیا ہے۔ یہ ایسا ہی ہے جو دو جمع دو مساوی چار۔ یہ تو ہوئی ریاضی کی علمی زبان اور دو اور دو چار ہوتے ہیں۔ یہ ہوئی معمولی ادبی زبان۔ یہ کون نہیں مانے گا کہ مابعد الطبعیات یا جر اثقال پر آب حیات یا فسانہ آزاد کی زبان و اسلوب میں نہیں لکھ سکتے لیکن اس کا خیال رکھنا ہمارا فرض ہے کہ ان دونوں میں وہی نسبت قائم رہے جو پانی اور پانی کی پپڑی میں ہے۔ وقت کی قلت روکتی ہے ورنہ اب سے ساٹھ ستر برس پہلے کی علمی زبان کے نمونے پیش کئے جاتے جب کہ مغربی علوم سے ہم کو پہلے پہل روشناسی ہوئی تھی۔ محاوروں کی ہمارے ہاں کمی نہیں۔ صنائع بدائع ضرورت سے زیادہ ہیں، بلکہ تحسین کلام کی حد سے گزر کر کلام پر چھائے ہوئے ہیں۔ نظم میں اصناف مقررہ کی قید اور تعین اب باقی نہیں۔ یہ خوب ہوا۔ عروض میں کانٹ چھانٹ کی ضرورت بہت زیادہ ہے۔ بحور و اوزان اور قافیہ کے قواعد جو عربی زبان کے لئے مدون کئے گئے تھے، مارشل لا کی طرح ہم پر عائد کئے گئے۔ ان کا نباہ نہ ہونا تھا نہ ہوا۔ یہی نہیں بلکہ ان سے بغاوت اس جوش و خروش کی ہوئی کہ اب بے راہ روی کے آثار نمایاں ہو رہے ہیں۔ مختصر یہ کہ اردو کو ضرورت ہے علمی لغات میں ایزادی اور وضع اصطلاحات میں آزادی اور تصرف کی۔ زبان کی صرفی تاریخ یعنی اشتقاق و لغت آفرینی کے طریق کو ہم بھول بیٹھے ہیں۔ اس بارے میں حافظہ کو تازہ کرنا ہے۔ قدما جو قواعد فصاحت کے باندھ گئے، مثلاً تنافر حروف، غرابت اور مخالفت قیاس لغوی وغیرہ، ان میں بھی ترمیم اور نظر ثانی کی ضرورت ہے۔ فصاحت کا اصلی عنصر جو اسالیب بیان سے اردو میں اڑتا جاتا ہے، اسے روکنا چاہئے۔ یہ سب کچھ ہو

لیکن اردو کی ذاتی لطافت مفقود نہیں ہونی چاہیئے۔ ہمارا فرض ہے کہ حریت لسان و حریت فکر کے وکیل ہوں، کیونکہ تخیل نطق کے سہارے چلتا ہے۔ الفاظ کے بغیر تخیل ناممکن ہے۔ اس لئے حریت لسان حریت فکر کی مؤید ہے۔ اب یہ کہنا ہے کہ اردو کا نستعلیق ٹائپ نہ ہونا اسے دیسی زبانوں میں ہیٹا بنا رہا ہے۔ امید ہے کہ اس پر گفت و شنید کا بھی موقع دیا جائے گا اور اس بارے میں سنجیدگی سے غور و فکر کے بعد ایک لائحہ عمل قرار پائے گا۔ اسی ضمن میں املا کے مسائل بھی بحث میں آ جائیں گے۔ اردو کی پبلشنگ کمپنیوں کا نہ ہونا اس کی نشر و اشاعت میں مخل ہے۔ ہماری ضروریات میں ایک ضرورت اور بھی ہے جو کسی سے کم نہیں۔ وہ ہے ارباب اردو کے اجتماعی مسائل کی یعنی مل کر کام کرنے کی صلاحیت، جس کی زندہ نظیر امید ہے، یہ آپ کی اردو سبھا ثابت ہوگی۔ آخر میں نہایت خلوص سے یہ گذارش ہے کہ اردو ہماری کفالت میں ہے۔ یہی نہیں کہ ہم اچھی نظمیں کہہ کر یا دو چار کتابیں لکھ کر خلقت کی واہ واہ لیں اور بس۔ ہمارا مطمح نظر وسیع ہونا چاہیئے۔ قدرت نے ہم پر کچھ فرائض بھی ڈالے ہیں۔ لازم ہے کہ ہم موجودہ حالات کا صحیح مشاہدہ کریں۔ مستقبل میں جو ضرورتیں آنے والی نسلوں کی عارض حال ہوں گی ان کا ٹھیک موازنہ کریں اور اردو کو ایسا بنا کر اس کی ترقی کے ایسے رستے نکال کر چھوڑ جائیں کہ جو ہمارے بعد ہماری جگہ آئیں گے، ان کے لئے کوئی قابل دفع اور ناگوار عوارض مانع ارتقا نہ رہ جائیں، کار دنیا کوئی تمام کر سکا یا نہیں، اس کو رہنے دیجئے، کوشش تکمیل کی کرتے جایئے اور ذات باری کے اس ارشاد کو یاد رکھئے، ان اللہ لا یضیع اجر المحسنین۔

***

۳

اردو شاعری میں عورت کا شعور

فاطمہ حسن

اگرچہ برصغیر کے سماجی نظام میں یہ گنجائش بہت کم تھی کہ خواتین تخلیقی صلاحیتوں کا بھرپور اظہار کر سکیں پھر بھی اس صدی کے دوران انہوں نے جو ادب تخلیق کیا اسے نظر انداز کرنا ممکن نہیں رہا۔ اس صدی میں خواتین نے جو ادب تخلیق کیا وہ اردو ادب کے ورثے میں بہت اہم اور باوقار اضافہ ہے۔ اس کے ذریعے سے تخلیقی اظہار کی کچھ ایسی جہتیں سامنے آئی ہیں جن کی وجہ سے ان کا خصوصی مطالعہ ضروری ہو گیا ہے۔

اس صدی کی ابتداء سے خواتین نے تعلیمی اور تخلیقی سرگومیوں میں باقاعدہ حصہ لینا شروع کیا۔ لاہور سے محمدی بیگم (والدہ امتیاز علی تاج) رسالہ تہذیب نسواں نکال رہی تھیں۔ اس کا پہلا شمارہ یکم جولائی ۱۸۹۸ء کو منظر عام پر آیا۔ ۱۹۰۴ء میں علی گڑھ سے ماہنامہ خاتون جاری ہوا۔ یہ رسالہ شیخ محمد عبداللہ اور ان کی بیگم نے جاری کیا تھا یہ وہی شیخ عبداللہ اور بیگم عبداللہ ہیں جو مسلمان لڑکیوں کی تعلیم کے زبردست حامی تھے اور انہوں نے تعلیم نسواں کی تحریک کو آگے بڑھانے میں بہت اہم کردار ادا کیا تھا۔ انہی کی کوششوں سے ۱۹۰۶ء میں لڑکیوں کا پہلا اسکول علی گڑھ میں قائم ہوا۔ خواتین کے رسائل اور خصوصاً ۱۹۰۸ء میں رسالہ "عصمت" کے اجراء کے بعد لکھنے والی خواتین اردو

ادب کے منظر نامے میں باضابطہ طور پر داخل ہوئیں۔

یہ رسائل وہ معتبر حوالے ہیں جس سے ابتدائی دور کی خواتین کی تخلیقات اور ان کے فکر و شعور کا پتہ چلتا ہے۔ ان لکھنے والیوں میں نذر سجاد حیدر، صغریٰ ہمایوں، فاطمہ بیگم، بیگم اختر سہروردی، شائستہ اکرام اللہ اور شاعرات میں ز۔ خ۔ ش۔ (زاہدہ خاتون شیروانیہء)، صفیہ شمیم ملیح آبادی، رابعہ پنہاں اور بلقیس جمال جیسی شاعرات شامل ہیں۔

ز۔ خ۔ ش اردو شاعری کا بہت اہم نام ہیں۔ یہ پہلی شاعرہ ہیں جنہیں ان کی توانا فکر اور طرز کلام کی وجہ سے نظر انداز کرنا ممکن نہیں رہا۔ اگرچہ انہوں نے اپنی شناخت کو پوشیدہ رکھنے کی پوری کوشش کی، کئی بار نام تبدیل کئے، کچھ عرصے تک نہ چھپنے کا فیصلہ بھی کیا مگر ان کی نظموں نے قارئین کو متوجہ کیا ان کی ایک نظم جو محمڈن یونیورسٹی کے لئے چندے کی اپیل کے سلسلے میں رسالہ "عصمت" کے اکتوبر ۱۹۱۲ء کے شمارے میں شائع ہوئی تھی بہت مقبول ہوئی۔ اس نظم کا ایک شعر دیکھئے۔

اے فخر قوم بہنو عصمت شعار بہنو
مردوں کی ہو ازل سے تم غم گسار بہنو

۱۹۲۲ء میں ان کی وفات پر علامہ راشد الخیری نے لکھا تھا،

"وہ اس پائے کی عورت تھیں کہ آج مسلمانوں میں اس کی نظیر مشکل سے ملے گی۔ علاوہ ذاتی قابلیت کے جو ان کے مضامین نظم و نثر سے ظاہر ہوتی ہے ان کا دل قوم کے درد سے لبریز تھا۔"

ز۔ خ۔ ش۔ نے کم عمر پائی۔ وہ دسمبر ۱۸۹۸ء میں پیدا ہوئیں اور ۲۴ سال کی عمر میں وفات پا گئیں۔ ان کے کلام کے دو مجموعے "آئینہ حرم" اور "فردوس تخیل" منظر عام پر آئے۔ فردوس تخیل کو انہوں نے اپنی زندگی میں مرتب کر دیا تھا۔ مگر یہ کتاب ان کی

وفات کے بعد شائع ہوئی۔ ۳۸۲ صفحات پر مشتمل اس کتاب میں ۱۲۱ نظمیں شامل ہیں جو متنوع مضامین اور تخلیقی اظہار کی وجہ سے ان کی شعری ذہانت اور قادر الکلامی کی آئینہ دار ہیں۔ ان کی غزلیں اس مجموعہ میں شامل نہیں۔ کہا جاتا ہے کہ ان کے والد کے ایماء پر غزلوں کو جلا دیا گیا تھا۔

ز۔ خ۔ ش۔ ایک باشعور اور تعلیم یافتہ شاعرہ تھیں۔ وہ تمام عمر اس بات پر نالاں رہیں اور اس کا اظہار کرتی رہیں کہ عورت کی راہیں بند کر دی گئی ہیں۔ خود انہیں اپنی سیاسی اور سماجی نظریات کی مکمل آزادی نہیں تھی۔ سیاسی نظریات کے اظہار میں والد کی انگریز پرستی اور داخلی کیفیات کے بیان میں خاندانی روایات حائل رہیں۔ وہ لکھتی ہیں۔

عورتوں کے حق میں ہر مذہب کا ہر ملت کا فرد
جانور تھا، دیوتا، عفریت تھا، شیطان تھا
باپ ہو، بھائی ہو، شوہر ہو کہ ہو فرزند وہ
مرد کل اشکال میں فرعون بے سامان تھا
مرد کی ناآشنا نظروں میں عورت کا وجود
اک مورت ایک کھلونا ایک تن بے جان تھا

وہ خواتین کو بھی متحرک ہونے کی دعوت دیتی ہیں۔

نہ آئے گی نہ آئے گی نظر صورت ترقی کی
نہ ہوں گے ہم جو میدان عمل میں رونما بہنو

ز۔ خ۔ ش۔ کے بعد رابعہ پنہاں اور بلقیس جمال دونوں بہنیں وہ شاعرات ہیں جن کی شاعری میں نسائی اظہار اور نسائی شعور نمایاں ہے۔ رابعہ پنہاں ۱۹۰۶ء میں پیدا ہوئیں اور ۱۹۷۲ میں ان کا انتقال ہوا۔ ان کی غزلیں ان کے ہم عصر مرد شعراء کے طرزِ اظہار

سے مختلف نہیں تاہم ان کی کیفیات اور تجربات ایک عورت کے جذبات کے آئینہ دار ہیں۔ مثلاً یہ شعر پڑھیے۔

میری تو ہر نگاہ ہے وقف عبودیت
وہ ہر ادا میں حسنِ کلیسا لئے ہوئے

مردانہ حسن کے لیے حسن کلیسا اور نگاہ کا وقف عبودیت ہونا نسائی اظہار کا بہترین نمونہ ہے۔ رابعہ پنہاں کا ایک اور شعر دیکھئے۔

دل پرخوں نے بخشا رنگ چشم فتنہ ساماں کو
سنوارا میری وحشت نے تری زلفِ پریشاں کو

وحشت میں محبوب کی زلفیں سنوارنے کا خیال کوئی شاعرہ ہی باندھ سکتی ہے۔

رابعہ پنہاں نے اپنی نظم "عورت سے خطاب" میں عورت کو براہ راست دعوت عمل دی ہے، وہ لکھتی ہیں۔

ہے تضادِ زندگی تیرا معمائے عجیب
چشم ظاہر بیں پہنچ سکتی نہیں تیرے قریب

بلقیس جمال کا مجموعہ کلام عصمت بک ایجنسی نے ۱۹۳۳ء میں آئینہ جمال کے نام سے شائع کیا۔ انہوں نے صرف ۱۳ سال کی عمر میں غزل لکھ کر سونے کا تمغہ حاصل کیا۔ بلقیس جمال کو زبان و بیان پر غیر معمولی قدرت حاصل تھی۔ ان کی شاعری میں اعلیٰ جمالیات اور خوبصورت اظہار نمایاں ہے، ان کی غزل کے اشعار ہیں۔

اسے پاتی بھلا عقل رسا کیا
ہماری فہم وادراک وذکا کیا
گریباں چاک اور پلکوں پہ آنسو

سحر ہوتے ہی پھولوں کو ہوا کیا
نہیں ہے جو اسی کو ڈھونڈتی ہوں
جمالہ اس جنوں سے فائدہ کیا

انہوں نے اپنی نظموں اور غزلوں میں تانیث کا صیغہ استعمال کیا ہے ان کی زیادہ تر نظموں کا حوالہ اور موضوع خواتین ہیں۔ بیسویں صدی کے آغاز میں متعدد شاعرات طبع آزمائی کر رہی تھیں۔ جمیل احمد کی کتاب "تذکرہ شاعرات" ۱۹۴۰ء میں شائع ہوئی اس میں ۲۰۰ سے زائد ایسی شاعرات کا ذکر ہے جن کے متعلق وہ لکھتے ہیں کہ عفت مآب "اس بازار سے نہیں تھیں" اگر چہ اس بازار سے تعلق رکھنے والی خواتین میں مہ لقابائی چندا، جیسی شاعرہ بھی پیدا ہوئی مگر ان کے اور ان تمام شاعرات کے کلام پر شک وشبہے کا اظہار کیا گیا۔ ان شاعرات سے منسوب کلام کو ان کے استاد اور پرستاروں کا تحفہ سمجھا گیا۔ اس سلسلے میں مہ لقابائی چندا کو استثنیٰ قرار دیا گیا ہے لیکن ان کے لیے بھی دو خیالات پائے جاتے ہیں کیونکہ وہ علم وفضل میں یکتا تھیں اور شعر و سخن کا علم رکھتی تھیں۔ اس لئے کئی معتبر نقادان کی شاعری کی طرف متوجہ ہوئے۔ مہ لقابائی چندا کا ذکر یہاں اس لئے آگیا ہے کہ انہیں اردو کی پہلی صاحب دیوان شاعرہ ہونے کا اعزاز حاصل ہے۔ ان کا دیوان ۱۸۹۸ء میں مرتب ہوا۔ ان کے لئے شفقت رضوی لکھتے ہیں۔ ولیؔ کے بعد سراج او رسراج کے بعد چندا تاریخی تسلسل میں سامنے آتے ہیں تو زبان اور بیان کی منزلیں طے ہوتی دکھائی دیتی ہیں۔ ولیؔ کے صفائی زبان کے سب معترف ہیں۔ سراجؔ نے اس کو مزید نکھارا، سنوارا، چندا کے ہاں ترقی کی تکمیل نظر آتی ہے، جس میں محبوبانہ نسوانیت کی آمیزش بھی ہے۔ وہ بڑی شاعرہ نہ سہی اچھی شاعرہ ضرور تھی۔

مہ لقابائی چندا کے چند اشعار

غمزہ وناز وادا شیوہ ہے خوبوں کا مگر
ہر سخن میں روٹھ جانا کون سا دستور ہے
کوہ کن پر بھی کیا جور مگر شیریں نے
تونے اس طرح کیا ہے مجھے بیزار کہ بس
گل کے ہونے کی توقع پہ جئے بیٹھی ہے
ہر کلی جان کو مٹھی میں لیے بیٹھی ہے

چند اکی مثال سے پتہ چلتا ہے کہ خواتین شاعرات ہر عہد میں موجود تھیں۔ شریف گھرانوں کی جو خواتین اس دور میں لکھ رہی تھیں ان کو اپنے کلام کو سنانے تو کیا شائع کرنے کی بھی اجازت نہیں تھی۔ خواتین کے ابتدائی رسالوں میں لکھے ہوئے مضامین شائع ہوتے تھے۔ مگر شاعری مردوں کی ہی ہوتی تھی۔ شاعرات میں ز۔خ۔ش۔رابعہ پنہاں، بلقیس جمال کے علاوہ صفیہ شمیم ملیح آبادی، کنیز فاطمہ حیا، خورشید بانو، وہ نام ہیں جو رسائل میں شائع ہوئے اور پاکستان بننے کے بعد ان خواتین نے مشاعروں میں حصہ بھی لیا۔

پاکستان بننے کے بعد خواتین کو لکھنے کے لئے ساز گار ماحول ملا۔ خواتین کو مساوی حقوق دینے کے بعد جو تحریک ترقی پسند تحریک کے ساتھ چلی تھی اس کے اثرات بر صغیر میں نمایاں ہونے شروع ہوئے۔ اس طرح ہم دیکھتے ہیں کہ بیسویں صدی کی چوتھی دہائی میں ادا جعفری شاعری کے افق پر پہلا معتبر اور مستند حوالہ بن کر ابھریں،

ان کا پہلا مجموعہ "میں ساز ڈھونڈتی رہی" ۱۹۵۰ء میں شائع ہوا۔ اس مجموعہ کے دیباچے جس پر یکم فروری ۱۹۴۷ء کی تاریخ ہے قاضی عبد الغفار لکھتے ہیں۔

"یہ واقعہ کہ جدید ادب کے تقاضوں نے ہمارے ملک کی خواتین کو اپنی طرف رجوع کر لیا ہے۔ ہندوستان کے موجودہ دور کی تاریخ کا ایک اہم واقعہ ہے۔ قدامت اور

جمود کے خلاف عوامی افکار نے جو راستہ اختیار کیا ہے اس کے صحیح ہونے کا ثبوت اس سے بہتر اور کوئی نہیں ہو سکتا کہ خواتین جو عموماً ہر قوم میں سب سے زیادہ قدامت پسند ہوا کرتی ہیں اب زمانے کے تقاضوں سے متاثر ہو رہی ہیں اور ان کا ادب اور ان کی شاعری عمومی افکار کی آئینہ دار بننے پر آمادہ ہو گئی ہیں۔

ادا بدایونی جیسی خواتین کا یہ رجحان ادب کا نشانِ راہ ہے جس سے ہم اس منزل کا پتہ پاتے ہیں جہاں ملک کے ذہنی انقلاب کی تمام قوتیں مجتمع ہو رہی ہیں۔۔۔"

ادا جعفری کی شاعری میں روایت کا شعور اور نئے طرز احساس کا ایک ایسا امتزاج ملتا ہے جس نے انہیں ہم عصر لکھنے والوں میں ممتاز کیا۔ پڑھنے والوں نے محسوس کیا کہ ان کی شاعری تمام مروجہ اسلوب، روایات کے مطابق ہونے کے باوجود کچھ مختلف بھی ہے۔ ان کی شاعری نے یہ واضح کر دیا کہ شاعرات جو لکھ رہی ہیں ان میں ایک طرح کی تازگی ہے۔ یہ تازگی اپنے احساسات، کیفیات اور تجربات کی بنیاد پر پیدا ہوئی ہے کسی تجرباتی داؤ پیچ سے نہیں۔ انہوں نے شاعری میں سادگی، بے ساختگی کے ساتھ مختلف معنی و مضامین کا اضافہ کیا ہے۔ ادا جعفری کے چند اشعار دیکھئے۔

سب اجنبی ہوئے ہیں تو پہچان کے لئے
کوئی وفا کو حوصلۂ بے وفائی دے
دیکھو ادا کہ درد کی زنجیر ایک ہے
اب کون کسی کو خلعت نا آشنائی دے
نہ تم ملے نہ خود سے سامنا ہوا
سنا یہ تھا دل آئینہ صفات ہے
قدم قدم پر خوف ہمسفر ادا

نہ جانے اور کتنی دور ساتھ ہے

ادا جعفری کی شاعری میں روایت کا شعور اور نئے طرز احساس کا ایک ایسا امتزاج ملتا ہے جس نے انہیں ہم عصر لکھنے والوں میں ممتاز کیا۔ وہ پہلی شاعرہ ہیں جنہوں نے نسائی ادب کو Significant بنایا۔ ادا جعفری کی خود نوشت "جو رہی سو بے خبری رہی" اس بات کی تائید کرتی ہے کہ وہ نہ صرف خواتین کے ادب سے واقف ہیں بلکہ نسائی اظہار پر گہری نظر رکھتی ہیں۔ اپنی خود نوشت میں انہوں نے ایک تفصیلی باب انگریزی کے دو شاعرات ایملی ڈکنسن اور سلویا پلاتھ کے بارے میں لکھا ہے۔ یہ دونوں شاعرات نسائی شاعری کی بہترین مثالیں ہیں۔ انہوں نے ان کو پوری تفہیم کے ساتھ پڑھا ہے اور ان کا بہت خوبصورت تجزیہ کیا ہے۔

ایملی ڈکنسن کی شاعری اور زندگی دونوں میں ہی ایک مانوس مشرقیت ملتی ہے۔ اس کی شاعری کو اس کی زندگی کا روز نامچہ کہا جاسکتا ہے۔ سلویا پلاتھ کی شاعری اس کے اعترافات کی حیثیت رکھتی ہے جو اگرچہ اس کے اپنے احساسات و تجربات کی ترجمان تھی لیکن اس کے انداز بیان نے اس کے دکھوں کو صرف اس کی ذات تک محدود نہیں رکھا۔ وہ اپنی شدت جذبات میں اپنی قاری کو بھی شریک کرتی چلی جاتی ہے۔ ہر سچے اور بڑے شاعر کی شاعری اس کی سوانح عمری ہوتی ہے۔ لیکن صرف سوانح عمری ہی نہیں ہوتی۔ سلویا کی شاعری اسی حقیقت کی آئینہ دار ہے۔ وہ پہلی مغربی شاعرہ تھی جس نے پہلی بار کھل کر ایک باشعور مکمل عورت کے جذبات کو عورت کے نقطۂ نظر سے پیش کیا۔ جب کہ ایملی ڈکنسن کبھی مکمل عورت نہیں بن سکی۔ وہ ترک دنیا کر کے گویا دوبارہ رحم مادر میں پناہ گزیں ہوگئی تھیں۔

خواتین کی شاعری میں نسائی زاویہ نگاہ کی جو تحریک چلی اسے نقطہ عروج تک

یقیناً سلویا کی شاعری نے پہنچایا۔ اس نے عورت ہونے کے تمام سہانے اور ڈراؤنے منظر دیکھے اور برتے تھے اور ان کو بیان کرنے کی جرأت بھی رکھتی تھی۔ ایک نظم میں کہتی ہے۔

"کسی دیوتا نے میرے بالوں کو جڑوں تک
گرفت میں لے کر مجھ پر قابو حاصل کر لیا
اور میں صحرا میں کسی سنت سادھو کی طرح
اس کے برقی شکنجے میں پھنسی رہی"

اس نے عورت کی نامرادی اور مظلومی کو اپنا موضوع سخن بنایا۔ اگرچہ وہ شاعری میں مردانہ اور زنانہ خانوں کے خلاف تھی۔ اس نے لکھا ہے کہ "میرا سب سے بڑا المیہ یہ ہے کہ میں عورت پیدا ہوئی" کہتی ہے۔

"ایک مسکراہٹ گھاس پر گر گئی
اس کی واپسی ممکن نہیں"

نسائی ادب کے حوالے سے فہمیدہ ریاض کی شاعری ایک نئے طرز احساس کی جانب سفر کرتی نظر آتی ہے جس میں عورت کے اپنے وجود کا بھرپور احساس نمایاں ہے۔ فہمیدہ کی عورت دوسروں کے وجود کا سایہ نہیں بلکہ مکمل شخصیت کے طور پر ابھرتی ہے۔ انہوں نے روایتی رویوں سے کنارہ کشی کی اور ایک نئی فضا میں سانس لینے کی کوشش کی۔ مغرب کے ادبی رجحانات کا اثر بھی ان کی شاعری پر ہے۔ وہ بیک وقت کارل مارکس اور فرائیڈ دونوں سے متاثر نظر آتی ہیں۔ ان کے ورسٹائل ہونے میں علاقائی کلچر سے ان کی وابستگی کا بھی بڑا دخل ہے۔ فہمیدہ ریاض کے رپورتاژ اور ناولوں کو بھی نظر انداز نہیں کیا جاسکتا۔ وہ بدلتے ہوئے دور کے تضادات اور تقاضوں کا واضح ادراک رکھتی ہیں۔ ان کی

تخلیقات گہرے سماجی شعور کی آئینہ دار ہیں۔ فہمیدہ کو مزاحمتی ادب کے حوالے سے بھی نمایاں مقام حاصل ہے۔ ان کی مزاحمتی شاعری کی کئی جہتیں ہیں۔

فہمیدہ ریاض نے ایسے موضوعات پر بھی لکھا ہے جو بہت تلخ تھے۔ خواتین ان پر سوچتی تھیں مگر اظہار نہیں کرتی تھیں۔ خواتین کو خون خرابے اور فساد کی جڑ لکھا جاتا رہا ہے اور ایسا مال غنیمت سمجھا گیا ہے جس کی چھینا جھپٹی فساد کا سبب بن گئی ہے۔ مگر یہ کبھی نہیں دیکھا گیا کہ وہ بھی انسان ہے، اس کی بھی سوچ اور ذہن ہے وہ کوئی اثاثہ نہیں ہے جسے تقسیم کر دیا جائے یا تحفہ میں دے دیا جائے۔ نظم "اقلیما" میں ایسی سوچ کا اظہار بڑی شدت سے کیا گیا ہے۔ "مقابلہ حسن" فہمیدہ کی ایسی نظم ہے جس پر کافی لے دے مچی مگر یہ حقیقت ہے کہ یہ نظم ایک ایسے رویئے کی طرف بھرپور احتجاج ہے جو صدیوں سے عام رہا ہے۔ عورت کا جسم ادیب، شاعر، مصور، مجسمہ ساز سب کا موضوع رہا۔ جب کہ عورت کا ذہن اگر موضوع بنا تو مزاح کے ساتھ۔ اس طرح عورت صرف تفریح اور تزئین و آرائش کی شے بن کر رہ گئی۔ فہمیدہ نے اس نظم میں اس رویے کی طرف شدید رد عمل کا اظہار کیا اور جس کے نتیجہ میں ان کے خلاف ایک محاذ بنایا گیا۔

اقلیما

اقلیما

جو ہابیل کی قابیل کی ماں جائی ہے

ماں جائی

مگر مختلف

مختلف بیچ میں رانوں کے

اور پستانوں کے ابھار میں

اور اپنے پیٹ کے اندر
اپنی کوکھ میں
ان سب کی قسمت کیوں ہے
ایک فربہ بھیڑ کے بچے کی قربانی
وہ اپنے بدن کی قیدی
تپتی ہوئی دھوپ میں جلتے
ٹیلے پر کھڑی ہوئی ہے
پتھر پر نقش بنی ہے
اس نقش کو غور سے دیکھو
لمبی رانوں سے اوپر
ابھرے پستان سے اوپر
پیچیدہ کوکھ سے اوپر
اقلیما کا سر بھی ہے
اللہ کبھی اقلیما سے بھی کلام کرے
اور کچھ پوچھے!
(فہمیدہ ریاض)

مقابلہ حسن

کولہوں میں بھنور جو ہیں تو کیا ہے
سر میں بھی ہے جستجو کا جوہر
تھا پارہء دل بھی زیر پستاں

لیکن مرا مول ہے جوان ہے
گھبرا نہ یوں گریز پا ہو
پیمائش میری ختم ہو جب
اپنا بھی کوئی عضو ناپو!
(فہمیدہ ریاض)

کشور ناہید نے واضح طور پر نسائی شعور کی نشاندہی کی اور اسے متعارف کرانے میں ایک مؤثر کردار ادا کیا۔ انہوں نے نہ صرف اس رجحان کو تخلیقی شکل دی بلکہ مغرب کے نسائی ادب پاروں کا ترجمہ بھی کیا۔ انہوں نے نسائی ادب میں ایک اہم نام سیمون دی بوائر کی معرکتہ الآراSecond Sex سے ماخوذ ایک کتاب لکھی ہے۔ "عورت زباں خلق سے زباں حال تک" ان کی ایک بہت اہمCompilaion ہے۔ "بری عورت کی کتھا" جو ان کی خود نوشت ہے، بہت فکر انگیز ہے۔

کشور ناہید نے براہ راست عورت کے جذبات اور مسائل کو موضوع بنایا اور پورے شعور و ادراک کے ساتھ اپنی شاعری میں ان سماجی رویوں پر احتجاج کیا جن کا شکار خواتین تھیں۔ کشور کی شاعری نسائی شعور کی مزاحمتی شاعری ہے۔ "ہم گناہ گار عورتیں" ان کی نظموں میں ایک بہت اہم مثال ہے۔

ہم گنہگار عورتیں ہیں
جو اہل جبّہ کی تمکنت سے نہ رعب کھائیں
نہ جان بیچیں
نہ سر جھکائیں
نہ ہاتھ جوڑیں

یہ ہم گنہگار عورتیں ہیں
کہ جن کے جسموں کی فصل بیچیں جو لوگ
وہ سر فراز ٹھہریں
نیابت امتیاز ٹھہریں
وہ داورِ اہل ساز ٹھہریں
یہ ہم گنہگار عورتیں ہیں
کہ سچ کا پرچم اٹھا کے نکلیں
تو جھوٹ سے شاہراہیں اٹی ملے ہیں
ہر ایک دہلیز پہ سزاؤں کی داستانیں رکھی ملے ہیں
جو بول سکتی تھیں وہ زبانیں کٹی ملے ہیں
یہ ہم گنہگار عورتیں ہیں
کہ اب تعاقب میں رات بھی آئے
تو یہ آنکھیں نہیں بجھیں گی
کہ اب جو دیوار گر چکی ہے
اسے اٹھانے کی ضد نہ کرنا
یہ ہم گنہگار عورتیں ہیں
جو اہل جبہ کی تمکنت سے نہ رعب کھائیں
نہ جان بیچیں
نہ سر جھکائیں
نہ ہاتھ جوڑیں

(کشور ناہید)

کشور ناہید کی شاعری میں خصوصاً نثری نظموں میں نسائی شعور اور تلخ حقائق ابھر کر سامنے آتے ہیں جن سے اس عہد کی خواتین دو چار ہیں۔ نثری نظم کی شاعرات میں نسرین انجم بھٹی۔ عذرا عباس، سیما خان اور کزئی، شائستہ حبیب، سارا شگفتہ، تنویر انجم نے نسائی شعور کو مزید وسعت دی۔ نثری نظم کی صورت میں انہیں تخلیقی اظہار کے لئے ایسا کینوس ملا جو نئے رویئے سے ہم آہنگ ہے۔

پروین شاکر کا نام اردو شاعری کے حوالے سے ایک خاص اہمیت کا حامل ہے۔ انہوں نے ان لہروں کو محسوس کیا جو مغرب سے مشرق کی طرف آ رہی تھیں اور اس میں نسائی شعور کی لہر سب سے زیادہ طاقتور تھی۔ پروین شاکر کی شاعری میں ان لطیف جذبات اور مخصوص کیفیات کا اظہار ہے جو عورت کی شخصیت سے عبارت ہے۔

پروین شاکر کی شاعری پر کم لکھا گیا ہے اور باتیں زیادہ بنیں۔ وہ بھی صرف رومانی شاعری پر مگر "احتساب" جیسی نظموں کو بالکل نظر انداز کیا گیا۔ مرد نے ہمیشہ جنگ کو اہمیت دی اور خواتین نے امن کو۔ خواتین کے محبت و امن کے رویے کو ان کی بزدلی قرار دے کر مذاق اڑایا گیا۔ اس نظم میں دو واضح خوبیاں ہیں ایک تو جنگ اور اسلحے سے نفرت کا اظہار، مگر نفرت کے لہجے میں شاعرانہ نزاکت قائم ہے۔ دوسری طرف تراکیب و استعارات میں وہ لفظیات جو عورت کی ہی ہو سکتی ہے مرد کی نہیں۔ یہی وجہ ہے کہ وہ نوجوان لڑکیوں میں بہت مقبول ہوئیں۔ مگر ان جذبوں کو جو معنی دیئے گئے وہ اس معصوم اظہار سے مختلف تھے جو نو عمری کے جذبات ہوتے ہیں۔

احتساب

ہوا۔۔۔ جو گندم کی پہلی خوشبو کے لمس سے لے کے

کڑوے بارود کی مہک تک
زمیں کے ہمراہ رقص میں تھی
گماں یہ ہوتا ہے
اس رفاقت سے تھک چکی ہے
اور اپنی پازیب اتار کر
اجنبی زمینوں کی سرد بانہوں میں سو رہی ہے
فضا میں سناٹا دم بخود ہے!
ہوا کی خفگی ہی بے سبب ہے
کہ ابن آدم نے اپنے نیپام سے بھی بڑھ کر
کوئی نیا بم بنالیا ہے؟
(پروین شاکر)

شاہدہ حسن کی غزلوں میں ہمارے عہد کی جھلک، کیفیات کی لہر اور لہجے کی تازگی ہے جس نے انہیں ہم عصر لکھنے والوں میں نمایاں کیا۔ ان کی غزلوں اور نظموں میں نسائی لہجہ اور شعور نمایاں ہے۔

شاہدہ حسن کے یہاں خواتین کا ایک باوقار اور بھرپور اظہار ملتا ہے جس میں گھر، ماحول اور سماج سے سمجھوتہ بھی ہے اور اس کے نتیجے میں پیدا ہونے والی خلش بھی۔ وہ ایک حساس شاعرہ جو سوچنے والا ذہن رکھتی ہے، ان کی غزلوں میں بھی نظر آتی ہے اور اس نظم میں بھی جہاں وہ اپنی ذمہ داریوں اور محبتوں میں خود تقسیم ہو کر رہ گئی ہے۔ ان کی غزل سے جو اشعار بہت مشہور ہوئے ان کے خوب صورت اظہار کے ترجمان ہیں،

کون کہاں ہے؟

حسن کہاں ہے؟
تازہ دھوپ کی خوشبو میں
یا ضدی رات کے گیلے تکیے پر!
شور کہاں ہے؟
دل کے لمبے آنگن میں
یا عمر کی آدھی سیڑھی پر!
آنکھ کہاں ہے؟
میکے کے سونے دالان میں
یا خاوند کے ہاتھ میں ٹھنڈی چائے کی پیالی پر!
خوشی کہاں ہے!
بیٹے کی کلکاری میں
یا بچھڑے ہوئے محبوب کی یادوں میں!
(شاہدہ حسن)

اور غزل کے اشعار،

میں نے ان سب چڑیوں کے پر کاٹ دیئے
جن کو اپنے اندر اڑتے دیکھا تھا
ڈھونڈتی تھیں شام کا پہلا ستارہ لڑکیاں
کھیل کیا تھا بس یہ اک خواہش کہیں جانے کی تھی

شبنم شکیل کی نظم "بانجھ پن کی دعا" میں عورت کی لفظیات، اس کا لہجہ اور تجربہ پوری طرح سامنے آیا ہے۔ یہ نظم خواتین کے طرز اظہار کی بہترین نمائندہ ہے جو صرف

نسائی تجربے کی بنیاد پر لکھی جا سکتی ہے۔

بانجھ پن کی بد دعا
لو رات دردِ زہ میں ہوئی پھر سے مبتلا
دردِ قدیم اس کا مقدر ازل سے ہے
چہرہ سیاہ پڑنے لگا
درد کرب سے
رگ رگ میں دوڑتا ہوا
نس نس میں پھیلتا ہوا
اک خوف بھی ہے ساتھ
وہ موت اور حیات کی اس کشمکش میں ہے
جو لازمی ہے اک نئی تخلیق کے لئے
بس تھوڑی دیر ہی میں
جنم دے چکے گی یہ
لتھڑا ہوا شکوک میں
بے اعتبارِ دن
اور اس کو دیکھ کر
آئے گی اس کے لب پر فقط ایک بد دعا
ساقط ہو اگلی بار حمل اس کا اے خدا
(شبنم شکیل)

ثمینہ راجہ نے جس فیوڈل ماحول میں پرورش پائی وہاں محبت جیسے جذبوں پر بہت

سخت پہرے ہوتے ہیں۔ وہاں جرم محبت کی سزا موت ہے۔ عورت خواہ کسی بھی عمر کی ہو اس کی آزادی کا کوئی تصور نہیں۔ وہ صرف ملکیت ہوتی ہے اور ملکیت صرف مالک کا حق ہے۔ وہ اس وقت تک خوش رہ سکتی ہے جب تک اسے اپنے ہونے کا احساس نہیں ہوتا۔ یہ نظم ایسی گھٹن کی آئینہ دار ہے جس میں ہمارے یہاں کی لڑکیاں پروان چڑھتی ہیں۔

قید

اضطراب آمیز تاریکی
یہ ویرانی
یہ خاموشی، گھٹن، مردہ دلی، ویراں نگاہی، بے بسی
میں سوچتی ہوں، اس سے پہلے دل
کشادہ اور روشن کائناتوں کا پرندہ تھا
فضامیں رنگ تھے، خوشبو تھی، فرحت تھی
بدن آزاد تھا
اور روح بھی آزاد
میرے گرد
زہریلی، اندھیری رات جیسی
یہ فضا کب تھی
نگاہیں، زندگی کے حسن سے لبریز تھیں
اور سب حسین چہرے تھے آنکھوں کے لئے
انعام فطرت کا
مگر اب ہر طرف وہ ایک ہی چہرہ

وہی یکساں مناظر
اور ہر اک چیز پر پردے
نگاہوں پر کڑے پہرے
کہ یہ دل، یہ بدن، یہ روح، سب محبوس ہیں
اس کی محبت میں
(ثمینہ راجہ)

ان چند شاعرات کے حوالے میں نے نسائی شعور اور اس کے اظہار کی مثال کے طور پر پیش کیے ہیں ان کے علاوہ گذشتہ صدی سے آج تک متعدد شاعرات اردو ادب میں گرانقدر اضافہ کر رہی ہیں اور اپنی فکر و شعور کی وجہ سے الگ پہچان رکھتی ہیں۔

گذشتہ صدی میں خواتین ناول اور افسانہ نگاروں نے جو کارنامے انجام دیئے ہیں وہ کسی سے پوشیدہ نہیں۔ انہوں نے نہ صرف اپنے فن کا لوہا منوایا بلکہ اردو ادب کا دامن معرکتہ الآراء ناولوں سے بھر دیا۔

پہلی خاتون ناول نگار "رشیدہ النساء" ہیں جنہوں نے ۱۸۸۱ میں ناول "اصلاح النساء" لکھا تھا۔ ڈپٹی نذیر احمد اور اس دور کے دیگر ناول نگاروں کی طرز پر لکھا ہوا یہ ناول ان کے صاحب زادے محمد سلیمان نے ۱۹۹۴ء میں شائع کیا۔ جب وہ ولایت سے بیرسٹری کی تعلیم حاصل کر کے واپس آئے۔ اس کی ابتدائی اشاعتوں پر مصنفہ کے بجائے والدہ محمد سلیمان لکھا گیا ہے۔ یہ کتاب نایاب تھی اس کا نیا ایڈیشن ۲۰۰۰ء میں مصنفہ کے اصل نام سے چھپا ہے۔ اصلاح النساء کی اشاعت میں ۱۳ سال کی تاخیر، اس کے پہلے ایڈیشن کے دیباچے میں مصنفہ کا نام نہ ہونا اور سارے مردانہ رشتوں کے حوالے اس بات کے آئینہ دار ہیں کہ انیسویں صدی کے اختتام تک ادب کے میدان میں قدم رکھنا محال تھا۔

تاہم بیسویں صدی کے وسط میں خواتین ناول نگاروں نے وہ معرکہ انجام دیا کہ اردو ادب کی تاریخ ان کے ناول اور افسانوں کے حوالے کے بغیر لکھنا ممکن نہیں رہا۔ عصمت چغتائی کا ناول "ٹیڑھی لکیر" اور قرۃ العین حیدر کا ناول "آگ کا دریا" اردو کے اہم ترین فن پاروں میں شمار ہوتے ہیں۔ ان سے پہلے بیگم نذر سجاد حیدر اور بیگم حجاب امتیاز علی تاج کی تحریریں پڑھنے والوں کی توجہ حاصل کر چکی ہیں۔ مگر عصمت چغتائی اور قرۃ العین حیدر کے ناولوں اور افسانوں نے قارئین اور ناقدین پر مطالعے کے نئے باب کھولے۔ عصمت چغتائی کا ناول "ٹیڑھی لکیر" اور افسانہ "لحاف" نسائی اظہار کی بہت واضح مثال ہے۔ ٹیڑھی لکیر میں عصمت چغتائی نے بہت جرأت سے اس نسائی شعور کا اظہار کر دیا ہے جو اس وقت تک نظر انداز ہوتا رہا ہے۔ اسی طرح قرۃ العین حیدر کا ناول "آگ کا دریا" ایک ایسا ناول ہے جو پوسٹ ماڈرن فیمنسٹ نقادوں کے مطابق جن میں ژولیا کرسٹیوا سر فہرست ہیں، عورت کے تصور وقت کی مثال پیش کرتا ہے۔ قرۃ العین حیدر کے ناولوں اور افسانوں میں نسائی شعور کا مکمل ادراک و اظہار ملتا ہے اور کہیں کہیں بہت نمایاں ہو جاتا ہے۔ "اگلے جنم موہے بٹیانہ کی جیو" اس کی مثال ہے۔

ترقی پسند تحریک خواتین کے لئے خصوصاً افسانہ نگار اور ناول نگار خواتین کے لئے بہت سازگار ثابت ہوئی جس نے ڈاکٹر رشید جہاں، صدیقہ بیگم سہاروی، عصمت چغتائی، خدیجہ مستور، ہاجرہ مسرور جیسی لکھنے والیوں کو سامنے لا کر یہ غلط فہمی دور کر دی کہ خواتین کوئی کارنامہ انجام نہیں دے سکتیں۔ خدیجہ مستور کے ناول "آنگن" کی پذیرائی ہوئی۔ ان کے فوراً بعد جمیلہ ہاشمی کے ناول "تلاش بہاراں" اور "دشت سوس" الطاف فاطمہ کا ناول "دستک نہ دو" رضیہ فصیح احمد کا ناول "آبلہ پا" مقبول ہوئے۔ ہاجرہ مسرور، بیگم اختر جمال، نثار عزیز بٹ، خالدہ حسین، فرخندہ لودھی کی تحریروں نے ادبی مقام حاصل

کیا۔ بانو قدسیہ اپنے افسانوں، ناولوں اور ڈراموں کے ساتھ ادبی افق پر نمودار ہوئیں اور بہت معتبر حوالہ بنیں۔ زاہدہ حنا۔ رشیدہ رضویہ، فردوس حیدر، نیلم بشیر احمد، نگہت حسن افسانے کو جاری رکھے ہوئے ہیں۔ حال ہی میں فہمیدہ ریاض کی کہانیوں کا مجموعہ "خط مرموز" اور عذرا عباس کا مجموعہ "راستے مجھے بلاتے ہیں" سامنے آیا ہے جن میں نسائی شعور نمایاں ہے۔ میری کہانیوں کے مجموعے "کہانیاں گم ہو جاتی ہیں" کے دیباچے میں ضمیر علی نے ان کہانیوں کو نسائی شعور کی مثال قرار دیا ہے۔

ہندوستان میں واجدہ تبسم اور جیلانی بانو نے ان موضوعات کا احاطہ کیا جو خواتین کے تجربے ہو سکتے ہیں۔ بیرون ملک لکھنے والی خواتین میں محسنہ جیلانی، نعیمہ ضیاء الدین، رفعت مرتضیٰ، پروین فرحت اور دیگر کئی خواتین اچھی کہانیاں لکھ رہی ہیں۔

افسانوں کے حوالے سے خالدہ حسین کا نام اس لئے بہت اہم ہے کہ ترقی پسند افسانہ نگاروں نے افسانوی ادب کو جس مقام تک پہنچایا تھا خالدہ حسین نے وہاں سے ایک اور رخ کی طرف سفر اختیار کیا۔ ان کے افسانوں نے جدید ادب کے ناقدین کو اپنی جانب متوجہ کیا مگر ان کا اس طرح مطالعہ اب تک نہیں کیا گیا جیسا "سواری" جیسی کہانی لکھنے والی کا ہونا چاہیے تھا۔ خالدہ حسین نے اس کہانی میں علامت اور واقعہ نگاری کا ایک ایسا امتزاج پیش کیا ہے جو معنی اور کیفیت دونوں سطح پر قاری کو متاثر کرتا ہے۔ ان کی کہانیوں میں ایک ایسی فضا ہے جس میں ہمارے دور کی تلخیاں دل میں غبار سا بکھیر دیتی ہیں۔ ایسے افسانے جس کی کچکچاہٹ دانتوں میں محسوس ہو سانحہ بھوپال کے بعد "سواری" کی شدت کو پوری طرح محسوس کیا گیا۔ خالدہ حسین کی کہانیاں اس پراسراریت کے شعور کو بیدار کرتی ہیں جس پر آرٹ کی بنیاد ہے۔ جس کی مثال تمام بڑے شعرا اور فنکاروں کے یہاں ملتی ہے۔

تنقید میں خواتین کا نام صرف ممتاز شریں تک محدود رہ گیا۔ وہ اچھی افسانہ نگار ہونے کے ساتھ ساتھ افسانوی ادب کی بڑی نقاد بھی تھیں۔ منٹو کی کہانیوں کا انہوں نے تفصیل سے تنقیدی جائزہ لیا اور اس میں شک نہیں کہ منٹو کے کرداروں کے تجزیئے سے ان کی کہانیوں کی جہتیں کھلتی ہیں اور بحیثیت افسانہ نگار منٹو کی قامت کا اندازہ ہوتا ہے۔ ممتاز شیریں نے منٹو کی کردار نگاری کا جائزہ لینے کے ساتھ ساتھ ان مقامات کی نشاندہی بھی کی ہے جہاں ان کی گرفت کردار پر ڈھیلی پڑ گئی ہے جس کی وجہ ممتاز شیریں کے خیال میں غیر ضروری تفصیلات ہیں۔ وہ اس حوالے سے ایک کامیاب تجزیہ نگار ہیں کہ وہ کہانی لکھنے والے کو تبصرہ نگار نہیں دیکھنا چاہتیں۔ ان کے اس رویئے میں ان کے افسانوی ادب کے مطالعے کا بڑا دخل ہے۔ مثلاً انہوں نے موپساں اور چیخوف کا تقابلی موازنہ کرتے ہوئے منٹو کو موپساں کے قبیلے میں رکھا ہے۔ یہ درست بھی ہے کہ موپساں کے افسانوں اور ناول میں کہانی کردار نگاری سے بڑھتی ہے اور کردار اپنے رویوں سے ابھرتے ہیں، مصنف کے تبصرے سے نہیں۔ ممتاز شیریں کا وسیع مطالعہ ان کے تنقیدی رویئے کی تشکیل میں مددگار ہے اور ان کے تخلیقی ذہن نے انہیں اس مقام تک پہنچایا جہاں نقاد او ر تخلیق کار ایک ہو جاتا ہے۔ تنقید میں انہوں نے نئے موضوعات پر قلم اٹھایا۔ منفی ناول (Anti Novel) وجودی نقطۂ نظر، مغربی رجحانات پوری تفہیم کے ساتھ ان کا موضوع بنے اور اس طرح انہوں نے اردو ادب میں نئے دریچے کھولے۔ ان کی تحریروں میں آج کے عہد کی حسیت نمایاں ہے جس میں مشرق و مغرب کا متوازن ثقافتی امتزاج جھلکتا ہے۔ آج جب کہ تنقید میں عالمی تناظر (World View) پر خصوصی توجہ دی جا رہی ہے ان کے مضامین کی اہمیت اس لئے بھی بڑھ جاتی ہے کہ وہ اردو کی پہلی نقاد ہیں جن کے یہاں World View ہے۔ بلا شبہ ممتاز شیریں نے تنقید کے شعبے میں خواتین کو صف اول

میں لا کھڑا کیا ہے مگر ان کے بعد کوئی قابل ذکر نام سامنے نہیں آیا۔ خواتین ادیب و شاعرات کو اس جانب خصوصی توجہ دینی چاہیے کہ تنقید کے شعبے کو متوازن کرنے کے علاوہ یہ اس لئے بھی ضروری ہے کہ انہیں ایک ایسی صورت حال کا سامنا بھی ہے جو نسائی ادب کی تفہیم کے لئے بالکل ساز گار ہے۔ خواتین کی تحریروں کا بہتر تجزیہ خواتین ہی کر سکتی ہیں۔ مرد ناقدین کا رویہ یا تو سرپرستانہ (Patronizing) ہے یا جانب دارانہ (Prejudiced) یہ دونوں صورتیں تخلیقی ادب کے لئے نقصان دہ ہیں۔

بین الاقوامی صورت حال یہ ہے کہ ۱۹۶۰ء سے خواتین کی تحریک نے ادبی مطالعے کا رخ بدل دیا ہے۔ مغرب میں بھی تنقید کی ذمہ داریاں زیادہ تر مردوں کے کاندھوں پر تھیں لیکن اب جو خواتین نقاد سامنے آئی ہیں انہوں نے نسائی کلچر کو فائدہ پہنچایا ہے۔ اب تنقید خالصتاً مردانہ فلسفوں یا ادبی تھیوری کی بنیاد پر نہیں ہو رہی ہے بلکہ اس نقطہ نظر سے بھی ادب کو دیکھا جا رہا ہے کہ ان میں مردانہ اور نسائی اقدار کو کس حد تک سمویا گیا ہے اور نسائی تنقید ادبی تجزیئے کی ایک اہم بنیاد بن گئی ہے۔ ہمارے یہاں نسائی تنقید پر سنجیدہ توجہ کی بے حد ضرورت ہے کیوں کہ جب بھی نسائی ادب پر بات ہوتی ہے تو فوری رد عمل یہ سامنے آتا ہے کہ خواتین کا الگ ڈبہ بنایا جا رہا ہے جس کی کوئی ضرورت نہیں۔ دوسرا رد عمل یہ ہوتا ہے کہ خواتین کا مسئلہ کیا ہے؟ انہیں سب کچھ تو حاصل ہے وہ آخر چاہتی کیا ہیں؟ اور پھر اس بات پر اتفاق کر لیا جاتا ہے کہ نسائی ادب مغرب سے آنے والا فیشن ہے جیسے کپڑوں اور میک اپ کی طرح خواتین نے اپنا لیا ہے۔ متعصب ناقدین جو کچھ بھی لیں وہ اس بات کا کوئی منطقی جواب نہیں دے سکے کہ نسائی شعور کا مطالعہ کرنے والوں کو کس خانے میں رکھا جائے اور کیا خواتین کی تخلیقات کا مطالعہ سماجی اور تاریخی رویوں کو نظر انداز کر کے کیا جا سکتا ہے جو ان کی تحریروں پر

اثر انداز ہوتے رہے ہیں اور ان کی تحریروں کی جانب مرد تنقید نگاروں کے رویوں پر بھی مغرب سے آنے والی تحریکوں نے جب بھی ہمارے پورے ادب پر اثر ڈالا ہے اتنا شدید رد عمل کیوں سامنے نہیں آیا۔ مثلاً ترقی پسند جدیدیت، وجودیت، ساختیات کی رو کہاں سے آئی؟ اب اگر خواتین مغرب میں لکھی جانے والی نسائی تنقید کو اپنے یہاں ادبی رویوں پر منطبق دیکھ رہی ہیں تو اسے صرف مغرب کی تقلید کہنے کا کیا جواز ہے؟ کیا یہ حقیقت نہیں ہے کہ اردو ادب کی تاریخ میں خواتین کا نام نہیں ملتا؟ کیا یہ درست نہیں کہ ادا جعفری کا ذکر صرف یہ کہہ کر کیا جاتا ہے کہ وہ پہلی شاعرہ ہیں جس نے اردو شاعری میں اپنا مقام بنایا۔ مردانہ ڈبے میں یہ مقام کہاں ہیں؟ اس پر خاموشی ہے۔

نسائی ادب، اردو ادب کا قابل قدر حصہ رہا ہے۔ نسائی شعور کی روایت ہمارے ثقافتی رجحان Cultural Mindset کی ترجمانی کرتی ہے۔ یہ خواتین کی ادراک و شعور کی آئینہ دار ہے۔ نسائی اظہار کا رویہ تاریخ سے جڑا ہوا ہے۔ نسائی ادب و تنقید نہ تو مغرب کی نقالی ہے نہ اس کا کوئی تصادم ہمارے اقدار سے ہے بلکہ یہ ہماری آبادی کے نصف حصے کی ذہنی و فکری سفر کا مطالعہ پیش کرتا ہے۔ یہ خواتین قلم کاروں کا نقطۂ نظر (point of view) کو پیش کر رہا ہے اور آج ادب میں نقطہ نظر کی اہمیت سے انکار نہیں کیا جا سکتا۔ یہی وجہ ہے کہ مابعد جدیدیت کے مختلف اسکول نسائی شعور کے نقطۂ نظر پر متفق ہیں۔

***

۴

اردو غزل کی ٹکنیک

فراق گورکھپوری

فن کوئی بھی ہو اس میں ٹکنیک یا تعمیری قاعدے یا رموز، سانچہ ڈھانچہ یا بناوٹ کا گر یا بیل بوٹے کے نقشے، اس کی نوک پلک کے بھید، اس کی گڑھن، اس کی صورت گری یا رچاؤ اور نکھار کی تہہ در تہہ منزلیں ضرور ہوتی ہیں، لیکن غزل Trade secret پر باتیں کرنے میں اس کی تفصیل و تشریح میں بحث کے خشک ہو جانے کا یا گتھی کے سلجھانے میں گتھی کے اور الجھ جانے کا ڈر بھی ہے۔

جہاں تک اردو کا تعلق ہے اس کے جنم دن ہی سے اس میں تبدیلی، کبھی کبھی ترقی اور کبھی کبھی تنزلی مختلف دوروں میں نظر آتے ہیں۔ غزل کی ٹکنیک یا مسلمہ اور بنیادی قاعدوں میں یہ تبدیلی، ترقی و تنزلی نہیں ملے گی، بلکہ غزل کی روح اور معنویت میں اس کے وجدان اور جمالیاتی تصورات میں تبدیلی ترقی و تنزلی کے سلسلے نظر آتے ہیں۔ غزل کا ہر بڑا شاعر اپنی نغمہ سرائیوں سے ایک ایسی کائنات کی تخلیق کرتا ہے جسے انگریزی میں Unique کہتے ہیں یعنی لاثانی یا جسے آپ اپنی مثال کہہ سکتے ہیں۔ مقلد شاعروں کے یہاں کسی بڑے شاعر کی تخلیق کردہ کائنات کی دھندلی اور کمزور پرچھائیاں نظر آتی ہیں۔ ان کی کوئی اپنی کائنات نہیں ہوتی۔

تو ٹکنیک کے بھی دو حصے ہوئے ایک خارجی اور ایک داخلی، غزل کی ٹھٹری (skeleton) تو بس اتنی ہے کہ کسی بھی بحر یا چھند (metre) میں پہلا شعر ایک قافیے میں ہو، بعد کے اشعار کا پہلا مصرع قافیے سے آزاد ہو، دوسرا مصرع اسی قافیہ میں ہو جس میں پہلے شعر کے دونوں مصرعے ہیں اور عموماً آخری شعر میں شاعر کا تخلص بھی آجائے۔

اب ٹکنیک در ٹکنیک کچھ اور باتیں ہیں۔ یعنی کچھ مسلمہ اشارے یا symbols جیسے صحرا، وادی، کارواں، منزل، شام غریباں، صبح وطن، گلستان، خار و گل، بہار، خزاں، آشیاں، قفس، صیاد، آسماں، قیامت، فصل ساقی، میخانہ، پیمانہ، مے، زلف و رخ، نگاہ، گور غریباں، زنداں، کوچہ، محبوب، در جاناں، بُت خانہ، حرم، بزم، حریم، ہستی، نیستی، دامن، گریباں، ہوش و بے خودی اور عشق مجازی و حقیقی کے واردات و مقامات سے متعلق باتیں۔ غزل کے ہر شعر میں جامعیت universalty ہونا چاہیے اور اس کی اپیل عام ہونا چاہیے۔ زندگی کے تجربے جامع اور مکمل بیان کی شکل میں غزل کے اشعار میں پیش کیے جاتے ہیں۔

غزل کا ہر شعر گویا مکمل نظم ہے۔ خارجی تسلسل تو بحر، قافیہ اور ردیف سے قائم رہتا ہے۔ پھر اسلوب style کی یکسانیت اور کیفیت یا mood یا وجدانی رد عمل کی یکسانیت غزل میں ہم آہنگی پیدا کر کے اسے ایک اکائی بنا دیتی ہیں۔ کچھ غزلیں مفہوم کے لحاظ سے مسلسل ہوتی ہیں، کچھ ردیفیں بھی۔ مثلاً آج کل، آج کی رات، ان دنوں، ہنوز، ابھی تک یا ایسے ہی اور بے شمار فقرے اور ٹکڑے غزل میں ایک سُبک رو تسلسل پیدا کر دیتے ہیں۔

خارجی ٹکنیک ہی شاعر کے انفرادی وجدان کے عمل سے داخلی ٹکنیک بن جاتی ہے۔ مثلاً رند کا شعر تھا جس پر انہیں بڑا ناز تھا،

اگر ئی کا ہے گماں شک ہے ملاگیری کا

رنگ لایا ہے دوپٹہ ترا میلا ہو کر

لیکن صباؔ کے اس شعر میں جو میں اب سناؤں گا، جذبات کی ٹکنیک ایسی بدلی ہوئی ہے کہ اسی زمین اور اسی قافیہ میں دنیا بدل گئی ہے۔ صباؔ کا شعر یہ ہے،

باغباں، بلبل کشتہ کو کفن کیا دیتا
پیراہن گل کا یہ بدلا کبھی میلا ہو کر

شعر میں کتنی نئی تہیں پڑ گئیں، آواز میں کتنے بھنور اور کتنی لہریں پڑ گئیں۔ وزیرؔ کا شعر ہے،

ترچھی نظروں سے نہ دیکھو عاشق دلگیر کو
کیسے تیر انداز ہو سیدھا تو کر لو تیر کو

غالبؔ کا شعر جو میں اب سناؤں گا، اسی بحر میں ہے صرف قافیہ اور ردیف بدلے ہوئے ہیں لیکن وزیرؔ کے شعر میں لکڑی بجنے کی کھٹکھٹاہٹ سے ترنم کا جو خون ہوا ہے غالبؔ میں اس کی ایسی تلافی ہوئی ہے کہ غالبؔ کا شعر سنگیت کی دیوی آواز معلوم ہوتا ہے۔ شعر یہ ہے،

سب کہاں کچھ لالہ و گل میں نمایاں ہو گئیں
خاک میں کیا صورتیں ہوں گی کہ پنہاں ہو گئیں

بات یہ ہے کہ خارجی ٹکنیک کو بھی داخلی ٹکنیک ہی پیدا کرتا ہے۔ جیسا ساز ویسا راگ۔ نتیجہ یہ نکلا کہ غزل کے روپ رنگ یا خارجی ٹکنیک میں نئی جھلک اور نئی جھنکار یعنی تبدیلی و ترقی داخلی ٹکنیک یا Technique of feeling سے پیدا ہو جاتا ہے۔ ایک ہی خیال ایک ہی مفہوم تک کے دو ٹکنیک ہو جاتے ہیں۔ مثلاً امیر مینائی کا یہ شعر سنئے،

جب تلک تھے تم کشیدہ، دل تھا شکووں سے بھرا

تم گلے سے مل گئے سارا گلہ جاتا رہا

اور فانیؔ کا یہ شعر سنیے جس کا بالکل یہی مفہوم ہے لیکن خیال و مفہوم وہی ہوتے ہوئے جذبات کی دنیا بدل گئی ہے،

دل ان کے نہ آنے تک لبریز شکایت تھا
وہ آئے تو اپنی ہی تقصیر نظر آئی

اور حالیؔ نے تو اسی مضمون و مفہوم کو وہ شرافت نفس بخشی ہے، جسے ہم اطلاق جذبات کی آخری منزل کہہ سکتے ہیں۔ حالیؔ کا شعر ہے،

ملتے ہی تم سے بھول گئیں کلفتیں تمام
گویا ہمارے سر پہ کبھی آسماں نہ تھا

'سارا گلا جاتا رہا'، 'اپنی ہی تقصیر نظر آئی' اور 'بھول گئیں کلفتیں تمام' کے ٹکڑوں پر غور کیجیے۔ فانیؔ اور حالیؔ نے مٹّی کو پارس بنا دیا ہے یا نہیں، پر یہ داخلی ٹکنیک کی کیمیا ہے۔ ایک ہی واقعہ، ایک ہی خیال غم کا خیال ہو جاتا ہے اور خوشی کا بھی خیال ہو جاتا ہے۔ مثلاً،

سرہانے میرؔ کے آہستہ بولو
ابھی ٹک روتے روتے سو گیا ہے

سوداؔ کے سرہانے جو ہوا شور قیامت
خدامِ ادب بولے ابھی آنکھ لگی ہے

ہو گا کسو دیوار کے سائے کے تلے میرؔ
کیا کام محبت سے اس آرام طلب کو

اس کی دیوار کا سر سے مرے ساماں نہ گیا
میں تو کمبخت یہیں تھا کہیں آیا نہ گیا

میرؔ کے ان دونوں غم آلود اشعار کے بعد آتشؔ کی حوصلہ انگیز آواز سنیے،

دھوپ میں سایۂ دیوار نے سونے نہ دیا
خاک پر سنگِ در یار نے سونے نہ دیا

کتنی نشاط کارانہ ہے آتشؔ کی آواز اور بات وہی ہے جو میرؔ نے کہی تھی۔

غزل کی خارجی ٹکنیک میں کوئی اہم تبدیلی یا اہم اضافہ نہ ہوگا، نہ ہونے کی ضرورت ہے۔ جیسے انگریزی سانیٹ میں یا انگریزی بلینک ورس میں Gurbodoe اور Sir Philip Sydney کے بعد مارلو، شیکسپیر، ملٹن، ورڈ سورتھ، شیلی، کیٹس اور ٹینی سن نے اپنے اپنے مزاج و وجدان کی نئی تھرتھراہٹیں پیدا کر دیں اسی طرح ولیؔ دکنی، میرؔ، غالبؔ، آتشؔ، امیرؔ اور داغؔ اور بیسویں صدی کے غزل گویوں نے غزل کی داخلی ٹکنیک بدل دی۔ غزل کی داخلی ٹکنیک میں جو تبدیلیاں اقبالؔ کے ہاتھوں رونما ہوئیں وہ انقلاب کی حیثیت رکھتی ہیں۔

اس سلسلہ میں کچھ حقیقتوں کو سمجھ لینا چاہیے۔ اردو غزل دور جاگیر داری Feudal age کے انحطاطی زمانہ میں پیدا ہوئی۔ اس کی تمام لطافتیں مجہولیت کے محاسن لیے ہوئے تھیں، اگرچہ کبھی کبھی جیسے آتشؔ کے یہاں جوش عمل کی آب و تاب بھی غزل کے چہرے پر نمایاں ہو جاتی ہے۔ پھر اردو غزل باوجود اپنی ہمہ گیری و آفاقیت کے ایک طبقہ کی شاعری تھی۔

ایک اور بات اردو غزل میں ایسی تھی جو ہندوستان کے خمیر و ضمیر کو کھٹکتی تھی اور وہ تھی حیات و کائنات سے نا آہنگی۔ اردو غزل کی عموماً یہ بدتوفیقی رہی ہے کہ زندگی کو وہ اس طرح قبول نہیں کرتی تھی جس کی مثالیں ہندوستان کے قدیم ادب کے اعلیٰ ترین کارناموں اور روایتوں میں ملتی ہیں۔ میں نے اس کے خلاف چوتھائی صدی پہلے آواز اٹھائی

تھی۔ مجھے آج یہ کہتے ہوئے اطمینان محسوس ہوتا ہے کہ میری آواز بیکار نہیں گئی اور ادھر کچھ برسوں سے اردو غزل حیات و کائنات کو سینے سے لگاتی ہوئی نظر آتی ہے۔ دنیائے عنصری کی طہارت کا احساس نئے غزل گویوں کو ہو چلا ہے۔ غزل کے مزاج، اس کے دل کی دھڑکن، اس کے ایمان میں یہ بڑی اہم تبدیلی پیدا ہوئی ہے۔ غزل کی داخلی ٹکنیک میں یہ تبدیلی ایک کایاپلٹ یا Reverse Process کا مرتبہ رکھتی ہے۔

میں نے ابھی بتایا تھا کہ غزل کے میدان میں اقبالؔ کا کام انقلاب کا حکم رکھتا ہے۔ مجہولیت کی روایتوں کو اقبالؔ نے جڑ سے اکھاڑ کر پھینک دیا۔ لیکن اقبالؔ کی عملیت یا ترقی پسندی Idealistic ہے اور وہ Revivalistic ہے۔ دنیا کی پرولتاری قوتوں کا ابھار موجودہ تاریخ کا سب سے اہم باب ہے۔ یہ اتنا اہم باب ہے کہ محض سیاست و معیشت نہیں بلکہ فن و ادب، فلسفہ و سائنس تمام علوم اور تمام زندگی کے بنیادی تصوروں کو سرے سے بدل دے۔ اقبالؔ اس انقلاب کی آہٹ نہیں پاسکتے تھے۔ یہ واقعہ یعنی دنیا بھر کے پرولتاریوں کی اُٹھان Rise of world of Proleteriat تہذیب و تمدن اور ادب سب کو بدل دے گا۔ اردو نثر کے تمام اصناف پر اس انقلاب کا اثر نمایاں ہو چلا ہے اور اردو نظم کے تمام اصناف پر بھی جن میں غزل بھی ایک صنف ہے۔

مجہولیت کی جگہ اردو غزل کی داخلی ٹکنیک میں جو اجتماعی اور انفرادی عملیت اب آنے والی ہے وہ اقبالؔ کی عملیت سے بالکل الگ چیز ہوگی۔ اس عملیت میں انسانی فلاح و بہبودی و ترقی اور وحدت انسانی کے جو عناصر ہوں گے ان کے مقابلے میں اقبالؔ کی عملیت بڑی غلط چیز معلوم ہوگی۔ بہت کم لوگوں نے اس کا اندازہ لگایا ہے کہ اشتراکی عملیت غزل میں کتنا بڑا انقلاب پیدا کر دے گی، اس میں کس قدر بے شمار امکانات پیدا کر دے گی، اس میں کتنا زبردست Challenge پیدا کر دے گی۔ نئی نرمیاں، نئی گرمیاں، نئی

سختیاں، نیازور، نئی زندگی سب کچھ یہ انقلابی تصور غزل میں پیدا کر دے گا۔ غزل ہو یا نظم سب کا موضوع انسان ہے اور انسانی زندگی۔ جب انسانیت اور انسانی زندگی کا نقشہ اور تصور بدل جائے گا تو غزل کی روپ ریکھا بھی بدل جائے گی۔ پرانے اشارے اور کنائے، پرانے الفاظ نئے معنی دینے لگیں گے۔ نئے اشارے Symbols مثلاً مزدور، ہنسیا، ہتھوڑا، ٹریکٹر، انجن اور طرح طرح کی مشینیں اور ایجادیں اور عملی زندگی کے ہزارہا پہلو نئی جھلک دینے لگیں گے۔ قدرت پر فتح حاصل کرتی ہوئی آگے بڑھتی ہوئی انسانیت غزل کی داخلی ٹکنیک میں کایا پلٹ کر دے گی۔ طبقاتی زندگی سے جیسے تہذیب و تمدن آزاد ہو جائیں گے اسی طرح غزل بھی تمام انسانی زندگی کی جس میں سب سے بڑا حصہ مزدوروں کا ہے، ترجمانی کرے گی۔

ایک اور بات کی طرف اشارہ کر کے میں رخصت چاہوں گا۔ انقلابی غزل میں اک سراپن ہرگز نہیں ہو گا۔ شاعری کی انفرادیت کو اجاگر ہونے کا جیسا موقعہ انقلابی غزل دے گی وہ اب تک کی غزل گوئی اسے نہیں دے سکی ہے۔ غزل چونکہ بقول پروفیسر مجنوںؔ بہت کٹر صنف سخن ہے اس لئے جس انقلابی تبدیلی کی طرف میں نے اشارہ کیا ہے، وہ غزل میں ابھی بہت رک رک کر آتی ہے لیکن اردو نظم میں یہ تبدیلی صاف دیکھی جا سکتی ہے۔ آج کی اردو نظم یعنی انقلابی اردو نظم میں شاعری کی انفرادیت جتنی درخشاں ہے کسی اور دور کی اردو نظم میں انفرادیت کا ایسا تنوع نظر نہیں آتا۔ آگے چل کر ٹھیک یہی بات تنوع، یہی رنگارنگی، اردو غزل میں بھی نظر آئے گی، اس اردو غزل میں جو تربیت یافتہ مزدوروں کے لئے لکھی جائے گی نہ کہ مفت خوروں اور منافع خوروں کے لئے۔ واضح رہے کہ بہت بلند ہو گی وہ غزل۔ لیکن نئے دور میں بھی ہم حافظؔ و سعدیؔ و کالی داسؔ، میرؔ و غالبؔ کے نغموں میں جو بڑی قدریں زندگی کی ہیں، ان کو سراہیں گے اور ان

سے سبق لیں گے۔

جو خود مردہ ہیں وہ مردوں کے وارث بن نہیں سکتے
کہ اس دنیا میں ناموس کہن کے پاسباں ہم ہیں

***

۵

اردو شاعری میں ہندو فلسفہ و اعتقاد کا رنگ

غوث سیوانی

اردو کا جنم ہی مختلف تہذیبوں اور زبانوں کے ملاپ سے ہوا ہے، لہٰذا یہاں سب کچھ ویسا ہی ہے جیسا کہ ایک کثیر جہاتی معاشرے میں جنم لینے والی زبان میں ہو سکتا ہے۔ اگر آپ کو قرآن کی فضیلت پر نظمیں ملتی ہیں تو دوسری طرف آپ کو وید، پران اور گیتا کی عظمت پر بھی نظمیں مل جائینگی۔ جس طرح غیر مسلم شعراء نے بارگاہ رسالت میں نعتوں کا نذرانہ پیش کیا، اسی طرح مسلمان شعراء نے بھی ہندو اساطیری عناصر کو اپنے کلام کا حصہ بنایا اور ان شخصیات کو خراج دادو تحسین پیش کیا جن کا احترام ہندو روایات میں ملتا ہے۔ اردو کی یہی خوبی اسے مذہب و مشرب سے بلند کرتی ہے۔ گائتری منتر کو اردو کے بہت سے شاعروں نے اس کی اہمیت کے پیش نظر نظم کیا ہے۔

گایتری منتر، ویدوں کا ایک اہم منتر ہے جس کی اہمیت تقریبا "اوم" کے برابر مانی جاتی ہے۔ یہ یجر وید اور رگ وید کی دو آیات کے میل سے بنا ہے۔ اس منتر میں سوتر دیو (خدائے واحد) سے دعا ہے اس لئے اسے ساویتری بھی کہا جاتا ہے۔ "گایتری" ایک چھند بھی ہے جو رگ وید کے سات مشہور چھندوں میں ایک ہے۔ ایسا مانا جاتا ہے کہ اس

منتر کے تلفظ اور اسے سمجھنے سے خدا کا عرفان حاصل ہوتا ہے۔ اس کی بہت زیادہ فضیلت بیان کی جاتی ہے اور اس کا سبب یہ بتایا جاتا ہے کہ اس میں توحید کا بیان ہے۔ ویدانت کے علماء مانتے ہیں کہ وید میں توحید کا بیان ہے اور خدا کو ایک مانا گیا ہے۔ گائتری منتر میں یہ بیان زیادہ واضح انداز میں ملتا ہے۔

گائتری منتر ہندوؤں کی مذہبی اساس مانا جاتا ہے جس میں خدا کی تعریف وتوصیف کے بعد اس سے یہ التجا کی جاتی ہے کہ وہ صراط مستقیم کی رہنمائی فرمائے۔ اس میں یہ بھی کہا جاتا ہے کہ وہ حق کے آفتاب کی روشنی دل و دماغ تک پہنچائے تاکہ صحیح راستے کی انسان پہچان کر سکے۔ اس کا مفہوم قرآن کے سورہ فاتحہ کے مضمون کے قریب ہے اور ایسا لگتا ہے کہ جس طرح کے دعائیہ الفاظ سورہ فاتحہ میں ہیں اس سے ملتے جلتے الفاظ گائتری منتر میں بھی ہیں۔ حالانکہ مختلف شاعروں نے اسے اپنے اپنے کلام میں الگ الگ طریقے سے نظم کیا ہے مگر مفہوم قریب تر ہے۔ منتر کا ترجمہ اس طرح ہے،

"شہ رگ سے بھی قریب رہنے والے، دکھوں کو دور کرنے والے اور سکھ فراہم کرنے والے، سب سے اعلیٰ وارفع خدا کو ہم اپنے دل و دماغ میں بسائیں، وہ ہمارے عقل وشعور کی صراط مستقیم کی جانب رہنمائی کرے۔"

اردو کے سب سے معروف شاعروں میں سے ایک علامہ اقبالؔ نے بھی گائتری منتر کو نظم کیا ہے جس کا عنوان ہے، "آفتاب" اقبالؔ عموماً اسلام کی عظمت اور آفاقیت کو اپنی شاعری میں پیش کرتے ہیں مگر وہ تنگ نظر نہیں تھے لہٰذا انھیں دوسرے مذاہب کی جو باتیں پسند آئیں انھیں بھی انھوں نے اپنی شاعری میں جگہ دی۔ اقبالؔ کی اسی نظم کا پہلا شعر ملاحظہ ہو۔

اے آفتاب! روح و روانِ جہاں ہے تو
شیرازہ بندِ دفترِ کون و مکاں ہے تو

گائتری منتر چونکہ ہندوؤں عوام میں بے حد مشہور ہے اور اہل علم اس کی فضیلت بیان کرتے ہیں لہٰذا بہت سے شاعروں نے اسے نظم کیا ہے۔ یہاں تک کہ اسے فلموں میں بھی انتہائی خوبصورتی کے ساتھ استعمال کیا گیا ہے۔ گائتری منتر کے مفہوم کو نظم کرنے والے اقبالؔ تنہا نہیں ہیں بلکہ دوسرے شاعروں نے بھی اسے اپنی شاعری کا حصہ بنایا ہے۔ انھیں میں ایک بالمکند عرشؔ ملسیانی بھی ہیں۔ عرش اردو کے معروف شاعر ہیں۔ انھوں نے بڑی تعداد میں نظمیں کہی ہیں جو مختلف موضوعات پر ہیں۔ یہاں ہم عرشؔ کے ذریعے نظم کردہ گائتری منتر کے دو شعر آپ کی نذر کر رہے ہیں،

اوم جس کا سب سے پیارا نام ہے
روحِ عالم قاطعِ آلام ہے
جو چلاتا ہے نظام کائنات
مایۂ رحمت ہے جس کی نیک ذات
خدا کی قدرت کا جلوہ

دنیا کے بیشتر مذاہب میں کسی نہ کسی شکل میں خدا کا تصور پایا جاتا ہے۔ الفاظ الگ الگ ہوسکتے ہیں مگر ان کی تعبیر ایک جیسی ہوتی ہے۔ مذہب کا مقصد ہی حقیقت ابدی کو انسان کے سامنے پیش کرنا ہے۔ اس مقصد کے تحت آسمانی کتابیں بھی نازل ہوئی ہیں اور سبھی مذاہب میں اس قسم کی کتابوں کا تصور پایا جاتا ہے۔ جیسے اسلام میں قران، یہودیت میں توریت اور عیسائیوں کے مذہب میں انجیل کا تصور ہے۔ اسی طرح ہندوؤں میں بھی

وید کو تقدس کا مقام حاصل ہے۔ یہ بھارت کی قدیم ترین کتاب ہے۔ اس کتاب میں توحید اور معرفت کا بیان خاص طور پر ملتا ہے۔ وید میں حمدیہ نظمیں اور گیت ہیں جو ہزاروں سال قبل گائے جاتے تھے۔ ہندو علماء کے ایک طبقے کا ماننا ہے کہ وید میں شرک کا تصور نہیں ہے بلکہ توحید کا بیان ہے لہٰذا یہ طبقہ مورتی پوجا کی بھی مخالفت کرتا ہے۔ سکھوں میں توحید کا تصور وید اور اسلامی تعلیمات کا ہی اثر ہے۔ ویدوں کا زمانہ پوری طرح سے متعین نہیں کیا جاسکتا مگر اندازہ ہے کہ چار، پانچ ہزار سال قبل ان کی ترتیب عمل میں آئی تھی۔ ایک طبقہ انھیں الہامی کتب بھی مانتا ہے۔ یہ آریوں کی کتابیں تھیں۔ وید کے اشلوک ہزاروں سال سے سینہ بسینہ چلے آرہے تھے، جنھیں انگریزی عہد حکومت میں کتابی شکل دیا گیا۔ وید کی تعلیمات میں جہاں ایک خدا کا تصور پایا جاتا ہے وہیں زندگی کے دیگر مسائل کے بارے میں بھی رہنمائی ملتی ہے۔ اردو کے معروف شاعر پنڈت برج نارائن چکبستؔ نے اپنی نظم "جلوۂ معرفت" میں وید کا فلسفہ بیان کیا ہے۔ اس نظم میں وحدت الوجود کا مضمون بھی ملتا ہے جو صوفیہ کے حلقے میں خاص طور پر رائج تھا۔ اسی کے دو شعر ملاحظہ ہوں۔

فیض قدرت سے جو تقدیر کھلی عالم کی
ساحل ہند پہ وحدت کی تجلی چمکی
مٹ گئی جہل کی شب صبح کا تارا چمکا
آریہ ورت کی قسمت کا ستارا چمکا
فلسفہ ویدانت اور خدا کا تصور

وحدت الوجود کا مطلب یہ ہے کہ خدا ایک ہے اور اسی کا جلوہ ہر جگہ ہے۔ ذرے

سے افلاک تلک بس اسی کا جلوہ ہے اور دنیا کی جتنی چیزیں ہیں اسی کے نور سے منور ہیں۔ دوسرے الفاظ میں یہ کہہ سکتے ہیں کہ وجود بس ایک ہے، وہ ہے اللہ کا وجود۔ باقی تمام اشیاء اسی وجود کا پرتو ہیں۔ اس قسم کے صوفیانہ خیالات اردو شاعری کے ڈی این اے میں شامل ہیں۔ عام طور پر تصوف و عرفان کے مضامین کو اردو کے معروف و غیر معروف شعرا نے اپنے اشعار میں پیش کیا ہے۔ وید کی تعلیمات میں بھی اسی قسم کی باتیں ملتی ہیں۔ پنڈت امر ناتھ ساحرؔ دہلوی ان شاعروں میں سے ایک ہیں جنھوں نے اپنی شاعری میں ویدانت کے فلسفے کو پیش کیا۔ حالانکہ اس قسم کے بیانات کے سبب ان کی شاعری گنجلک ہوگئی ہے اور سیدھے سادے قاری کی سمجھ سے بالاتر ہوگئی ہے۔ ان کی ایک نظم ہے "جیو، ایشور، برہما، ترپٹی" اس میں انھوں نے اسی قسم کے مذہبی تصورات پیش کئے ہیں۔

حقیقت دل پہ روشن ہو چکی ہے راز پنہاں کی
کہ جاں ہے ایک تجلی جانِ جاں اور جانِ جاناں کی
دماغوں میں ہے مستی بادۂ سرجوش عرفاں کی
نگاہوں میں مساوی منزلت ہے کفر و ایماں کی

شریمد بھاگوت گیتا

شری کرشن کے خطبات کا مجموعہ ہے شریمد بھاگوت گیتا۔ یہ دنیا کی قدیم ترین کتابوں میں سے ایک ہے اور ہندوؤں کا مقدس ترین گرنتھ ہے۔ مہابھارت کے مطابق کروشیتر جنگ میں سری کرشن نے گیتا کا پیغام ارجن کو سنایا تھا۔ اس میں توحید، کرم یوگ، اور لگن یوگ کی بہت خوبصورت طریقے سے بحث ہے۔ شریمد بھاگوت گیتا کے پس منظر میں مہابھارت کی جنگ ہے۔ جس طرح ایک عام انسان اپنی زندگی کے مسائل میں الجھ کر

ذمہ داریوں سے منہ موڑ لیتا ہے اور اس کے بعد کی زندگی سے راہ فرار اختیار کرنے کا خیال اس کے دل میں آتا ہے اسی طرح ارجن جو مہابھارت کا عظیم ہیرو ہے اپنے سامنے آنے والے مسائل سے خوفزدہ ہو کر زندگی اور چھتریہ دھرم سے مایوس ہو کر بھاگنے کی کوشش کرتا ہے مگر کرشن اسے اس کی ذمہ دارایاں یاد دلانے کے لئے ایک طویل نصیحت کرتے ہیں۔ ارجن کی طرح ہی ہم تمام کبھی نہ کبھی کشمکش میں مبتلا ہوتے ہیں اور حالات سے مایوس ہو کر اپنے فرائض سے پہلو تہی کرتے ہیں۔ بھارت کے رشیوں نے شدید غور کے بعد گیتا کو جمع کیا ہے۔ خطبات کرشن کا آخری حصہ اپنشد کہلاتا ہے۔ انسانی زندگی کی خاصیت، انسان کو حاصل دانشورانہ طاقت ہے اور اپنشدوں میں موجود علم اس بات پر اکساتا ہے کہ عقل کی حدود کے باہر انسان کیا تجربہ کر سکتا ہے۔

شریمد بھگوت گیتا بدلتے سماجی منظر نامے میں اپنی اہمیت کو بنائے ہوئے ہے اور اسی وجہ سے تکنیکی ترقی نے اس کی دستیابی کو بڑھایا ہے، اور زیادہ قابل فہم بنانے کی کوشش کی ہے۔ دوردرشن پر نشر سیریل مہابھارت میں بھگوت گیتا خصوصی توجہ کا مرکز رہی، وہیں شری کرشن (سیریل) میں بھگوت گیتا کو تفصیل سے پیش کیا گیا اور گیتا سے متعلق عام انسان کے شبہات کا ازالہ ارجن کے سوالات کے ضمن میں کرنے کی کوشش کی گئی۔

اردو میں گیتا کا گیان

مہابھارت اور رامائن کے ہندی ترجمے سے پہلے اس کے فارسی اور اردو ترجمے ہو چکے تھے۔ مغل بادشاہ اکبر کے حکم سے ان کتابوں کو سنسکرت سے فارسی میں ڈھالا گیا تھا اور خوبصورت، رنگین تصویروں سے سجایا گیا تھا۔ مغلوں کے آخری دور میں انھیں اردو کا لباس بھی پہنا دیا گیا۔ کئی منظوم ترجمے بھی ان کتابوں کے ہو چکے ہیں۔ اسی طرح ردوزبان

میں خاص گیتا کے بھی متعدد ترجمے کئے گئے ہیں۔ ایک دو نہیں بلکہ سینکڑوں کی تعداد میں اس کے ترجمے اور تفاسیر اردو میں موجود ہیں۔ گیتا کا گیان اردو شاعری میں بھی ہے اور جہاں اس کے مفاہیم کو شعراء نے اپنے اشعار میں پیش کیا ہے، وہیں کئی شعراء نے گیتا کا منظوم ترجمہ بھی کیا ہے۔ گیتا کا اب تک کا آخری ترجمہ انور جلالپوری نے کیا ہے۔ ان کا یہ ترجمہ دیکھیں، ایسا لگتا ہے گویا قرآن کی آیت الکرسی کا منظوم ترجمہ ہے،

خدا ہے ازل سے ابد تک خدا
نہیں اس کی قدرت کی کچھ انتہا
وہ موجود ہے اور دیکھے سبھی
وہ اِک لمحے کو بھی نہ سوئے کبھی
لطافت بھی بے انتہا اس میں ہے
جو گیانی سنیں وہ صدا اس میں ہے
سبھی کچھ سنبھالے ہوئے ہے وہی
مگر وہ نہ آئے تصور میں بھی
وہ ظلمت نہیں نور ہی نور ہے
اندھیرا تو اس سے بہت دور ہے

اوپر درج مصرعوں میں جہاں سلاست و روانگی ہے وہیں زبان وہ بیان بھی بہت سادہ ہے۔ انھیں پڑھ کر ایسا لگتا ہے گویا قرآن کا پیغام توحید پیش کیا جا رہا ہے۔ جس وحدت کا پیغام قرآن کریم میں دیا گیا ہے اسی کی تعلیم گیتا میں بھی ملتی ہے۔ نورِ وحدت سے معمور ان اشعار کو ذرا دیکھیں جو گیتا کا ہی ترجمہ ہیں،

فضاؤں میں جیسے ہوائیں رہیں

اسی طرح سب جیو مجھ میں بسیں
مقدس ہوں، پھل دینے والا ہوں میں
مجھے جان لے سب سے اعلا ہوں میں
مرے بیج سے سب جگت جنم لے
برہمانڈ کی سلطنت جنم لے
کئی دیوتاؤں میں اٹکے ہیں جو
مرے راستے سے بھی بھٹکے ہیں وہ

***

٦

اردو رسم الخط: تہذیبی و لسانیاتی مطالعہ

گوپی چند نارنگ

زبان کی طرح رسم الخط بھی عوامی چیز ہے اور ہر شخص کو اس پر اظہار خیال کا حق پہنچتا ہے۔ اس لیے اس مسئلے پر لکھنے والوں میں عالم اور عامی سبھی شامل ہیں، لیکن زیادہ تر تحریریں جذباتیت سے مغلوب ہو کر لکھی گئی ہیں، جن کا مقصد اتنا روشنی پھیلانا نہیں جتنا گرمی بڑھانا ہے۔ ضرورت ہے کہ اردو رسم الخط کے مسئلہ پر معروضی علمی انداز سے نظر ڈالی جائے اور تبدیلی کا مشورہ دینے والوں کے محرکات کا پتہ چلایا جائے، نیز موجودہ رسم الخط کو زندہ رکھنے کے تہذیبی اور لسانیاتی پہلوؤں پر غور کیا جائے۔

آزاد ہندوستان کا ایک المیہ یہ ہے کہ زبان کے مسائل کو سیاست کی نظر سے اور سیاست کے مسائل کو مذہب کے نقطۂ نظر سے دیکھا جاتا ہے۔ یہ انداز نظر سامراجی ایجنڈے کا اور ہماری اس میراث کا جزو ہے جو ہم نے بیسویں صدی میں پچھلی نسلوں سے حاصل کی ہے۔ فرقہ واریت، منافرت، تعصب اور تنگ نظری نے ہماری حالیہ تاریخ کے اوراق کو بری طرح داغ دار کر دیا ہے۔ اردو کے حقوق کا مسئلہ دراصل محض اردو کے حقوق کا مسئلہ نہیں ہے، یہ اکثریت کے رد عمل کا مسئلہ بھی ہے۔ پنڈت آنند نرائن مُلا نے اپنے خطبۂ صدارت جے پور اردو کانفرنس میں کہا تھا،

"تقسیم ہند کی وجہ سے اکثریت کے دلوں میں جو غبار آ گیا ہے، وہ کسی طرح مٹنے کا نام نہیں لیتا اور پاکستان کے خلاف جو غصہ ہے، وہ غریب اردو پر اتارا جا رہا ہے۔ یہی وجہ ہے کہ اردو کو اس ملک کی زبان ماننے سے انکار ہے۔"

آزاد ہندوستان میں اردو کے حقوق کی اور اس کے رسم الخط کو زندہ رکھنے کی کوئی بھی بحث فرقہ وارانہ سیاست کے منفی اثرات، ہندو مسلمان علاحدگی پسندی کے رجحانات اور تقسیم کے پس منظر کو فراموش کر کے کی ہی نہیں جا سکتی۔ یہ وہ حقائق ہیں، جن کا سامنا کرنے اور انہیں سمجھنے کے بجائے اکثر و بیشتر ہم ان سے آنکھیں چراتے ہیں۔

ان باتوں کا ذکر کر کے منھ کا ذائقہ تو خراب ہوتا ہی ہے، تاہم یہ واقعہ ہے کہ جب بھی ہم اردو کے مسئلہ پر غور کریں گے، شعوری یا تحت الشعوری طور پر یہ بیانات ہمارے ذہن میں حاضر ہوں گے کہ فرقہ وارانہ ذہنیت رکھنے والا ایک طبقہ اس بات پر زور دیتا ہے کہ "اردو پاکستان کی زبان ہے" یا "اردو کا رسم الخط غیر ملکی ہے" یا "اردو کو اس کے رسم الخط میں زندہ رکھنے کی کوشش فرقہ وارانہ ہے اور مشترک تہذیب کی راہ میں سنگ گراں۔" خصوصاً جب خود اردو میں ایسے کرم فرماؤں کی کمی نہیں جو مابعد الطبعیات اور لسانیات میں خلط مبحث کرتے ہیں۔

کسی رسم الخط کا مابعد الطبعیاتی مطالعہ 1 پیش کرنے میں کوئی قباحت نہیں، لیکن اگر کھینچ تان کر ایسے نتائج اخذ کیے جائیں جن کا مقصد اردو کو لسانی طور پر محدود کرنا یا اس کی مشترکہ سماجی اور تہذیبی حیثیت کو نقصان پہنچانا ہو تو موجودہ حالات میں اسے اردو کی خدمت نہیں کہا جا سکتا۔ فرقہ وارانہ سیاست نے لسانی اور تہذیبی سطح پر جو زہر پھیلایا ہے وہ رگ وپے میں بری طرح سرایت کر گیا ہے، اور جب تک اس کا اثر باقی ہے، زبان کے مسئلے پر سوچتے ہوئے اس زہر کے عمل اور در عمل سے صرف نظر کرنا خود کو دھوکہ دینا

ہے۔

اس پس منظر میں اردو کے ان ادیبوں اور شاعروں کی باتوں پر غور کیجیے جو اردو کے ادیب ہوتے ہوئے اردو رسم الخط کو بدل کر دیوناگری کر دینے کے مشورے دیتے ہیں، تو معلوم ہو گا کہ شعوری یا غیر شعوری طور پر وہ اپنی زبان کو زندہ رکھنے کے لیے کتنی بڑی قیمت ادا کرنے کو تیار ہیں۔ آج سے دس برس قبل جب بمبئی کے اردو حلقوں سے دیو ناگری کی حمایت میں سب سے پہلی آواز اٹھی تھی تو ہم نے اس سے اختلاف کیا تھا۔ ہم اس مشورے کے اب بھی خلاف ہیں، لیکن اس کی تہہ میں بے تعصبی، بلند نظری اور وسیع تر ملکی اور لسانی مفاد کا احساس اور قربانی وایثار کا جو جذبہ ملتا ہے، اس کی دل سے قدر کرتے ہیں۔ ایسا مشورہ دینے والے ان لوگوں سے مختلف ہیں جو اصلاً ہندی کے حامی ہیں، اور اردو کو ہندی میں ضم کرنے کے لیے اردو والوں سے اپنا رسم الخط چھوڑ دینے کا مطالبہ کرتے رہتے ہیں۔

یہ مطالبہ تو غیروں کا ہے، لیکن جس مشورے کا ہم ذکر کر رہے ہیں، وہ "اپنوں" کا ہے۔ ایسا مشورہ دینے والے اردو ادیب مارکسی مکتب فکر سے تعلق رکھتے ہیں۔ ان کے نظریہ زبان کی رو سے عوامی زبان یا پرولتاری زبان ہی اصل زبان ہے۔ یہ بات بڑی حد تک صحیح بھی ہے کیونکہ بالعموم کسی بھی زبان کی جڑیں اس کی بولیوں میں پیوست ہوتی ہیں۔ اردو بھی بولیوں کے بطن سے آئی ہے، لیکن اس کے مخصوص تہذیبی اور سماجی کردار کی وجہ سے اس کا رشتہ بولیوں سے وہ نہیں رہا جو اس کے مقابلے میں ہندی کا ہے۔ چنانچہ یہ نظریہ زبان اردو کے ساتھ پورا انصاف نہیں کر سکتا۔ اس کی رو سے لازم آتا ہے کہ بنیادی اہمیت بولیوں کی ہے، یعنی برج، راجستھانی، ہریانی، کھڑی، قنوجی، بندیلی، اودھی، مگھی، میتھلی، بھوج پوری، پہاڑی وغیرہ۔

ہندی میں یہ سب بولیاں بشمول کھڑی کے موجود ہیں جب کہ اردو صرف کھڑی کا ارتقائی روپ ہے، اور ارتقائی روپ بھی وہ جس کی نشو ونما مخصوص شہری تمدن میں متوسط اور اعلیٰ طبقے کے ہاتھوں ہوئی ہے۔ اس لحاظ سے ان حضرات کے نزدیک اردو زبان ہے جسے طبقۂ اشرافیہ نے پروان چڑھایا اور جو محض اپنے رسم الخط کی وجہ سے ہندی سے مختلف ہو گئی۔ گویا اس نظریے کے تسلیم کرنے والوں کی نظر میں اردو ایک طرح کی مصنوعی زبان ہے جو پڑھے لکھے طبقے اور شہری آبادی تک محدود ہے اور جاگیردارانہ ماحول کی پروردہ ہے۔ اس کے مقابلے میں ہندی وسیع تر فطری زبان ہے جس کا دامن ہزاروں میلوں میں پھیلی ہوئی بولیوں سے بندھا ہوا ہے۔ اس نظریہ سے یہ منطقی نتیجہ برآمد ہوتا ہے، چونکہ موجودہ جمہوری دور میں اشرافیہ کی زبان پر عوامی زبانیں غالب آ جائیں گی، اس لیے بہتر یہی ہے کہ اردو والے خود ہی اپنے رسم الخط سے دستبردار ہو جائیں، اور دیوناگری کو اپنالیں۔

یہ نظریہ جہاں تک مذہب، نسل، فرقہ اور زبان کی چھوٹی وفاداریوں سے بلند ہونے کا حوصلہ عطا کرتا ہے یا عوام کی لسانی طاقت پر زور دیتا ہے یا زبان کے بولنے والوں کو لسانی وحدت کے طور پر پیش کرتا ہے، وہاں تک تو یقیناً قابل قدر ہے لیکن اردو اور ہندی میں جو انتہائی پیچیدہ اور مخصوص تہذیبی اور لسانی رشتہ ہے یعنی جس طرح دونوں کی بنیاد کھڑی بولی پر ہے، لیکن تاریخی حالات کے زیر اثر دونوں کا ارتقا پچھلی کچھ صدیوں کے سفر میں جس طرح الگ الگ ہوا ہے، جس سے یہ دو منفرد زبانیں بن گئی ہیں، یا ہندو اور اسلامی تہذیب میں اخذ و قبول اور ارتباط واختلاط کا جو عمل صدیوں تک جاری رہا، اردو جس طرح اس سے متاثر ہوئی ہے اور مشترک تہذیبی قدروں کے فروغ میں، اور ہندوؤں اور مسلمانوں کے درمیان لسانی مفاہمہ کی حیثیت سے اردو نے جو بیش بہا خدمت

انجام دی ہے اور اس میں اور ہندی میں جو بنیادی لسانی اشتراک اور بنیادی تہذیبی اختلاف ہے، ان سب پیچیدگیوں کو سمجھنے میں یہ نظریۂ زبان زیادہ دور تک ہمارا ساتھ نہیں دیتا۔

صدیوں کی تاریخی ضرورتوں، رواج اور چلن اور معیار بندی نے اردو کو جو خاص لسانی، سماجی اور تہذیبی منصب اور مقام عطا کیا ہے، اس کو بھی یہ نظریہ تسلیم نہیں کرتا، اور یہیں سے اس کی کوتاہی واضح ہو جاتی ہے۔ چنانچہ باوصف اس کے کہ ہم اس نظریہ کے حامیوں کی نیت پر شبہ نہیں کرتے، ہم اس نظریہ کی تائید سے قاصر ہیں۔

تبدیلی کا مشورہ دینے والے اردو ادیب یہ سمجھتے ہیں کہ ایسا کرنے سے اردو کے حقوق کا مسئلہ ختم ہو جائے گا اور قومی یکجہتی کے لیے فضا سازگار ہو جائے گی۔ آزادی کے چند برس بعد جب بعض سیاست دانوں نے اس پر زور دینا شروع کیا تھا کہ قومی وحدت کے لیے یہ ضروری ہے کہ تمام زبانوں کا رسم الخط ایک کر دیا جائے تو بعض صوبائی حکومتوں نے اس کی مخالفت کی تھی۔ بعد میں جب قومی یکجہتی کونسل نے بھی تمام زبانوں کے لیے دیوناگری اختیار کرنے کا مشورہ دیا تو جنوبی ہندوستان میں اس کے خلاف شدید احتجاج ہوا تھا اور بالآخر پنڈت جواہر لعل نہرو کو کانگریس کے مدورائی اجلاس میں یہ یقین دلانا پڑا تھا کہ کسی بھی زبان کا رسم الخط اس کے بولنے والوں کی مرضی کے خلاف تبدیل نہیں کیا جائے گا، اور اس سلسلہ میں آئین ہند کی دفعہ (۱) ۲۹ کا حوالہ دیا گیا تھا جس کی رو سے ہندوستان کی لسانی اقلیتوں کو اپنی زبان اور اس کے رسم الخط کے تحفظ اور استعمال کا پورا پورا حق حاصل ہے۔

ہمارے رسم الخط کی ایک بڑی خوبی یہ ہے کہ ہماری ضرورتوں کا ساتھ دینے کے علاوہ یہ پاکستان، ایران، افغانستان، شام، اردن، عراق، مصر، سعودی عرب، انڈونیشیا،

ملیشیا وغیرہ بیسیوں ایشیائی ملکوں سے ہمارے تہذیبی روابط کو استوار کرنے کا کام دیتا ہے۔ لکھنے میں دوسرے خطوں کی بہ نسبت یہ ایک تہائی جگہ کم لیتا ہے اور اسی اعتبار سے اس میں وقت بھی کم صرف ہوتا ہے۔

لسانی اور تہذیبی کثرت اور بوقلمونی کے اعتبار سے ہندوستان دنیا کے زرخیز ترین خطوں میں سے ہے۔ ہندوستان میں اس وقت چار بڑے لسانی خاندان ہیں: آسٹری، تبتی، برمی، دراوڑی اور ہند آریائی۔ ہند آریائی خاندان کی زبانوں کے فروغ سے پہلے ہندوستان بھر میں آسٹری اور دراوڑی خاندان کی زبانیں پھیلی ہوئی تھیں۔ شمالی ہندوستان پر جب ہند آریائی کا تسلط ہوا تو میل جول اور اخذ و قبول کے عمل سے لسانی سطح پر حیرت انگیز رنگارنگی پیدا ہو گئی جس سے یہاں بقول شخصے ہر بیس تیس میل پر بولی بدل جاتی ہے، اور اس کی رعایت سے رسم الخط بھی متاثر ہوتا ہے۔ ہندوستانی زبانوں کے رسم الخط میں جو رنگارنگی اور اختلافات نظر آتے ہیں، وہ ہمارے جغرافیائی، تاریخی، تہذیبی اور سماجی حالات کے پیدا کردہ ہیں۔

ہمارے آئین کی بنیاد سیکولر تصور پر رکھی گئی ہے۔ ایسے نظام میں جہاں سب کو برابر کے مواقع حاصل ہیں اور اپنے اپنے نقطۂ نظر کے مطابق زندگی بسر کرنے کی اجازت ہے، قومی یکجہتی کے نام پر رسم الخط کو تبدیل کرنا گویا لسانی آزادی کے امکانات کو ختم کرنا ہے۔ ایک رسم الخط کو دوسرے پر ترجیح دینے سے نفرت بڑھے گی، کم نہیں ہوگی۔ تنگ نظری اور تعصب کی دیوار رسم الخط پر قائم نہیں بلکہ جیسا کہ پہلے اشارہ کیا جا چکا ہے، اس کی دوسری بہت سی وجہیں ہیں۔ ہندوستان میں مختلف زبانوں، مذہبوں، عقیدوں، فرقوں اور نسلوں کے لوگ بستے ہیں، جن کے رسم ورواج، اخلاق وآداب اور طور طریقوں میں بڑا فرق ہے۔ ہندوستانی مزاج اس رنگارنگی اور کثرت کی مذمت نہیں کرتا، بلکہ اس کے جلوہ

صدرنگ پر اصرار کرتا ہے۔

جب ہماری زندگی عبارت ہی وسعت اور کثرت سے ہے اور ہندوستان کی بقا ہی رنگارنگی میں ہے تو رسم الخط کی تبدیلی کا مشورہ دینا کہاں کی دانش مندی ہے؟ قومی یکجہتی کے تصور کی بنیاد اس حقیقت پر ہے کہ ہندوستان میں مختلف اور متضاد عناصر ہیں، ان میں ہم آہنگی ہونی چاہئے، یعنی ضرورت ہم آہنگی پیدا کرنے کی ہے، عناصر کو مٹانے کی نہیں۔ رسم الخط کے تبدیل کرنے کا مشورہ چونکہ عناصر کو مٹانے کی کوشش ہے، اس لیے تہذیبی نقطۂ نظر سے قابل عمل نہیں۔

(۲)

مسئلہ کے تہذیبی پہلو پر غور کر لینے کے بعد اب اس کے لسانیاتی پہلو کو لینا چاہئے لیکن اس سے پہلے دو مفروضوں کی تردید ضروری ہے، اول یہ کہ اردو رسم الخط کے بغیر اردو زبان کا تصور نہیں کیا جاسکتا، دوسرے یہ کہ اردو کا رسم الخط غیر ملکی ہے۔ پہلے سوال پر بحث کرتے ہوئے زبان اور رسم الخط کا رشتہ بھی زیر بحث آئے گا۔ رسم الخط بعض لوگوں کے نزدیک لباس کا درجہ رکھتا ہے، یعنی ایک اتارا اور دوسرا پہن لیا اور بعض کے نزدیک کھال کا یعنی جس طرح ایک جسم کو دوسری کھال میں داخل نہیں کیا جاسکتا، اسی طرح ایک زبان کے لیے دوسرا رسم الخط اپنانا بھی ناممکن ہے۔ لسانیات کی رو سے اصل اور بنیادی چیز بولی جانے والی زبان ہے، رسم الخط ثانوی حیثیت رکھتا ہے۔ پہلے زبان اور اس کا چلن وجود میں آتا ہے، تحریر کی ضرورت بعد میں پیش آتی ہے۔ رسم الخط زبان کا تابع ہے، زبان رسم الخط کے تابع نہیں۔ رسم الخط زبان کی آوازوں کو علامتوں کے ذریعہ ظاہر کرتا ہے اور اس کا کام زبان کو ضبط تحریر میں لا کر ترسیل میں مدد دینا ہے۔ زبان میں تبدیلی ہوگی تو رسم الخط بھی اس سے متاثر ہوگا۔

اگرچہ کسی بھی دو زبانوں کی آوازیں ایک سی نہیں ہوتیں لیکن اتنی بات طے ہے کہ کسی بھی زبان کو کسی دوسرے رسم الخط میں لکھا جا سکتا ہے۔ زیادہ سے زیادہ یہ کرنا ہوتا ہے کہ نئی آوازوں کے لیے نئی علامتیں وضع کرنی پڑتی ہیں۔ غرض جہاں تک اصول کا تعلق ہے، اردو کے لیے رومن اور دیوناگری دونوں رسم الخط مناسب اضافوں کے ساتھ استعمال کیے جا سکتے ہیں۔ انگریزوں کے زمانے میں مدتوں تک ہندوستانی فوج میں اردو رومن حروف کے ذریعہ سکھائی جاتی تھی اور اس میں کوئی دقت پیش نہیں آئی۔ جدید دور میں اردو کتابیں آئے دن دیوناگری میں شائع ہو رہی ہیں اور ان کے پڑھنے والوں کو کوئی دشواری محسوس نہیں ہوتی۔ نیز جدید لسانیات میں تجرباتی کام کے لیے خواہ وہ کسی بھی زبان سے متعلق ہو، International Phonetic Alphabets یعنی بین الاقوامی صوتیاتی علامتوں کا استعمال ہوتا ہے جو رومن کی توسیعی شکل ہیں اور ان کے ذریعہ تلفظ کے نازک سے نازک فرق کو بھی سائنسی صحت سے واضح کیا جا سکتا ہے۔

دنیا میں اردو جہاں جہاں جدید لسانیاتی Aural-Oral طریقہ سے پڑھائی جاتی ہے، وہاں اول اول اردو آوازوں کی صوتی مشق رومن کے ذریعہ کرائی جاتی ہے اور اردو رسم الخط اس کے بعد سکھایا جاتا ہے۔ مختصر یہ کہ اصولی طور پر اردو دوسرے رسم الخط کے ذریعہ لکھی اور پڑھی جا سکتی ہے۔ اس سلسلے میں بعض عالمی زبانوں کی مثال لیجیے۔ ترکی کے لیے رومن کو اختیار کر لیا گیا ہے، نیز روس کی کئی علاقائی زبانوں کے لیے روسی رسم الخط استعمال کیا جاتا رہا ہے، لیکن وہ زبانیں زندہ ہیں اور ان کی نشو و نما جاری ہے۔ کہنے کا مقصد یہ ہے کہ کسی بھی زبان کو دوسرے رسم الخط میں لکھا جا سکتا ہے اور اس میں وہ زبان زندہ رہ سکتی ہے۔ اس سے لازم آیا کہ اردو زبان کا تصور اردو رسم الخط کے بغیر ممکن ہے اور اردو کو دوسرے رسم الخط میں لکھا جا سکتا ہے، اور اس میں وہ زبان زندہ رہ سکتی

ہے، لیکن جتنا یہ لسانی اصول صحیح ہے کہ کسی بھی زبان کو کسی دوسرے رسم الخط میں لکھا جاسکتا ہے، اتنی ہی یہ حقیقت بھی اہم ہے کہ اردو اور ہندی میں جو قریبی لسانی رشتہ ہے، اس کی نظیر دنیا کی کسی دو بڑی زبانوں میں جن کا رسم الخط تبدیل کیا گیا ہو، نہیں ملے گی۔

اول تو اردو اور ہندی میں جو فرق ہے وہ صرفی و نحوی سطح پر ضمنی نوعیت کا ہے۔ اصل فرق صوتیات، لفظیات اور معنیات کا ہے جس کی حد بندی رسم الخط اور صرف رسم الخط سے ہوتی ہے۔ چنانچہ رسم الخط میں تبدیلی کے مشورے کو ماننے کا مطلب ہو گا کہ ہم اردو کی انفرادیت سے ہاتھ اٹھانے کو تیار ہیں۔ دوسرے یہ کہ ہندی کو جو کل ہند حیثیت حاصل ہے اور اس کی پشت پر جو ہمہ گیر لسانی طاقت ہے، جس کا سکہ پنجاب اور راجستھان سے بہار تک چلتا ہے، اس کا تقاضا یہی ہے کہ یہ سارا علاقہ ہندی کے تصرف میں ہو۔ اتفاق سے اردو کا علاقہ بھی اسی علاقہ کا حصہ ہے۔ چنانچہ رسم الخط بدل دینے سے اردو کی حیثیت ایک اسلوب کی ہو جائے گی، علاقائی اسلوب کی بھی نہیں، محض سماجی اسلوب کی۔

ظاہر ہے کہ اردو زبان جس کی پشت پر صدیوں کی تاریخ ہے اور جس کا عظیم الشان علمی و ادبی سرمایہ ہے، محض ایک سماجی اسلوب کی حیثیت پر قانع نہیں ہو سکتی۔ غرض اردو رسم الخط تبدیل کرنے کا مشورہ اصولی طور پر قابل عمل ہوتے ہوئے بھی لسانیاتی اور تہذیبی دونوں نقطۂ نظر سے ناقابل عمل ہے۔ نیز سوال صرف دیوناگری کو اپنانے کا نہیں، اپنے رسم الخط کو چھوڑنے کا بھی ہے، یعنی یہ کہ وہ رسم الخط جس سے ہم صدیوں سے مانوس رہے ہیں اور جس کی حیثیت ہمارے صدیوں کے علمی و ادبی سرمایے کی کنجی کی ہے، اس میں ایسی کیا کمزوری یا خرابی ہے کہ ہم خواہ مخواہ اس سے دست بردار ہو جائیں؟

دوسرا مفروضہ جس کی تردید ضروری ہے یہ کہ اردو رسم الخط غیر ملکی ہے۔

ہندوستان کی بیس سے زائد زبانوں میں سے جن دو زبانوں کا رسم الخط خاص طور پر بدلنے کا مشورہ دیا جاتا ہے، وہ اردو اور سندھی ہیں، اور مشورے کی تہہ میں شعوری یا لاشعوری طور پر یہی جذبہ کار فرما ہے کہ ان زبانوں کا رسم الخط غیر ملکی ہے، اس لیے قومی یکجہتی کی راہ میں سنگ گراں ہے۔ اس میں شک نہیں کہ ہمارا رسم الخط سامی الاصل ہے، عربی سے اسے فارسی نے لیا اور فارسی سے اردو نے، لیکن اس کا یہ مطلب نہیں کہ ہمارا رسم الخط کلیۃً عربی فارسی رسم الخط کی نقل ہے بلکہ علامہ کیفی کی اصطلاح میں صدیوں کے استعمال سے اس کی تارید تہنید ہو چکی ہے۔

یہ رسم الخط اب اردو اور صرف اردو کا رسم الخط ہے۔ اس کی وضاحت کے لیے یہ جاننا ضروری ہے کہ مصمتوں میں ز، ذ، ض اور ظ کا تلفظ عربی میں الگ الگ ہے جب کہ اردو میں ان چاروں علامتوں کو ایک ہی صوت یعنی ز کے طور پر بولا جاتا ہے۔ اسی طرح کئی دوسری علامتوں کی بھی تہنید ہو چکی ہے اور انہیں ان کی مقابل ہند آریائی آوازوں میں ضم کر دیا گیا ہے، مثلاً ث اور ص کو ہم نے س کی آواز میں، ح کو ہ کی آواز میں، اور ط کو ت کی آواز میں ملا کر عربی الاصل آوازوں کی انفرادیت ختم کر دی ہے۔ عربی میں ہمزہ مصمتہ ہے اور اس کے بغیر کسی مصوتہ کا تصور ہی نہیں کیا جا سکتا لیکن اردو میں اس کی ایسی کایا کلپ ہوئی ہے کہ یہ حرف بے صوت ہو کر رہ گیا ہے اور اس کا استعمال ہم محض دو مصوتوں کے لفظ میں ایک ساتھ آنے کے لیے کرتے ہیں۔

تارید کے اس عمل کا دوسرا رخ ان اضافوں سے متعلق ہے جو ہم نے اردو رسم الخط میں کیے ہیں۔ ہمارے مصوتے دس کے دس وہی ہیں، جو دیوناگری کے ہیں، ان میں سے چار یعنی یائے مجہول (لینا، دینا)، واوِ مجہول (بولنا، تولنا)، یائے لین (پَیر، بَیر)، واوِ لین (پودا، سودا) کا تصور عربی یا فارسی سے نہیں بلکہ اردو سے مخصوص ہے۔ اردو رسم الخط

میں زیادہ اضافے معکوسی اور ہکار علامتوں میں ہوئے ہیں۔ مثال کے طور پر عربی یا فارسی میں ٹ، ڈ اور ڑ کا تصور نہیں، یہ معکوسی آوازیں اور ان کے ہکار روپ ٹھ، ڈھ اور ڑھ ہندوستان سے مخصوص ہیں اور اردو والوں نے اس کے لیے نئی علامتیں وضع کی ہیں۔ یہی معاملہ آٹھ بندشی ہکار آوازوں یعنی بھ، پھ، تھ، دھ، چھ، جھ اور کھ، گھ کا ہے۔ ہم نے بندشی حروف اور ہائے دوچشمی دوسروں سے لیے، لیکن ب، پ کو ہائے دوچشمی سے ملا کر ہکار آوازوں کے لیے استعمال کرنے کی ضرورت اردو ہی میں پیش آئی۔ یہ آٹھ ہکار بندشی اور چھ معکوسی یعنی چودہ آوازیں اردو کی اردوئیت کا لازمی عنصر ہیں۔

اردو کے صوتی توازن کی یہ دلچسپ مثال ہے کہ جس طرح ف، ز، خ، غ اور ق غیر ملکی آوازوں کے بغیر اردو کا تصور ہی نہیں کیا جا سکتا، اسی طرح مذکورہ بالا چودہ دیسی آوازوں کے بغیر بھی اردو کا تصور ناممکن ہے۔ ۳۶ حروف کے رسم الخط میں چودہ حروف صحیح اور چار حروف علت کی آوازوں کے تصور کا اضافہ اردو میں تہنید کے عمل کا کھلا ہوا ثبوت ہے۔ ان اضافوں سے ہم نے ایک نیا ملا جلا رسم الخط بنایا ہے جو اردو کے فطری تقاضوں کا ساتھ دیتا ہے۔ بلاشبہ ہم نے اسے عربی فارسی سے لیا ہے، لیکن ہند آریائی صوتیاتی نظام کا ساتھ دینے کے لیے چودہ آوازوں کے تصور کا اضافہ کچھ اہمیت رکھتا ہے۔ اتنی تبدیلیوں کے بعد یہ رسم الخط اس حد تک ہمارا اپنا بن گیا ہے کہ تبدیل شدہ صورت میں عرب اور ایرانی اسے اپنا کہنے کو تیار نہیں۔

چنانچہ ان حالات میں اسے عربی فارسی رسم الخط کہنا غلط ہے اور ہمیں اس کو اردو رسم الخط کہنے پر اصرار کرنا چاہئے۔ جس طرح اردو ایک آزاد اور مستقل زبان ہے، اسی طرح اردو رسم الخط بھی ایک آزاد اور مستقل رسم الخط ہے۔ جہاں تک دوسروں سے کچھ لینے کا سوال ہے تو اخذ و قبول کا عمل ہندوستانی زندگی کے کس شعبے میں نہیں ملتا۔ ویدک

زمانے میں تہذیبی لین دین دراوڑی اور آریائی تہذیبوں کے درمیان ہوا، عہد وسطیٰ میں اختلاط وارتباط کا یہی عمل ہندی اور اسلامی تہذیبوں کے درمیان جاری رہا اور اس کی کارفرمائی ہمارے سماج کے ہر شعبہ میں دیکھی جاسکتی ہے۔

آج کس کو فکر ہے کہ حلوا، برفی، فالودہ، قلاقلند، قورمہ، کوفتہ اور بریانی کی وطنیت کیا ہے یا قمیص، پائجامہ، شلوار اور شیروانی کہاں سے آئے تھے، یا شریفہ، انگور، سنگترہ، سردہ اور سیب ملکی ہیں یا غیر ملکی؟ جب ان سب چیزوں کو ہم اپنا سمجھتے ہیں اور انہیں ہندوستانی تصور کرتے ہیں تو اس رسم الخط کو جسے ہم نے صدیوں پہلے اپنالیا تھا اور جس کے چلن کی حیثیت ہماری تہذیب کے جسم میں خون کی روانی کی سی ہے، ہم اسے غیر ملکی کیوں سمجھتے ہیں اور اسے ہندوستانی کیوں نہیں کہتے؟

(۳)

اس مقام پر ایک نظر اردو رسم الخط کے صوتیاتی تجزیے پر ڈال لینی چاہیے۔ اردو رسم الخط کو اگر مصمتوں کا نگار خانہ کہا جائے تو بے جا نہ ہو گا۔ ہمارے ہاں جتنی علامتیں ہیں، ان کے مقابل اتنی آوازیں نہیں۔ سائنسی رسم الخط میں آواز اور علامت میں ایک اور ایک کی نسبت ہوتی ہے۔ بندشی آوازوں میں ہمارے ہاں سوائے ایک کے کوئی علامت فاضل نہیں، یعنی پ، ب، ت، د، ٹ، چ، ج، ک، گ، اور ق۔ ان گیارہ علامتوں میں ایک اور ایک کی نسبت ہے، صرف ت کے لیے ط کی صورت میں دوسری علامت موجود ہے۔ (ق کا چلن پاکستان میں نسبتاً کم ہے اور حیدرآباد دکن میں یہ آواز قریبی صفیری آواز خ میں بدل جاتی ہے، لیکن شمالی ہندوستان کے اردو علاقوں میں اب بھی اس کی انفرادیت برقرار ہے۔) دس بندشی ہکار آوازیں یعنی پھ بھ، تھ دھ، ٹھ ڈھ، چھ جھ اور کھ گھ خالص ہند آریائی آوازیں ہیں اور ان کا ایک سٹ کی حیثیت سے اردو میں

موجود ہونا اس کے ہند آریائی زبان ہونے کی نمایاں ترین خصوصیت ہے۔

دیوناگری میں ہکار آوازوں کے لیے الگ الگ علامتیں ہیں، اردو میں ایسا نہیں۔ لیکن چونکہ ان آوازوں میں ہکاریت مشترک عنصر کی حیثیت رکھتی ہے، اس لیے اردو میں الگ الگ علامتوں کی کمی کو ہائے دو چشمی سے ملا کر لکھنے سے پورا کر لیا گیا ہے۔ ایسا کرنے سے ہماری ضرورت بھی پوری ہو گئی ہے اور ایک طرح کی کفایت بھی ہو گئی ہے کیونکہ دس علامتوں کا کام ہم ایک علامت سے لیتے ہیں۔ اردو میں فاضل علامتوں کی بڑی تعداد صفیری آوازوں میں ملتی ہے، یعنی ز کے لئے ہمارے پاس ذ، ض اور ظ فاضل ہیں، س کے لئے ث اور ص فاضل ہیں، اور ہ کے لیے دوسری علامت ح ہے۔ اس کے علاوہ اردو کی وہ مخصوص آوازیں بھی جو کسی دوسری ہند آریائی زبان میں اس کثرت سے نہیں ملتیں، اس کے صفیری سٹ سے تعلق رکھتی ہیں، یعنی ف، ز، ژ، خ اور غ۔ بشمول ق کے یہ وہ چھ علامتیں ہیں جن سے اردو اور ہندی کی صوتیاتی حد بندی ہوتی ہے، اور یہی وہ آوازیں ہیں جن سے اردو صوتیات کی معیار بندی ہوتی ہے۔

اردو لب ولہجہ میں جو مخصوص توانائی، شستگی اور چستی ملتی ہے، اس میں بڑا ہاتھ ان ہی صفیری آوازوں کا ہے، اس کے برعکس ہند آریائی میں ف کی آواز "پھ" میں، ز اور ژ "ج" میں، خ "کھ" میں اور غ "گ" میں تبدیل ہو جاتی ہے۔ اس طرح اگر ایک طرف اردو آوازوں کا بندشی سٹ سر تا سر ہند آریائی یعنی دیسی ہے تو دوسری طرف صفیری سٹ ہند ایرانی یعنی فارسی سے ماخوذ ہے، اور یہ دونوں مل کر اردو کی ملی جلی یعنی گنگا جمنی صوتیات کی شیرازہ بندی کرتے ہیں۔ پس واضح رہے کہ اردو رسم الخط کی آوازیں سب کی سب خالص ہندوستانی نہیں، بلکہ اردو کی صوتیاتی ملی جلی ہند ایرانی ہے، جیسا کہ ابھی ثابت کیا گیا۔

اردو کے باقی مصمتوں یعنی پہلوی آوازوں میں 'ل' غنائی آوازوں میں "م" اور "ن" اور تھپک دار آوازوں میں "ر" اور "ڑ" میں کوئی علامت فاضل نہیں، اور حرف وصوت میں ایک اور ایک کی نسبت ہے۔

اردو رسم الخط کو جس چیز نے کفایت حرفی کا شاہکار بنا دیا ہے، وہ حروف علت کی حیرت انگیز کمی ہے۔ یہی خوبی بعض سطحوں پر پیچیدگیاں بھی پیدا کرتی ہے۔ اردو میں حروف علت یوں تو چار ہیں، الف، واؤ، یائے معروف اور یائے مجہول، لیکن صحیح معنوں میں حرف علت صرف ایک ہے یعنی الف، کیونکہ واؤاور یائے بہ طور نیم مصوتہ یا نیم حرف صحیح بھی استعمال ہوتے ہیں۔ (وہاں، گواہ، یہاں، گویا)۔ غور فرمایئے، اردو میں مصوتوں کے لیے بنیادی حرف تو صرف ایک ہے لیکن مصوتے دس ہیں۔ حروف علت کی یہ کمی دوسرے حروف کے ضمنی استعمال اور اعراب کے استعمال سے پوری کی جاتی ہے۔ دس مصوتوں کی آوازیں یوں ہیں، مِل، میل (فاصلہ کے معنی میں)، میل (میل جول)، مَیل، مَل، مال، مول (مول تول) مَول (درخت کا مولنا) مُل اور مُول (بمعنی جڑ یا بنیاد)

گویا صرف مال میں حرف علت کا فرق الف کی مدد سے ظاہر کیا گیا ہے، مِل، مَل اور مُل میں یہ فرق اعراب یعنی زیر، زبر، پیش کی مدد سے ظاہر ہوا ہے، لیکن جہاں تک باقی چھ مصوتوں یعنی میل، میل، مَیل یا مول، مول، اور مول کا تعلق ہے تو عام تحریر میں ان کے فرق کو ظاہر کیا ہی نہیں جاتا۔

ع کی حیثیت عربی میں حرف صحیح کی ہے، لیکن اردو کے عام لہجہ میں اس کا تلفظ حرف علت کا سا ہے اور یہ اردو کے دس مصوتوں میں سے کسی کے لیے بھی استعمال ہو سکتا ہے، مثالیں ملاحظہ ہوں،

عِبرت (مِل) عید (میل)

شعر (میل) عَیش (مَیل)

عَدل (مَل) عام (مال)

بُعد (مول) عَور (مُول)

عُمر (مُل) شعور (مول)

ہمزہ کا حال ع سے بھی عجیب ہے، یعنی اردو میں اس کی کوئی آواز ہی نہیں۔ مثال کے طور پر جاؤں، آؤں میں اوں کی آواز کے لیے واؤ اور نون غنہ موجود ہے، یہ ہمزہ کی آواز نہیں۔ اسی طرح کئ، گئ، کوئ یا سوئ کا معاملہ ہے۔ ان میں ای کی آواز یائے معروف کی آواز ہے۔ غائب صائب میں بھی ہمزہ بے آواز ہے، کیونکہ خفیف ای کی آواز دراصل کسرہ کی آواز ہے، ہمزہ کی نہیں۔ ہمزہ اردو میں علامت بے صوت ہے اور اس کا کام دو مصوتوں کے ایک ساتھ آنے کا املائی اعلان کرنا ہے اور بس۔

اس صوتیاتی تجزیہ سے ظاہر ہے کہ قطع نظر بعض فاضل علامتوں کے اسراف کے اردو رسم الخط کفایت حرفی کی اچھی مثال پیش کرتا ہے۔ اس میں شبہ نہیں کہ نیم شکلوں اور جوڑوں کی کثرت کی وجہ سے اردو رسم الخط سیکھنے میں نسبتاً زیادہ وقت صرف ہوتا ہے، لیکن لکھنے اور پڑھنے میں یہ اتنا ہی آسان بھی ہے۔ ظاہر ہے کہ کسی رسم الخط کا سیکھنا فرد کی زندگی میں ایک محدود عمل ہے جو عمر کی ایک خاص منزل پر انجام پا جاتا ہے، جب کہ اس کا استعمال نسبتاً لامحدود عمل ہے جو ساری عمر جاری رہتا ہے۔ اس لیے اردو رسم الخط کی آسانیاں اور اس کا فائدہ سامنے کی بات ہے۔ بنیادی طور پر اردو کی کفایت حرفی کا تعلق حروف علت کی کمی سے ہے۔ کسی بھی زبان میں لفظ تو لفظ، صوتی رکن بھی بغیر مصوتہ کے ادا نہیں ہو سکتا۔ گویا مصوتے، مصمتوں سے کئی گنا زیادہ استعمال ہوتے ہیں، اور اردو میں یہی مصوتے اکثر و بیشتر بغیر علامت کے لکھے جا سکتے ہیں۔

یوں تو مصوتوں کے لیے اعراب موجود ہیں، لیکن ان کو لگاتا کون ہے؟ ہم بجائے اعراب کے عموماً اعراب کے صفریہ تصور (Zero Concept) سے کام لیتے ہیں، اور عام طور پر چلن کی بنا پر ہمیں لفظ کے صحیح تلفظ میں دقت نہیں ہوتی۔ یہی وہ خوبی ہے جو اردو رسم الخط کو مختصر نویسی کے قریب لے آتی ہے اور اس کے استعمال میں آسانیاں پیدا کرتی ہے۔

(۴)

البتہ توسیع شدہ اور ملاجلا رسم الخط ہونے کی وجہ سے اردو رسم الخط میں بعض پیچیدگیاں بھی ہیں جو الجھن کا سبب بنتی ہیں۔ اس میں کچھ ایسے عناصر بھی ہیں جن کی تہنید نہیں ہوسکی۔ قدما کے بعد اردو میں تارید و تہنید کا عمل بہت کچھ رک سا گیا تھا جس کے خلاف حالی نے اور ان کے بعد مولوی عبدالحق اور علامہ کیفی نے آواز اٹھائی تھی۔ تہنید کے سلسلے میں آج تک بحث ہمیشہ لفظیات کی کی گئی ہے۔ ضروری ہے کہ اب یہ سوال حرف وصوت کے بارے میں بھی اٹھایا جائے اور اردو کی طباعتی اور تدریسی ضرورتوں کو بھی سامنے رکھا جائے۔ اس سلسلے میں مندرجہ ذیل امور پر غور کیا جا سکتا ہے۔

اردو رسم الخط کا سب سے بڑا مسئلہ دوہری اور تہری علامتوں کا ہے یعنی ز کی آواز چار طرح سے لکھی جاتی ہے (ز، ذ، ض اور ظ سے) س کی آواز کے لیے تین علامتیں ہیں (س، ث، اور ص) اور ت کے لیے ط، اور ہ کے لیے ح بھی موجود ہے۔ نیز ع کی تاک جھانک مصوتوں کے ساتھ برابر جاری رہتی ہے۔ گویا اردو رسم الخط میں آٹھ علامتیں (ذ، ض، ظ، ث، ص، ط، ح، ع) فاضل ہیں۔ رسم الخط کے سائنسی ہونے کے لیے آواز اور علامتوں میں ایک اور ایک کا رشتہ ہونا ضروری ہے۔ اس لیے بعض حضرات یہ تجویز پیش

کرتے ہیں کہ اگر اردو رسم الخط سے ان آٹھ فاضل علامتوں کو نکال دیا جائے تو نہ صرف یہ سائنٹفک ہو جائے گا بلکہ اس کی علامتوں میں ایک چوتھائی کی کمی بھی ہو جائے گی، جس سے اس کی کفایت حرفی کی صلاحیت اور لکھنے پڑھنے کی آسانیوں میں مزید اضافہ ہو گا۔ ان فاضل علامتوں کے نکال دینے سے اردو الفاظ کے تلفظ میں کوئی فرق واقع نہ ہو گا، مثال کے طور پر خط کو ط سے لکھیے یا ت سے یا حالت کو ح سے لکھیے یا ہ سے، تلفظ وہی کا وہی رہے گا،

موجودہ طریقہ مجوزہ طریقہ

فیصلہ فیسلہ

ثابت سابت

ظالم زالم

ذکا زکا

ضمیر زمیر

طومار تومار

صبر سبر

حاوی ہاوی

اس میں شک نہیں کہ صوتی اعتبار سے یہ تجویز نا قابل عمل نہیں، لیکن تہذیبی اور سماجی نقطۂ نظر سے دیکھا جائے تو معلوم ہو گا کہ اس پر عمل کرنے سے اتنا فائدہ نہیں جتنا نقصان ہو گا۔ رسم الخط صرف آوازوں کے اظہار کا نام نہیں۔ یہ وسیع تر لسانی روایت کا جزو بھی ہے۔ رسم الخط بنیادی طور پر آواز کو ظاہر کرتا ہے لیکن بالواسطہ طور پر آوازوں کے ذریعہ لفظوں کو اور لفظوں کے ذریعہ جملوں اور عبارتوں اور اس طرح پوری زبان کی

ترسیل و تفہیم کا آلۂ کار ہے۔ اس سارے سلسلہ میں لفظ کی خاصی اہمیت ہے۔ یہ بات پہلے کہی جا چکی ہے کہ اردو کی اردوئیت جہاں اس کی مخصوص صوتیات سے قائم ہوتی ہے، وہاں مخصوص لفظیات سے بھی اس کا تعین ہوتا ہے۔ دوسرے لفظوں میں جتنا اہم اس کا دیسی جزو ہے اتنا ہی اہم اس کا عربی فارسی جزو بھی ہے۔ اس جزو میں مذکورہ بالا آٹھ فاضل علامتیں بطور خاص الخاص اصوات کے استعمال ہوتی ہیں۔ ان کا سب سے بڑا فائدہ یہ ہے کہ وہ الفاظ جو تلفظ میں یکساں ہیں، ان میں معنی کا فرق املا کی وجہ سے ان ہی حروف کی بدولت قائم ہوتا ہے۔ مثلاً عام اور آم، لعل اور لال، جعل اور جال، صدا اور سدا، عرضی اور ارضی، صورت اور سورت، کسرت اور کثرت، نظیر اور نذیر، بعض اور باز، زن اور ظن وغیرہ۔

ان فاضل علامتوں کو رسم الخط سے خارج کرنے کا مطلب ہو گا کہ اول تو یکساں تلفظ والے الفاظ کے معنی میں تمیز کرنا دشوار ہو جائے گا، دوسرے اس سارے ذخیرۂ الفاظ کو جس کی تعداد ہزاروں تک پہنچتی ہے بجائے بارہ کے صرف چار علامتوں سے لکھنے کا نتیجہ یہ ہو گا کہ اس سرمایے کی صورت مسخ ہو کر رہ جائے گی۔ لکھنے پڑھنے میں اگر ایک طرف کچھ آسانی پیدا ہو گی تو دوسری طرف کئی دقتیں بھی سامنے آئیں گی کیونکہ ہزاروں الفاظ کی صورت علامتوں کی اس تبدیلی سے پہچانی نہ جا سکے گی اور اردو کے قدیم علمی سرمایے سے استفادہ کرنا بھی مشکل ہو جائے گا، نیز اردو لغات کی تمام کتابوں کو دوبارہ تیار کرانا ہو گا۔ اس کے علاوہ جنوب مشرقی ایشیا اور مشرقِ وسطیٰ کے بیسیوں ملکوں سے رسم الخط کی بنا پر ہمارا جو تہذیبی رشتہ ہے، وہ بھی مجروح ہو گا۔

غرض یہ کہ صوتیاتی طور پر اردو میں یہ علامتیں مردہ سہی، لیکن تہذیبی نقطۂ نظر سے ان کی زندگی میں کلام نہیں، پھر کئی صدیوں سے یہ اردو میں رائج ہیں اور ان کے

استعمال کی ہمیں عادت سی ہو گئی ہے۔ زبان میں عادت اور چلن کی بڑی اہمیت ہے اور کسی چلن کو اس وقت تک ترک نہیں کیا جا سکتا جب تک اس سے کسی بڑے فائدہ کی توقع نہ ہو۔ کم از کم اس معاملہ میں ہمیں زبان کی عملی آسانی کو صوتیاتی صحت پر مقدم رکھنا چاہئے۔ انگریزی رسم الخط اردو سے کچھ کم غیر سائنسی نہیں، اس کی اصلاح کی کوششیں برابر ہوتی آئی ہیں۔ جارج برنارڈ شانے پورے خلوص نیت سے اس کام کے لیے اپنے وصیت نامے میں جو گراں قدر رقم وقف کی تھی، اس کا جو انجام ہوا ہے، ہم سب پر واضح ہے۔ لہٰذا یہ مشورہ کہ اردو کی فاضل علامتوں کو جوں کا توں رہنے دیا جائے اگرچہ غیر سائنسی ہے، لیکن تہذیبی اعتبار سے بے معنی نہیں۔

البتہ اگر کسی تبدیلی سے اردو رسم الخط کا پورا تہذیبی ڈھانچہ متاثر نہ ہوتا ہو اور اس کی نوعیت جزوی ہو تو اس کے تسلیم کرنے میں تامل نہ ہونا چاہئے۔ اصلاحات کا مقصد یہ ہونا چاہئے کہ اردو لکھنے اور پڑھنے میں آسانی ہو اور کتابیں جلد اور صحت کے ساتھ شائع ہو سکیں۔ ایسی چند اصلاحیں یہ ہو سکتی ہیں،

(۱) عربی کا الف مقصورہ اردو میں چونکہ کھپ نہیں سکا، اس لیے ضرورت ہے کہ ایسے اکثر استعمال ہونے والے الفاظ اردو کے قاعدے سے لکھے جائیں، مثلاً علیحدہ کو علاحدہ، زکوٰۃ کو زکات، رحمٰن کو رحمان، فتویٰ کو فتوا، استعفیٰ کو استعفا، اسمٰعیل کو اسماعیل، ادنیٰ کو ادنا، اعلیٰ کو اعلا اور اولیٰ کو اولا لکھنا مناسب ہو گا۔ البتہ اگر ایسا کوئی لفظ کسی عربی فارسی مثال یا ترکیب یا مصرع میں آئے جس کی حیثیت اقتباس یا مقولہ کی ہو تو اس کو عربی فارسی کے قاعدے سے لکھنا مناسب ہو گا۔

(۲) وصل کے الف لام کو جوں کا توں لکھنا چاہئے۔ عبد الستار، فخر الدین، بالترتیب، فی الحال، بالکل۔

(۳) واؤ معدولہ کے سلسلے میں یہ تجویز کہ خورشید کو خرشید لکھنا چاہئے، قابل قبول نہیں۔ اس لیے کہ واؤ بعض حالتوں میں پیش کے قائم مقام کے طور پر استعمال ہوتی ہے، مثلاً ہُوا (ہونا کا ماضی) ہوئی، ہوئے، دوکان، سوراخ۔ اس کے علاوہ یہ بعض فارسی الفاظ میں خ کے فوراً بعد آتی ہے اور الف سے ملا کر بولی جاتی ہے، مثلاً خواب، خواہش، خواجہ، خواہر، خوابیدہ، خود، خوش۔ اس واؤ کو ظاہر کرنے کے لیے اس کو نیچے لکیر لگا کر لکھنا مناسب ہو گا (خواب، خواہش، خواجہ)

(۴) نون اور نون غنہ کا فرق درمیانی حالت میں ضروری ہے۔ ابتدائی کتابوں میں پانچ، سانپ، جھانسی، سونگھنا، پہنچ، مانگ، تانتا وغیرہ الفاظ میں نون غنہ کا اظہار اگر ہلال کے نشان سے کیا جائے تو پڑھنے میں سہولت ہو گی۔ نون غنہ کو منفصل (پھانس کو پھاں س) لکھنے کی ضرورت نہیں۔ ڈاکٹر عبد الستار صدیقی نے کنوا، کنواں اور کواں میں سے کنوا کو بہتر قرار دیا ہے اور کنوا اور دھنوا لکھنے پر زور دیا ہے۔2 میرا خیال ہے کہ ان لفظوں میں آخری مصوتہ یقیناً غنیت کا اثر رکھتا ہے۔(ku va،dhu va) لیکن اس سے پہلے چونکہ نیم مصوتہ واؤ سے، اس کی ادائیگی کے ساتھ ساتھ یا ذرا پہلے ہوا ناک سے بھی نکلتی ہے جس کی وجہ سے واؤ سے پہلے مصوتے میں بھی غنیت آ گئی ہے۔ اس لیے ایسے لفظوں کو لکھنے کا صحیح طریقہ کنواں، دھنواں ہے نہ کہ کنوا اور دھنوا۔

(۵) سن اور سنہ میں فرق کرنا چاہئے۔ سِن عمر کے معنی میں ہے جبکہ سنہ سال کے لیے ہے۔

(۶) اس بات کی طرف پہلے اشارہ کیا جا چکا ہے کہ اردو مصوتوں میں درمیانی حالت میں یائے معروف، یائے مجہول اور یائے لین لکھنے کے لیے ہمارے پاس ایک ہی علامت ہے۔ مثلاً میل، میل اور میل ایک ہی طرح سے لکھے جاتے ہیں۔ اسی طرح واؤ معروف،

واؤ مجہول اور واؤ لین کے لیے بھی ایک ہی علامت ہے یعنی مول، مول اور مول بھی ایک ہی طرح سے لکھے جاتے ہیں۔ ان کی الگ الگ پہچان کے لیے جو تجویزیں اب تک پیش کی جاتی رہی ہیں، ان میں سب سے بہتر یہ ہیں،

یائے معروف کے لیے۔۔۔ کھڑا زیر (میل، دین، میرا)

یائے لین کے لیے۔۔۔ ما قبل زیر (مَیل، بَیل، سَیر)

یائے مجہول کے لیے۔۔۔ صفر یہ تصور (میل، سیر، میرا)

یعنی اسے خالی رہنے دیا جاے۔

اسی طرح،

واؤ معروف کے لیے۔۔۔ الٹا پیش (مول، چور، دور)

واؤ لین کے لیے۔۔۔ ما قبل زبر (مول، چوڑا، دور)

واؤ مجہول کے لیے۔۔۔ صفر یہ تصور (مول، جور، دوست)

یعنی اسے خالی رہنے دیا جائے۔

ڈاکٹر عبد الستار صدیقی کا مشورہ کہ "بڑی یے کا استعمال بالکل ترک کر دیا جائے" اردو میں الجھنیں پیدا کرے گا۔ مندرجۂ بالا تجویز کو مان لینے سے نہ صرف بڑی یے کا استعمال صحیح طور پر ہو سکتا ہے بلکہ میز کو مے زیا میر کو م ی ر لکھنے کے مضحکہ خیز مشورے سے بھی بچا جا سکتا ہے۔

(۷) اردو میں لفظ کے آخر میں الف اور ہائے مختفی کے استعمال کے اصولوں کا تعین نہ ہونے کی وجہ سے کئی لفظ دونوں طرح سے لکھے جاتے ہیں، جیسے راجہ: راجا، بھروسہ: بھروسا، بٹوارہ: بٹوارا وغیرہ۔ ڈاکٹر عبد الستار صدیقی نے اپنے متذکرہ صدر مضمون میں اس مسئلے پر روشنی ڈالی ہے اور صحیح مشورہ دیا ہے کہ مختفی ہ فارسی کی چیز ہے، اور صرف ان

لفظوں میں لکھی جائے جو فارسی سے آئے ہیں۔ لیکن ان کا یہ بیان "جہاں تک تلفظ سے بحث ہے، اردو میں مختفی ہ کا وجود نہیں" 3 محل نظر ہے۔ واقعہ یہ ہے کہ اگر چہ اردو میں خفیف مصوتے لفظ کے آخر میں نہیں آتے لیکن چند لفظ ایسے ضرور ہیں جو الف سے نسبتاً چھوٹی آواز سے ادا ہوتے ہیں، اور ان کو ہائے مختفی ہی سے لکھا جاسکتا ہے۔

مثال کے طور پر پتا اور پتہ، آنا (فعل) اور آنہ (سکّہ) یا جانا کے "نا" اور کلمہ نہی "نہ" کی آخری آواز کے تلفظ میں فرق ہے۔ آنا، جانا، لینا، دینا وغیرہ کے آخر میں طویل مصوتہ ہے جو الف سے لکھا جاتا ہے، جب کہ پتہ، آنہ، نہ یا آگرہ، پونہ، پٹنہ، کلکتہ کے آخر میں خفیف مصوتہ (ہ) ہے جسے ہائے مختفی سے لکھنے کا رواج ہے۔ نیز اردو میں ہائے مختفی (a) کی چھوٹی آواز کے لیے بھی استعمال ہوتا ہے، مثال کے طور پر "بہ" بمقابلہ "با" اور "کہ" مقابلہ "کے۔" اس لیے یہ کہنا کہ ہائے مختفی کے تلفظ کا اردو میں سرے سے وجود ہی نہیں، صحیح نہیں ہے۔ البتہ املا کی معیار بندی کے سلسلے میں اس کا تعین کرنا ہوگا کہ بعض ایسے دیسی الفاظ جن کے آخر میں الف آتا ہے، اور جو خواہ مخواہ ہائے مختفی سے لکھے جاتے ہیں، مثلاً ٹھیکہ، باڑہ، بٹوارہ، کھلونہ، راجہ، باجہ، اڈہ، بٹوہ، پٹاخہ، دریبہ، گینڈہ۔ ایسے تمام الفاظ کو ہ سے لکھنا نامناسب اور الف سے لکھنا مناسب ہے، یعنی ٹھیکا، باڑا، بٹوارا، کھلونا، راجا، اڈا، بٹوا، پٹاخا، دریبا، گینڈا وغیرہ۔ تصریفی صورت میں افسانہ میں کو افسانے میں۔۔۔، قصہ کا کو قصے کا۔۔ لکھنا چاہئے۔

(۸) اردو رسم الخط میں اصلاح کے بعض حامی ہمزہ کی گردن زدنی کے قائل ہیں۔ میں اپنے مضمون "ہمزہ کیوں" میں دکھا چکا ہوں کہ ہمزہ کی پوری تہنید ہو چکی ہے اور اس کے بغیر اردو رسم الخط مکمل ہی نہیں۔ اگر چہ اردو میں ہمزہ کی اپنی کوئی آواز نہیں، لیکن ایک املائی تصور کی حیثیت سے ہمزہ کو اردو میں قبول کیا جاچکا ہے۔ یہ صرف مستعار

الفاظ میں نہیں بلکہ دیسی مادوں اور اردو افعال کی تصریفی صورتوں میں بھی استعمال ہوتا ہے۔ مثال کے طور پر مندرجۂ ذیل الفاظ ہمزہ کے بغیر صحیح طور پر لکھے ہی نہیں جا سکتے،

کئی، گئے، فرمایئے، آیئے نئے، بھائی، نائی،

جائیں، آئیں، جاؤ، پاؤ، کیکئی۔

البتہ ہمزہ کے استعمال میں خاصی بے راہ روی ہے، اور اچھے خاصے پڑھے لکھے لوگوں کے ہاں بھی س کے غلط استعمال کی مثالیں مل جاتی ہیں۔ چنانچہ ہمزہ کے استعمال کے اصول طے ہونے چاہئیں، اور ان پر عمل کرنا چاہئے۔ ایسے چند اصول یہ ہیں،

(۹) ڈاکٹر عبد الستار صدیقی نے "اردو املا" پر اپنے مضمون میں ہمزہ کے استعمال کے سلسلے میں یہ اصول پیش کیا ہے، "جب دو حروف علت اپنی اپنی آواز الگ الگ دیں تو ان کے بیچ میں ہمزہ آ سکتا ہے۔" 4 یہ اصول آؤ، جاؤ، کھائے، جائے، کے لئے تو صحیح ہے، لیکن نئے، گئے، کئی کے لئے صحیح نہیں جن میں صرف ایک حرف علت ہے اور ہمزہ لگایا جاتا ہے۔ نیز دیے، لیے میں اگرچہ دو حروف علت ہیں لیکن ان کا صحیح املا ہمزہ کے بغیر ہی ہے۔ میرے نزدیک ہمزہ کے استعمال کے معاملہ میں بنیادی چیز تلفظ ہے، چنانچہ میرا اصول ہے کہ اگر کسی لفظ میں دو مصوتے ساتھ ساتھ آئیں تو اسے ہمزہ سے لکھنا چاہئے، ورنہ نہیں (نائب، غائب، فائدہ، کھائے، آؤ، گئے، اٹھایئے، جایئے۔) ہونا کی ماضی ہوا کو اگرچہ بعض حضرات ہؤا لکھتے ہیں، لیکن اس کو اس کلیے سے مستثنیٰ سمجھنا چاہئے۔ نیز دو مصوتوں کا جوڑ جہاں عین سے آتا ہے، وہاں ہمزہ استعمال نہیں ہوتا۔

(۱۰) جن الفاظ میں مصوتہ اور نیم مصوتہ ی کا جوڑ ہے، وہ ہمزہ سے نہیں لکھنا چاہیے۔ لیے، لیجیے، دیے، پیجیے، دیکھیے، سینیے، چاہیئے، کیے، کیجیے، دیجیے۔)

(۱۱) ذیل کے لفظوں میں دو مصوتے آتے ہیں، اس لئے ہمزہ لکھنا چاہئے، فرمایئے،

آیئے، جایئے، کھویئے، سویئے۔

(۱۲) اضافت کے لیے ہمزہ صرف ان الفاظ پر لگتا ہے جو ہائے مختفی پر ختم ہوتے ہیں۔ (جذبۂ دل، نالۂ درد) جہاں ہ تلفظ میں ادا ہوتی ہو، وہاں اضافت کسرہ سے لکھی جاتی ہے (آہِ سرد، تہِ دل، وجہِ جواز، ماہِ نو۔)

(۱۳) اضافت کے لیے یا واؤ کے بعد ہمزہ لکھنا مناسب ہے، کیونکہ دو مصوتے ساتھ ساتھ آتے ہیں، اردوئے معلی، نوائے ادب، آرزوئے دل، روئے زیبا، صدائے دل خراش۔

(۱۴) باقی تمام حالتوں میں اضافت کسرہ سے ظاہر کی جائے گی، دردِ دل، جانِ عالم، دستِ دعا، شمعِ روشن، زندگیِ بے ثبات، رائے عالی، رعنائیِ خیال، والیِ ریاست، عہدِ قدیم، نگاہِ کرم۔

(۱۵) عربی الفاظ طلباء، انشاء، منشاء، امراء، وزراء، فقراء اردو میں صرف آخری الف سے بولے جاتے ہیں، یعنی ان میں دو مصوتوں کا جوڑ نہیں، اس لیے انہیں ہمزہ سے لکھنا مناسب نہ ہوگا۔ البتہ اگر پوری ترکیب عربی کی ہے تو وہاں ہمزہ کو برقرار رکھنا چاہیے، مثلاً انشاء اللہ، منشاء الرحمن، ذکاء اللہ۔ یہی حال سوء اتفاق، سوءِ ظن وغیرہ ترکیبوں کا ہے۔

(۱۶) بعض حضرات کا خیال ہے کہ ہمزہ صرف وہاں لکھنا چاہیئے جہاں آواز ٹوٹ جائے۔ واقعہ یہ ہے کہ اصولی طور پر آواز ہر صوتی رکن کے بعد ٹوٹتی ہے، مثلاً وسوسہ، گرداب، زندگی، اشتہار، انتظار، اضطراب، لیکن کہیں بھی ہمزہ کے استعمال کا محل نہیں۔ البتہ اگرچہ کہا جائے کہ جہاں دو مصوتے ایک ساتھ آئیں تو ہمزہ لکھنا چاہیئے، مناسب ہے۔ مثلاً زیبائی، رعنائی، بے وفائی، جائے، کھائے، آئیں، جائیں، جاؤں، لاؤ، آؤ،

یا اگر ایک طرف حرف علت ہو اور دوسری طرف زیر، زبر یا پیش ہو تو بھی ہمزہ لکھنا چاہیے، مثلاً نئے، گئے کئی وغیرہ۔

(۱۷) جاؤ، کھاؤ، آؤ کے مقابلے میں ناو، بناو کو ہمزہ کے بغیر لکھنا صحیح ہے، کیونکہ ان لفظوں میں آخری آواز مصوتہ نہیں بلکہ نیم مصوتہ واؤ ہے۔

(۱۸) ڈاکٹر عبد الستار صدیقی کا یہ مشورہ کہ گائے، چائے، رائے، ہائے میں بھی ہمزہ نہ چاہیے، 5 قابل قبول نہیں۔ اس لیے کہ اردو تلفظ میں ان لفظوں میں آواز نیم مصوتہ ی پر نہیں بلکہ مصوتہ الف پر ختم ہوتی ہے۔ ان لفظوں کو گائے، چائے، رائے، ہائے لکھنا مناسب ہے۔

(۱۹) اردو میں ہائے چشمی کو ہکار آوازوں کے لیے مخصوص کر دینا چاہیے، یعنی بھاری، پتھر، ہاتھ، کبھی، بھیج، بھی، جھوٹ، مجھے، بجھ، کچھ وغیرہ کو بہاری، پتہر، ہاتہ، کبہی، بہیج، بہی، جہوٹ مجہے، بجہہ، کچہہ، لکھنا مناسب نہ ہو گا۔ ہائے دو چشمی کو صرف مخلوط آوازوں کے لیے استعمال کرنا چاہیے۔ ذیل کے لفظوں کو ہائے دو چشمی سے لکھنا مناسب ہے: تمھارا، انھیں، جنھیں، ننھا، تمھارا، ننھیال۔

(۲۰) اردو رسم الخط میں یوں بھی حروف ملا کر لکھے جاتے ہیں۔ لفظ کو ملانے سے اور بھی پیچیدگی پیدا ہو گی۔ چڑھیگا، کرینگے، اٹھینگے، سنیگی، پڑھینگی میں علامت مستقبل گا، گے، گی کو ملا کر لکھنے کی جو لوگ حمایت کرتے ہیں ان کا کہنا ہے کہ علامت مستقبل آزادانہ استعمال نہیں ہوتی، اس لیے اسے فعل سے ملا کر لکھنا چاہیے۔ اس اصول کو اگر تسلیم کر لیا جائے تو پھر کو، نے، سے، پر، تک، میں وغیرہ حروف جار بھی آزادانہ استعمال نہیں ہوتے، ان کو بھی اسم سے ملا کر لکھنا لازم آئے گا۔ دیوناگری میں ان کو ملا کر لکھنے کا رواج ہے، لیکن ہمارے رسم الخط کا مزاج دوسرا ہے، اس میں لفظوں کو الگ الگ لکھنا ہی مناسب

ہے۔

(۲۱) سابقوں اور لاحقوں کو ملا کر لکھنا چاہیے۔

(۲۲) اردو رسم الخط کا ایک مسئلہ حروف کی کرسی اور ان کے جوڑوں کا ہے۔ نستعلیق میں جوڑوں کی تعداد خاصی زیادہ ہے۔ یہی وجہ ہے کہ نستعلیق کا اطمینان بخش ٹائپ یا ٹائپ رائٹر آج تک تیار نہیں ہو سکا۔ اردو میں اکثر و بیشتر حروف کی چار شکلیں ہیں، ابتدائی، درمیانی، آخری اور آخری غیر مخلوط۔ مثلاً عادت، بعد، نفع، اور دفاع میں ع کی شکل ہر جگہ بدلی ہوئی ہے۔ اصلاح کی ایک تجویز یہ رکھی گئی ہے کہ "ہر حرف کی زیادہ سے زیادہ دو شکلیں رکھی جائیں، ایک لفظ کے شروع یا درمیان کے لیے اور ایک آخر کے لیے۔ اس طرح ہر حرف کی پوری یا آدھی شکل نمایاں، واضح اور قطعی رہے گی۔"6

اس تجویز کے تسلیم کرنے میں چند قباحتیں ہیں۔ اول یہ کہ جب نستعلیق پڑھنے لکھنے کی مشق ہو جاتی ہے تو جوڑوں کی کثرت سے کوئی پریشانی نہیں ہوتی اور اردو لکھنے والے انہیں آسانی سے لکھ لیتے ہیں، دوسرے یہ کہ وہ حروف جو بعد میں آنے والے حروف کے ساتھ ملائے نہیں جاسکتے، ان کی پہلے ہی صرف دو شکلیں ہیں، مثلاً درد اور دید میں د، یا رب اور سرد میں ر۔ رہی ٹائپ کی بات، تو اگر نستعلیق سے جوڑوں کی تعداد کو کم کیا جائے تو اس میں اور نسخ میں فرق ہی کیا رہ جائے گا۔ نستعلیق کا سارا حسن ہی اس کے شوشوں، قوسوں اور دائروں میں ہے۔ تو پھر جوڑں کی تعداد گھٹا کر نستعلیق کو مسخ کرنے کی ضرورت کیا ہے۔

(۵)

اس مضمون کی بحث سے جو نتائج نکلتے ہیں، مختصراً وہ یوں ہیں،

(۱) اردو کے جو ادیب رسم الخط کی تبدیلی کا مشورہ دیتے ہیں، ان کے خلوص پر شبہ

کرنا یا انہیں اردو دشمن قرار دینا غلط ہے۔ یہ لوگ اکثریت کے رد عمل سے مجبور ہو کر اس طرح کا مشورہ دیتے ہیں۔ ان کے مشورے کی پشت پر شہری اور عوامی زبان کا جو لسانی نظریہ ہے، وہ اردو اور ہندی کے مخصوص تہذیبی اور لسانی رشتے کو سمجھنے میں معاون ثابت نہیں ہوتا، اس لیے اس سے غلط نتائج نکلتے ہیں۔ اردو رسم الخط میں تبدیلی کا مشورہ ناقابل عمل ہے۔

(۲) قومی یکجہتی کے نام پر بھی رسم الخط میں تبدیلی مناسب نہ ہوگی۔ اس سے قومی یکجہتی کو اتنا فائدہ نہیں جتنا نقصان پہنچے گا۔ اگر پورے ملک کی لسانی یکسانیت کے لیے سب زبانوں کے رسم الخط میں تبدیلی کا سوال ہو تو بات دوسری ہے، ورنہ صرف اردو کے لیے ایسی تجویز پیش کرنا خود قومی یکجہتی کے منافی ہے۔ کیونکہ ایک لسانی اقلیت ہمیشہ کے لیے اپنے رسم الخط سے محروم ہو جائے گی جس کا نتیجہ مستقل بدگمانی اور بے اطمینانی کے سوا کچھ نہ ہوگا۔ نیز پاکستان اور جنوب مشرقی ایشیا اور مشرق وسطی کے جن بیسیوں ملکوں سے رسم الخط کی وجہ سے ہمارا تہذیبی رشتہ استوار ہوتا ہے، اس تبدیلی سے وہ بھی متاثر ہوگا۔ ہندوستانی تہذیب کی بنیاد رنگارنگی اور کثرت پر ہے۔ سوال عناصر میں ہم آہنگی کا ہے، عناصر کو مٹانے کا نہیں۔ چنانچہ اس ملک میں جہاں متعدد دوسرے رسم الخط ہیں اور انہیں زندہ رہنے کا حق ہے تو اردو رسم الخط کو بھی زندہ رہنے کا حق ملنا چاہیے۔

(۳) یہ بات صحیح نہیں کہ اگر رسم الخط نہ رہے تو زبان ختم ہو جائے گی۔ زبان رسم الخط کے بغیر بھی زندہ رہ سکتی ہے، لیکن اردو اور ہندی میں جو مخصوص لسانی رشتہ ہے اور جس طرح دونوں کی بنیاد ایک ہی عوامی بولی پر ہے، اس کے پیش نظر رسم الخط کی تبدیلی سے اردو کی انفرادیت کے مجروح ہونے کا خطرہ ہے۔

(۴) اردو کا رسم الخط غیر ملکی نہیں۔ یہ اپنی اصل کے اعتبار سے عربی فارسی ہے،

لیکن یہ اس حد تک "اردوایا" جاچکا ہے کہ یہ اردو کا اپنا رسم الخط بن چکا ہے۔ اس میں اتنی علامتوں اور آوازوں کا اضافہ ہوا ہے کہ موجودہ صورت میں اسے عربی یا فارسی والے من وعن اپنا رسم الخط نہیں کہہ سکتے۔ اردو زبان کی طرح اردو رسم الخط کی بھی اپنی آزادانہ اور مستقل حیثیت ہے۔ اس رسم الخط کو اردو رسم الخط کہنے پر اصرار کرنا چاہیے۔

(۵) اردو رسم الخط کی سب سے بڑی خوبی مصوتوں کے لیے علامتوں کی حیرت انگیز کمی ہے۔ اس سلسلے میں اعراب کے صفریہ تصور سے کام لینے کا رواج ہے جس سے یہ رسم الخط کفایت حرفی کی بہترین مثال پیش کرتا ہے اور مختصر نویسی کے قریب آگیا ہے۔

(۶) اردو رسم الخط میں مصمتوں کے لیے کئی دوہری اور تہری فاضل علامتیں ہیں، لیکن ان کو نکالنے کی چنداں ضرورت نہیں، کیونکہ ایسا کرنے سے اردو کے عربی فارسی ذخیرۂ الفاظ کی صورت مسخ ہو جائے گی اور قدیم علمی سرمایے سے استفادہ مشکل ہو جائے گا۔

(۷) اردو ایک آزاد اور خود مختار زبان ہے۔ اس کا رسم الخط اس کا اپنا رسم الخط بن چکا ہے۔ البتہ تہنید کا عمل رک جانے سے جو ضمنی اصلاحیں اب تک نافذ نہیں ہو سکیں، ان کو نافذ کرنا چاہیے۔ ۱۹۴۴ کی ناگپور کانفرنس سے ان اصلاحوں پر غور ہو رہا ہے، لیکن اب تک کوئی عملی اقدام نہیں کیا گیا۔ اس سلسلہ میں ہماری بے حسی ضرب المثل کا درجہ رکھتی ہے۔ وقت ہمارا انتظار نہیں کرے گا، ہمیں اپنے باعمل ہونے کا ثبوت دینا چاہیے۔

حواشی

(۱) "اردو کا رسم الخط: ایک مابعد الطبیعیاتی مطالعہ"، محمد حسن عسکری، شب خون، اکتوبر ۱۹۷۰

(۲) "اردو املا" مشمولہ اردو میں لسانیاتی تحقیق۔ مرتبہ ڈاکٹر عبد الستار دلوی، بمبئی

۱۹۷۱، ص ۶۲

(۳) مشمولہ اردو میں لسانیاتی تحقیق، ص ۵۴

(۴) اردو میں لسانیاتی تحقیق، ص ۶۳

(۵) اردو میں لسانیاتی تحقیق، ص ۶۳

(۶) ہماری زبان، ۱۵ فروری ۱۹۷۱، ص ۱۲

***

۷

اردو ادب میں طنز و ظرافت

کلیم الدین احمد

(۱)

زندگی درد و غم کا دوسرا نام ہے۔ ہماری زندگی ہی ہماری مصیبتوں کا پیش خیمہ ہے۔ ہم اس دنیا میں ستائے جانے کے لئے لائے گئے ہیں۔ انسان کمزور ہے اور اس کا ماحول لاپروا۔ انسان حساس ہے اس لئے اس کا دل بہ آسانی رنج والم کا نشانہ ہو سکتا ہے۔ اس کے دل میں فطرت نے ایسی امنگیں، ایسی تمنائیں ڈال دی ہیں کہ وہ فطری طور پر ان امنگوں، ان تمناؤں کو عملی جامہ پہنانے پر مجبور ہو جاتا ہے، لیکن جہاں اس کی تمناؤں نے عملی صورت اختیار کی وہیں اس کی تکلیفوں کی داستان شروع ہوگئی کیونکہ جس دنیا میں اسے لایا گیا ہے وہ اس کی تمناؤں کی مطلق پروا نہیں کرتا۔ یہ دنیا، نہ اس کی تمناؤں سے آگاہ ہے اور نہ اس سے آگاہ ہونا چاہتی ہے۔ کمزور لیکن حساس انسان اس بے حس لیکن طاقتور دنیا سے ٹکراتا ہے اور تکلیفیں سہتا ہے۔

یہ زندگی کی حقیقت ہے لیکن یہ پوری حقیقت نہیں۔ اگر یہی پوری حقیقت ہوتی تو شاید زندگی دشوار ہو جاتی۔ زندگی میں ایسے واقعات، ایسے مناظر، ایسے لمحے بھی آتے ہیں جب انسان اس تلخ حقیقت کو وقتی طور پر بھول جاتا ہے۔ پس منظر میں ہمیشہ یہی تلخ

حقیقت مہیب دیو کی طرح موجود رہتی ہے لیکن پیش منظر میں اکثر ایسے واقعات، ایسے مناظر، ایسے متبسم لمحے بھی ملتے ہیں کہ انسان اس خوفناک اور تاریک پس منظر کے باوجود بھی مسکرا اٹھتا ہے یا قہقہے بلند کرتا ہے۔ یہ واقعات، مناظر اور لمحے بھی زندگی کے اجزا ہیں اور جو حضرات انہیں پس پشت ڈال دیتے ہیں وہ یونان کے گریاں فلسفی کی طرح زندگی سے پوری واقفیت نہیں رکھتے۔

کہا گیا ہے کہ انسان ہنسنے والا جانور ہے۔ یہ پوری حقیقت نہیں لیکن اس مقولے میں انسان کی ایک اہم خصوصیت کا انکشاف ہے۔ فطرت نے انسان کو ہنسی کا مادہ عطا کیا ہے اور ہنسی مختلف وجوہ کی بنا پر آتی ہے۔ یہاں ہنسی کی ماہیت اور اس کے اسباب پر روشنی ڈالنے کا موقع نہیں۔ یہ بات مسلم ہے کہ ہم ہنستے ہیں جیسے ہم غصہ کرتے ہیں، نفرت یا محبت کرتے ہیں، جاگتے یا سوتے ہیں۔ اور ہنسی صحت کے لئے ضروری ہے۔ اگر ہنسی کا مادہ انسان سے سلب کر لیا جائے، اگر وہ اسباب نیست و نابود ہو جائیں جن کی وجہ سے ہم ہنستے ہیں تو پھر انسان ممکن ہے کہ فرشتہ ہو جائے لیکن وہ انسان باقی نہ رہے گا۔ غالباً فرشتے ہنستے نہیں اور ہنسی کی ضرورت محسوس کرتے ہیں۔ جہاں ہر شے مکمل، موزوں و متناسب ہو وہاں ہنسی کا گزر نہیں ہو سکتا۔ ہنسی عموماً عدم تکمیل، بے ڈھنگے پن کے احساس کا نتیجہ ہے۔ جسے اس کا حساس نہیں یعنی جسے ہنسی نہیں آتی اسے ہم انسان شمار نہیں کریں گے۔

ادب میں انسان کے تمام دماغی اوصاف، اس کے سارے حواس کو بروئے کار لایا جاتا ہے۔ ہنسی بھی ایک انسانی خصوصیت اور زندگی کی ناتمامی کا نتیجہ ہے۔ اس لئے ادب میں اس کا بھی وجود ناگزیر ہے۔ ادب زندگی، زندگی کے ہر شعبے، زندگی کے نشیب و فراز، زندگی کے جملہ محاسن و معائب کی ترجمانی کرتا ہے۔ ہنسی بھی انسانی زندگی کا ایک اہم عنصر ہے اس لئے ادب ہنسی کا بھی ترجمان ہے، زندگی کے تمسخر انگیز پہلو کی عکاسی ادب میں

اسی قدر ضروری ہے جس قدر زندگی کے رقت انگیز پہلو کی۔ زندگی میں روشنی بھی ہے تاریکی بھی، خوشی بھی ہے اور غم بھی۔ ہم روتے بھی ہیں اور ہنستے بھی ہیں۔ ادب اس روشنی اور تاریکی، اس غم اور خوشی، اس ہنسی اور آنسو کا آئینہ ہے۔

عموماً خیال کیا جاتا ہے کہ ادب کا وہ حصہ جو ہنسی کا ترجمان ہے زیادہ اہم نہیں۔ یہ محض تفریح طبع کا ذریعہ ہے اور بس۔ کہا جاتا ہے کہ انسان ہمیشہ سنجیدہ متین، زندگی بسر نہیں کر سکتا ہے۔ وہ ہر وقت اہم، پیچیدہ اور گہرے امور میں دلچسپی نہیں لے سکتا۔ اس لئے اسے ضرورت محسوس ہوتی ہے تفریح طبع کی، دل بہلانے کی، دماغ میں شگفتگی پیدا کرنے کی۔ جس طرح ہم روزانہ کام کی تھکن، یک رنگی، دشواری سے وقتی نجات حاصل کرنے کے لئے سنیما چلے جاتے ہیں، بجنسہ اسی طرح ہم سنجیدہ، مشکل تحریروں کے مطالعہ سے تنگ آجاتے ہیں تو ان ہلکی لطیف تحریروں کی طرف رجوع کرتے ہیں جن سے سنجیدہ تحریروں کا بوجھ ہلکا ہو جاتا ہے۔ یہ نقطۂ نظر غلط ہے۔

موضوع سنجیدہ ہو یا غیر سنجیدہ، بوجھل ہو یا ہلکا، دشوار ہو یا آسان، پیچیدہ ہو یا سیدھا سادہ، غرض ہر قسم کا موضوع محض خام مواد ہے جس سے ادیب مصرف لیتا ہے۔ اگر وہ صحیح معنوں میں ادیب ہے تو وہ ہر قسم کے موضوع پر اپنے آرٹ کے سارے ساز و سامان صرف کرتا ہے اور پڑھنے والا دونوں قسم کی تحریروں، سنجیدہ اور مزاحیہ تحریروں کو ایک نظر سے دیکھتا ہے۔ موضوع مزاحیہ سہی لیکن اگر ادیب نے اپنے موضوع پر بحث کرنے میں صنعت کارانہ سنجیدگی سے کام لیا ہے تو پڑھنے والا بھی سنجیدگی کے ساتھ پڑھتا ہے۔ موضوع سنجیدہ یا غیر سنجیدہ ہو سکتا ہے لیکن آرٹ ہمیشہ سنجیدہ ہوتا ہے۔ اردو انشا پرداز اس حقیقت سے واقف نہیں۔

میں نے کہا ہے کہ ہنسی عدم تکمیل اور بے ڈھنگے پن کے احساس کا نتیجہ ہے۔ جس

دنیا میں ہم سانس لیتے ہیں وہ تکمیل سے خالی ہے۔ انسان اور انسانی فطرت میں بھی یہی ناتمامی ہے اس لئے ہنسی کے مواقع کی کمی نہیں۔ دنیا اور زندگی کی ناتمامی اور ناموزونیت مسلم ہے۔ ہم محض اس ناتمامی کے احساس کا اظہار کرسکتے ہیں یا اس احساس کے ساتھ ساتھ اس نقص کو دور کرنے کی کوشش بھی کرسکتے ہیں۔ یہ دونوں مختلف چیزیں ہیں۔ دوسرے احساس میں پہلے احساس کا وجود ضروری ہے لیکن پہلے احساس کے ساتھ دوسرے احساس کا وجود لازمی نہیں۔ پہلے قسم کے احساس کا نتیجہ خالص ظرافت ہے۔ دوسرے کا نتیجہ ہے طنز اور ہجو۔

خالص ظرافت نگار کسی بے ڈھنگی شے کو دیکھ کر ہنستا ہے اور پھر دوسروں کو ہنساتا ہے۔ وہ اس نقص، خامی، بدصورتی کو دور کرنے کا خواہش مند نہیں۔ ہجو گو اس سے ایک قدم آگے بڑھتا ہے۔ اس ناقص و ناتمام منظر سے اس کا جذبۂ تکمیل حسن، موزونیت، انصاف جوش میں آتا ہے اور وہ اس جذبہ سے مجبور ہو کر اس مخصوص مذموم منظر کو اپنی ظرافت اور طنز کا نشانہ بناتا ہے۔ نظری اعتبار سے کہہ سکتے ہیں کہ خالص ظرافت اور ہجو کی راہیں الگ الگ اور منزلیں جدا جدا ہیں لیکن واقعہ یہ ہے کہ ان دونوں کو الگ کرنا عموماً دشوار ہے۔

خالص ظرافت نگار ہو یا ہجو گو دونوں صناع ہیں۔ دونوں کے کارنامے تخلیقی ہوتے ہیں۔ ظرافت نگار محض کسی بے آہنگی کا مضحکہ خیز بیان نہیں کرتا۔ وہ اس بے آہنگی کی تخلیق بار دگر کرتا ہے اور اسے دلچسپ تر بنا دیتا ہے۔ اس لحاظ سے ظرافت نگار اور کسی دوسرے صناع میں بنیادی فرق نہیں۔ وہ بھی مشاہدہ سے کام لیتا ہے، اس کی آنکھیں دنیا کی زندگی کے وسیع اور بوقلموں مناظر کو دیکھتی ہیں اور ان میں ایسی چیزوں کا انتخاب کرلیتی ہیں جو اس کے مخصوص آرٹ کے لئے موزوں ہیں۔ ظاہر ہے کہ اس کے لئے

وسعتِ نظر ضروری ہے۔ وہ دنیا کے ہر گوشے، زندگی کے ہر شعبے سے واقف ہوتا ہے کیونکہ اس کا مواد ہر جگہ ہے اور اگر اسے اپنے فن کی اہمیت کا صحیح احساس ہے تو وہ کسی چیز سے قصداً احتراز نہیں کرے گا۔ وہ اپنا مواد کاوش کے ساتھ جمع کرتا ہے، اس پر غور کرتا ہے۔ مشاہدہ کی کمی یا بے رنگی کو رنگینی تخیل، رعنائی خیال کی مدد سے پورا کرتا ہے اور دیکھی ہوئی یا تصور کی ہوئی چیزوں کو صنعت کارانہ حسن و صداقت سے مزین کرتا ہے۔ اس کے دل میں اصلاح کا جذبہ موجزن نہیں ہوتا۔ وہ صناع ہے خامیٔ اصلاح نہیں۔ اس کے کارنامے بھی صحیح معنوں میں تخلیقی ہوتے ہیں۔ یہ کارنامے ہماری تفریح کا باعث ہوتے ہیں لیکن تفریح اصل مدعا نہیں۔ اس کا مقصد ایک حسین، مکمل و موزوں کانارمے کی تخلیق ہے۔ جو تفریح ہمیں حاصل ہوتی ہے وہ ایک حد تک اتفاقی ہے۔

ظرافت نگار کسی مشاہدہ کو دیکھ کر مسکرا اٹھتا ہے لیکن اور کسی قسم کا جذبہ اس کے دل میں نہیں ابھرتا۔ اسی جگہ ظرافت نگار اور ہجو گو کی راہیں الگ الگ ہو جاتی ہیں۔ ہجو گو بے ڈھنگے، ناقص، بدصورت مناظر کو دیکھ کر بیتاب ہو جاتا ہے۔ ناانصافی، بے رحمی ریاکاری کی مثالیں دیکھ کر اس کے دل میں نفرت، غضب، حقارت اور اسی قسم کے جذبات ابھرنے لگتے ہیں، اس کی ہجو میں انہی جذبات کی ترجمانی ہوتی ہے۔ وہ بھی صناع ہے، اس لئے وہ اپنے جذبات کو محض سیدھے سادھے طور پر بیان نہیں کرتا۔ وہ اپنے جذبات سے ان کی شدت کے باوجود علیحدگی اختیار کرتا ہے اور ان سے الگ تھلگ ہو کر، انہیں اپنے قابو میں لا کر ان کا صنعت کارانہ اظہار کرتا ہے اور اس صنعت کارانہ اظہار کی وجہ سے جذبات کی شدت میں کمی نہیں زیادتی ہوتی ہے۔ ہجو گو ایک بلند پایہ اخلاق کا حامل ہوتا ہے اور وہ اپنے بلند مقام سے انسانی کمزوریوں، خامیوں، فریب کاریوں کو اپنی طنز کا نشانہ بناتا ہے۔

لیکن ہجو گو انسان ہے اور انسانی حدود میں گھرا ہوا ہے۔ اس لئے اگر ہمیشہ نہیں تو اکثر اس کی ہجووں کی ابتدا کسی ذاتی جذبہ سے ہوتی ہے لیکن اگر وہ اپنے فن کی اہمیت اور اس کی ضروریات سے آگاہ ہے تو وہ اپنے ذاتی جذبہ سے علیحد گی اختیار کرتا ہے اور اسے ایک قسم کی عالمگیری عطا کرتا ہے۔ بہر کیف ہجو گو سارے جذبات پر تصرف رکھتا ہے۔ وہ ہنستا بھی ہے اور روتا بھی ہے۔ وہ ہمدردی، ترحم، انصاف، فیاضی کے جذبات کو ابھارتا ہے اور ساتھ ساتھ وہ غصہ، بغض، حقارت کے جذبات کو بھی بھڑکاتا ہے۔ ظرافت نگار کے مقابلہ میں اس کی جذباتی دنیا زیادہ وسیع و کشادہ ہے۔

(۲)

ہجو کی دو صورتیں ہو سکتی ہیں، نظم و نثر، عموماً یہ سمجھا جاتا ہے کہ ان دونوں صورتوں میں کوئی بنیادی فرق نہیں اور جو فرق ہے تو اسے ایک لفظ میں بیان کیا جا سکتا ہے۔ یعنی وزن، اگر وزن نہ ہو تو پھر ہجو یہ نظم و نثر میں تمیز ممکن نہیں۔ شاعر اور نثر نگار دونوں ہجو کے میدان میں ایک ہی مقصد لے کر گامزن ہوتے ہیں۔ دونوں کی راہیں اور منزلیں ایک ہیں۔ صرف ایک اشہبِ وزن پر سوار اور دوسرا پاپیادہ ہے۔ یہ طرز خیال غلط فہمی پر مبنی ہے۔ شعر اور نثر میں اہم اور بنیادی فرق ہے۔ وزن شعر میں ہوتا ہے مگر یہ ضروری نہیں۔ دور حاضر میں بعض مغربی شعراء نے ثابت کر دکھایا ہے کہ وزن شعر کی لازمی خصوصیت نہیں۔ وہ ایک مخصوص صورت میں اپنے احساس شعری کی ترجمانی کرتے ہیں جسے نظم معریٰ کہتے ہیں۔ اسی طرح اگر کسی نثر کے جملہ کو وزن کے جامہ سے آراستہ کر دیا جاتا ہے تو وہ شعر کے زمرہ میں داخل نہیں ہو سکتا۔

شعر ہمارے تجربات حسین و بیش قیمت تجربات کا حسین و موزوں اور کامل ترجمان ہے۔ نثر میں ہمارے خیالات کا صاف، مختصر اور بے کم و کاست اظہار ہوتا ہے۔ دونوں کی

راہیں جدا جدا اور منزلیں الگ الگ ہیں جس طرح غزل یا نظم اور مقالہ میں صنفی اور بنیادی فرق ہے بجنسہ اسی طرح ہجویہ نظم اور ہجویہ نثر میں بھی صنفی اور بنیادی فرق ہے۔ اس جگہ ایک دوسری غلط فہمی کا ازالہ بھی ضروری ہے۔ عموماً یہ بھی سمجھا جاتا ہے کہ ہجویہ نظم میں شاعری، بلند پایہ شاعری کا وجود ممکن نہیں۔ عام گفتگو میں شاعری جذبات کی ترجمانی کا دوسرا نام ہے۔ ہجویہ نظم میں کسی شخص کے معائب یا کسی عام انسانی نقص کا طنزیہ انکشاف ہوتا ہے، اس لئے ان نظموں میں بظاہر جذبات کا (اور جذبات سے خاص قسم کے جذبات مراد ہوتے ہیں) وجود نہیں ہوتا۔ اس روایتی نقطۂ نظر میں جذبات صرف وہی ہیں جن سے غزلیں بھری پڑی ہیں۔ انہیں احساسات، مخصوص و محدود احساسات کو شعریت کا حامل سمجھا جاتا ہے جو حسن و عشق سے وابستہ ہوتے ہیں، جو بے ثباتی دنیا، موت یا زیادہ سے زیادہ وطن کی محبت، آزادی کی لگن سے سروکار رکھتے ہیں، لیکن اگر غور سے دیکھا جائے تو معلوم ہو گا کہ ہجویہ نظم جذبات کے بغیر ممکن ہی نہیں۔

ہجو گو شاعر ناانصافی، بے رحمی، ظلم اور اسی قسم کے انسانی نقائص کے مشاہدہ سے متاثر ہوتا ہے اور اسی مشاہدہ سے متاثر ہو کر اس کا جذبۂ نفرت، غضب، حقارت جوش میں آتا ہے۔ انہیں جذبات کا اظہار وہ اپنی نظم میں کرتا ہے۔ اگر جذبۂ عشق ایک پر زور طاقت ہے تو جذبۂ نفرت بھی ایک طاقتور زور ہے۔ اگر کوئی حسین فطری مناظر ہمارے ذوق حسن کو بھڑکاتا ہے تو کوئی کریہہ انسانی منظر ہمارے احساسِ غضب کو برانگیختہ کرتا ہے۔ اگر معشوق کے جسمانی حسن کی تعریف میں ہم رطب اللسان ہوسکتے ہیں تو کسی شخص کے اخلاق قبیح کا حقارت آمیز انکشاف بھی کر سکتے ہیں۔ ظاہر ہے کہ ہجویہ نظم میں بھی جذبات کا اظہار ہوتا ہے اور پیمانۂ شعر میں ہر قسم کے جذبات سما سکتے ہیں۔ صرف یہی نہیں جس طرح غزل کے اشعار یا کسی رومانی نظم میں شدت جذبات کا وجود ہو سکتا ہے،

اسی طرح ہجویہ نظم میں بھی جذبات کی شدت ہو سکتی ہے اور اگر کسی شعر یا تنظیم میں بلند پایہ شاعری ہو سکتی ہے تو پھر ہجویہ نظم میں بھی بلند پایہ شاعری کا وجود ممکن ہے۔

اردو میں ہجویہ شاعری کو زیادہ فروغ نہ ہوا۔ ریختی اور ہزلیات سے یہاں بحث نہیں۔ خالص ہجو کی طرف بہت م شعراء نے توجہ کی اور ان میں صرف دو چار ہی کم و بیش کامیاب ہوئے۔ سودؔا کے معاصرین میں مکینؔ، ضاحکؔ وغیرہ نے اس میدان میں تگ و دو کی لیکن آگے نہ بڑھ سکے۔ انشاؔ، مصحفیؔ کی نوک جھونک سے دنیا واقف ہے لیکن ان کی ہجویں محض ذاتی بغض و عناد کی ترجمان تھیں اور اس قسم کی ہجووں میں بھی ان کا رتبہ بلند نہیں۔ اودھ پنچ کے سلسلہ میں شہبازؔ، ظریفؔ وغیرہ نے اس صنف میں طبع آزمائی کی مگر کوئی زندہ کارنامہ نہ پیش کر سکے۔ موجودہ زمانہ میں بعض ترقی پسند شعراء نے اور ان کے ہم مسلک شعرانے طنز و ظرافت سے کام لیا۔ لیکن ان کی طنز و ظرافت محض سطحی ثابت ہوئی۔ اردو میں صرف چار شعراء ایسے ہیں جن کی ہجویہ نظمیں قابل ذکر ہیں۔ سوداؔ، اکبرؔ، اقبال اور جوشؔ۔ رشید احمد صاحب کہتے ہیں، "بہترین طنز کی اساسی شرط یہ ہے کہ وہ ذاتی عناد و تعصب سے پاک اور ذہن و فکر کی بے لوث برہمی یا شگفتگی کا نتیجہ ہو۔ اس معیار پر سوداؔ کی ہجویں تمام و کمال پوری نہیں اترتیں۔"

یہ صحیح نہیں، ہجو گو شاعر اگر ہمیشہ نہیں تو اکثر و بیشتر کسی ذاتی جذبہ عناد، بغض و تعصب سے متاثر ہو کر آمادہ ہجو گوئی ہوتا ہے۔ اس لئے عموماً ہجووں میں ذاتی عنصر کا وجود ناگزیر ہے۔ اساسی شرط یہ ہے کہ شاعر اپنے جذبہ کو عالمگیری عطا کر سکے۔ یعنی وہ اپنی شخصیت کو علیحدہ کر کے اپنے جذبۂ نفرت و غضب کو عام انسانی نقائص کے خلاف برانگیختہ کر سکے۔ مثلاً زید، عمرو، بکر یعنی کسی فرد یا سماج نے شاعر کے ساتھ ناانصافی برتی، اس ناانصافی کی وجہ سے اس کے دل میں غم و غصہ نے ہیجان برپا کیا۔ کامیاب ہجو گو شاعر اپنے

جذبات کے ہیجان کو قابو میں لاتا ہے اور مخصوص واقعہ سے قطع نظر کر کے ناانصافی، عالمگیر ناانصافی کو اپنی طنز کا نشانہ بناتا ہے۔ "ذہن و فکر کی بے لوث برہمی" کے نمونے کم ملتے ہیں۔ شاعر انسان ہے اور اس کے جذبات ذاتی ہوتے ہیں۔ وہ زیادہ سے زیادہ اپنے ذاتی جذبات کو عالمگیر بنا سکتا ہے، لیکن جب تک وہ فرشتہ یا خدا نہ ہو جائے اس وقت تک وہ "ذہن و فکر کی بے لوث برہمی" کا مرتکب نہیں ہو سکتا۔

ہجو گو انسان، ایک برہم انسان ہے اور اس کی برہمی بے لوث نہیں بالوث ہوتی ہے، ممکن ہے کہ اس برہمی کا سبب بظاہر نظر نہ آئے اور اس کے تحت شعور کی گہرائیوں میں پوشیدہ ہو، اس لئے بہترین طنز کی اساسی شرط یہ نہیں کہ وہ ذاتی جذبہ محض ذاتی نہ رہے بلکہ عالمگیر ہو جائے۔ اگر سودا کی ہجویں ناقص ہیں تو اس کی وجہ یہ ہے کہ وہ اپنے احساسات کو قابو میں نہیں لاتے، ان سے علیحدگی اختیار نہیں کرتے اور انہیں شعلۂ تخلیق کی مدد سے ذاتی آلائشوں سے پاک نہیں کرتے۔

سودا میں وہ تمام خصوصیات موجود تھیں جو ایک بلند پایہ ہجو گو کے لئے ضروری ہیں۔ وہ زندہ دل اور شگفتہ طبیعت واقع ہوئے تھے۔ بقول آزاد ان کے دل کا کنول ہر وقت کھلا رہتا تھا، وہ خود ہنستے تھے اور دوسروں کو ہنسا سکتے تھے، لیکن اس زندہ دلی کے باوجود جب وہ برہم ہوتے تو پھر ان کی برہمی کی انتہا نہ ہوتی۔ ان کی برہمی سے ان کے معاصرین آشنا تھے اور اس سے خائف رہتے تھے کیونکہ ان کے ترکش میں طنز کے ہزاروں تیر تھے جن کی چوٹ بے پناہ تھی، لوگ ان سے خائف رہے تھے لیکن وہ کسی سے ہراساں نہ ہوتے۔ ان کا تخیل تیزرو اور بلند پرواز تھا، وہ ایک لمحہ میں بوقلموں تصویریں مرتب کر سکتے تھے۔ ایک سے ایک رنگین و مضحکہ خیز۔ "قصیدہ در ہجو اسپ مسمّٰی بہ تضحیک روزگار" کے چند اشعار ملاحظہ ہوں،

ناطاقتی کا ان کے کہاں تک کروں بیاں
فاقوں کا اس کے اب میں کہاں تک کروں شمار
مانندِ نقشِ نعل زمیں سے بجز فنا
ہرگز نہ اٹھ سکے وہ اگر بیٹھے ایک بار
ہر رات اختروں کے تئیں دانہ بوجھ کر
دیکھے ہے آسماں کی طرف ہو کے بے قرار
ہے اس قدر ضعیف کہ اڑ جائے باد سے
میخیں گر اس کی تھان کی ہوویں نہ استوار
ہے پیر اس قدر کہ جو بتلادے اس کا سن
پہلے وہ لے کے ریگ بیاباں کرے شمار
لیکن مجھے زروئے تواریخ یاد ہے
شیطاں اسی پہ نکلا تھا جنت سے ہو سوار
مانند اسپ خانۂ شطرنج اپنے پاؤں
جز دستِ غیر کے نہیں چلتا ہے زینہار

دیکھا! سوداؔ کو کیسی سوجھتی ہے، خوب سوجھتی ہے لیکن وہ اپنے اشہبِ تخیل کی جولانی کو روکتے نہیں۔ اسی وجہ سے ان کی ہجویں رطب و یابس سے بھری پڑی ہیں اور اعتدال، تناسب کی کمی نظر آتی ہے۔ اگر ان کی سوجھ میں بوجھ کا کچھ زیادہ دخل ہوتا تو یہ ہجویں زیادہ بلند پایہ ہوجاتیں۔ ہجویہ نظموں میں جزئیات کے حسن، ان کی بوقلمونی اور موزونیت سے حسن نظم میں افزائش ہوتی ہے لیکن اگر جزئیات کی ایسی فراوانی ہو کہ نظم کا حسن صورت مستور یا ناقص ہو جائے تو یہی جزئیات عیب شمار کی جاتی ہیں۔ یہی عیب

سودا کی نظموں کا اہم ترین عیب ہے۔ ان نظموں میں جزئیات کی ایسی فراوانی ہے کہ گویا اشجار کی زیادتی سے جنگل نظر نہیں آتا۔

اردو شعرا اس حقیقت سے بے خبر ہیں کہ ہر نظم کی ایک صورت ہوتی ہے جو الفاظ، نقوش، خیالات سے الگ اور بلند ہوتی ہے اور کسی نظم کی کامیابی کے لئے اس حسن صورت کا وجود لازمی ہے۔ سودا اس حسن صورت سے واقف نہ تھے۔ ان کے تخیل کی سبک روی اور بلند پروازی فراوانئ جزئیات کی شکل اختیار کر لیتی ہے اور ان کی نظموں کو ضرورت سے زیادہ طویل اور ڈھیلی بنا دیتی ہے۔ اگر اختصار سے کام لیا جاتا تو ان کے حسن میں اضافہ ممکن تھا۔ اس فراوانی کے ساتھ سودا ضرورت سے زیادہ مبالغہ سے کام لیتے ہیں۔ مبالغہ مشرقی شاعری کا بڑا عیب ہے لیکن مبالغہ بجائے خود کوئی بری شے نہیں۔ یہ شاعری اور دوسرے فنون کے لئے ضروری بھی ہے اور حسین بھی معلوم ہو سکتا ہے۔ ایک مغربی نقاد کہتا ہے کہ مبالغہ آرٹ کی جان ہے۔ یہ سب صحیح لیکن مبالغہ جب حد سے تجاوز کر جاتا ہے تو پھر اہم ترین عیب بن جاتا ہے مثلاً اس گھوڑے کی ہجو میں یہ اشعار بھی ملتے ہیں۔

کہتا تھا کوئی ہے بُزِ کوہی نہیں یہ اسپ
کہتا تھا کوئی ہے گا ولایت کا یہ حمار
کہتا تھا کوئی مجھ سے ہوا تجھ سے کیا گناہ
کتوال نے گدھے پہ تجھے کیوں کیا سوار
اس مخمصہ میں تھا ہی کہ ناگاہ ایک روز
فتنے کو آسماں نے کیا مجھ سے پھر دو چار
دھوبی کمہار کے گدھے اس دن ہوئے تھے گم

اس ماجرے کو سن کیا دونوں نے واں گزار
ہر اک نے اس کو اپنے گدھے کا خیال کر
پکڑے تھا دھوبی کان تو کھینچے تھا دم کمہار
بر پشمی اس کی دیکھ کے کر خرس کا خیال
لڑکے بھی واں تھے جمع تماشے کو بے شمار

پہلے دو شعر تک مضائقہ نہ تھا۔ یہاں جائز حد تک اس گھوڑے کی ہجو کی گئی ہے، لیکن بقیہ اشعار میں ضرورت سے زیادہ مبالغہ ہے۔ پھر ایک لطیف نکتہ یہ ہے کہ پہلے شعر میں بھی کہنے والے واقعی گھوڑے کو "بز کوہی" یا ولایت کا حمار نہیں سمجھتے۔ دوسرے شعر میں بھی کہنے والے نے محض ظرافت، اچھی ظرافت سے کام لیا ہے، لیکن بعد کے شعروں میں اس گھوڑے کو واقعی گدھا تصور کیا جاتا ہے اور پھر اسے خرس بھی سمجھا جاتا ہے۔ یہ مبالغہ ذوق لطیف کے لئے بے لطفی کا سبب ہوتا ہے۔ پھر یہاں تکرار بھی ضرورت سے زیادہ ہے۔ گھوڑے کو گدھے سے تشبیہ دی جا چکی ہے پھر بار بار اسی تشبیہ کی تکرار مذاق صحیح پر گراں گزرتی ہے۔ تکرار بھی سودا کا ایک عام نقص ہے۔ وہ ایک ہی بات کو بار بار مختلف پیرایہ میں بیان کرتے ہیں جس سے طبیعت گھبرانے لگتی ہے۔

گھوڑے کی ہجو دلچسپ ضرور ہے لیکن دلچسپی کے باوجود بھی یہ بلند پایہ ہجویہ شاعری کی مثال نہیں۔ یہاں موضوع اہم نہیں، جذبات کی شدت بھی نہیں اور نہ مختلف عناصر کی شدت کے ساتھ آمیزش ہوئی ہے۔ غرض یہاں ایک بھی ایسا عنصر نہیں جو بلند پایہ شاعری کے لئے ضروری ہے۔ یہی کمی دوسری نظموں میں بھی نمایاں ہے۔ دوسری ہجووں میں فدوی، ضاحک، حکیم غوث، شیدی فولاد خاں کوتوال، دولت مند بخیل وغیرہ کو طنز کا شکار بنایا گیا ہے۔ "قصیدہ شہر آشوب" اور مخمس شہر آشوب میں سنجیدگی و متانت

کے ساتھ زیادہ اہم امور کی طرف توجہ کی گئی ہے لیکن ان سب نظموں کو پیش نظر رکھ کر بھی یہ کہے بغیر چارہ نہیں کہ سودا کا میدان تنگ ہے۔ وہ جملہ انسانی نقائص، سماج کی ناانصافی، مختلف طبقوں اور پیشوں، کل انسانیت کو حلقہ ہجو میں داخل نہیں کرتے۔ سودا میں سنجیدگی و متانت موجود تھی۔ اگر وہ سنجیدگی و متانت کو اپنی سب نظموں میں برقرار رکھتے، اگر وہ سنجیدگی و متانت کے ساتھ اہم انسانی اور سماجی نقائص کا انکشاف روا رکھتے تو ان کی اہمیت زیادہ سے زیادہ ہو جاتی۔ بہر کیف سودا نے اچھی ہجویں لکھی ہیں۔ شیدی فولاد خاں کوتوال اس طرح اپنی لاچاری کا اظہار کرتا ہے۔

خلق جب دیکھ کر کے یہ بیداد
کرتے ہیں کوتوال سے فریاد
بولے ہے وہ کہ میں بھی ہوں ناچار
گرم ہے چوٹٹوں کا اب بازار
کرتے ہیں مجھ سے اب بجا کر ڈھول
میری پگڑی کا میرے سر پر مول
یارو کچھ چل سکے ہے میرا زور
دیکھو تو ٹک کہاں کہاں ہے چور
مٹ سکے مجھ غریب سے یہ خلل
ہے امیروں کے گھر میں چور محل
دیکھئے گر بتاں کو بھی بخدا
ہاتھ میں ہے انہوں کے دزدِ حنا
کس کو ماروں میں کس کو دوں گالی

چوری کرنے سے کون ہے خالی

یہ طنز کی عمدہ مثال ہے اور یہاں طنز ظرافت کے دوش بدوش ہے،

دیکھئے گربتاں کو بھی بخدا

ہاتھ میں ہے انہوں کے دزد حنا

سوداؔ میں ظرافت کا مادہ طنز پر غالب ہے۔ غالباً اسی ظرافت کی ہمہ گیری کی وجہ سے ان نظموں میں شدت جذبات کی کمی ہے۔ "مخمس شہر آشوب" کے علاوہ شاید ہی کہیں پر اثر اور شدید جذبات کی مثالیں مل سکیں۔ سوداؔ ایسے شگفتہ طبیعت واقع ہوئے تھے کہ وہ غضب، نفرت، حقارت اور اسی کے تیز و تند جذبات سے آشنا نہ تھے۔ وہ غصہ ہوتے تھے لیکن وہ ہجو لکھ کر اپنے دل کا بخار نکال لیتے تھے۔ یعنی غصہ انہیں ہجو گوئی پر آمادہ کرتا لیکن جہاں انہوں نے قلم اٹھایا، جہاں ان کا تخیل مائلِ پرواز ہوا تو پھر غصہ فرو ہو جاتا اور اس کے بدلے ان کے دماغ میں نئے نئے مضامین، انوکھے خیالات، دلچسپ، رنگین، جاذبِ نظر تصویروں کی آمد سے انہیں ایک قسم کی مسرت ہوتی اور ان کی نظم غضب کے بدلے اس مسرت کا اظہار ہوتی۔ وہ مسرت جو ایک صناع کو اپنے کارنامہ کی تخلیق میں ہوتی ہے۔ اس وجہ سے قاری بھی کبھی غضبناک اور برہم نہیں ہوتا بلکہ قوتِ ایجاد اور اس کے حسین و دلکش نتائج کو دیکھ کر مسرور ہوتا ہے۔ بہر کیف یہ مثل روز روشن ہے کہ سوداؔ کی ہجویہ شاعری کے نقائص و حدود کے باوجود بھی اردو میں اس وقت تک سوداؔ سے بہتر کوئی دوسرا ہجو گو شاعر نہیں پیدا ہوا۔

تعجب ہے کہ شعراء مابعد پر سوداؔ کا مطلق اثر نہیں ہوا۔ سودا آ کے بعد اکبرؔ کا نام آتا ہے لیکن اکبرؔ نے سوداؔ سے استفادہ نہیں کیا اور اپنے لئے ایک نئی راہ نکالی۔ وسعت اور تنوع مضامین کے لحاظ سے اکبرؔ کو سوداؔ پر افضلیت حاصل ہے لیکن اس افضلیت کا ذمہ دار

اکبر کا عہد ہے۔ اس عہد کی تصویر عبد الماجد صاحب نے ان الفاظ میں کھینچی ہے، "اکبر جب دنیا سے روشناس ہوتے ہیں تو ان کے ملک و قوم کی یہ حالت ہے کہ غدر ۱۸۵۷ء کے فرو ہوئے چند سال گزر چکے ہیں۔ ہندوستان بیرونی مداخلت و تسلط کے شکنجہ میں پورے طور سے کسا ہوا ہے۔ مسلمانوں کی قوم خصوصیت کے ساتھ اپنی شامتِ اعمال کے نتائج بھگت رہی ہے۔ اسلامی اخلاق، اسلامی آداب، اسلامی شعائر، مدت ہوئی رخصت ہو چکے۔ نفاق، خود غرضی و غداری، نفس پروری اور عیش پرستی کی گرم بازاری ہے۔ اس کے مقابلہ میں برطانیہ کی عظمت کا نقش ہر دل پر بیٹھا ہوا ہے۔ داد خواہی کے لئے انگریزی عدالتیں ہیں، تعلیم کے لئے انگریزی مدرسے ہیں، سفر کے لئے انگریزی سواریاں ہیں، علاج کے لئے انگریزی شفا خانے ہیں، عزت و حکومت کے لئے انگریزی عہدے ہیں حصول معاش کے لئے انگریزی پیشے ہیں، زینت و آرائش کے لئے انگریزی مصنوعات اور انگریزی بازار ہیں۔ غرض جس طرف بھی رخ پھرتا ہے۔ حد نظر تک ایک غیر محدود لامتناہی پرچم انگریزی اقبال کا لہراتا ہوا نظر آتا۔

اب مغرب کا جادو ساری قوم پر چل گیا۔ علم و فضل کا معیار کمال یہ قرار پایا کہ انگریزی زبان آجائے۔ تلفظ انگریزوں کا سا ہو جائے اور انگریزی علوم سے واقفیت ہو جائے۔ تہذیب و شائستگی کی معراج یہ ٹھہری کہ کھانا انگریزی کھایا جائے۔ لباس انگریزی پہنا جائے اور انگریزی تقلید میں خاندان مشترکہ کے وجود کو ذلیل سمجھ کر ضعیف والدین اور دوسرے اعزہ سے قطع تعلق کر لیا جائے۔ شرافت و عزت کا منتہائے خیال یہ قائم ہوا کہ ہر ممکن ذریعہ سے انگریزی عہدے حاصل کئے جائیں۔ عقل و دانش کا یہ مفہوم قرار پایا کہ انگریزی مصنف کے قول پر بے چوں و چرا ایمان لے آیا جائے اور اپنے علوم و فنون، اپنے شعائر و رسوم، اپنے عقائد و خیالات کو یکسر اوہام کا لقب دے کر انگریزیت کے

صنم دلربا کے قدموں پر نثار کر دیا جائے۔ یہ فضا تھی جس میں اکبرؔ نے آنکھیں کھولیں۔"

یعنی وہ زمانہ تھا جب دو مختلف تمدنوں میں زبردست تصادم ہوا تھا اور اس تصادم کا نتیجہ یہ تھا کہ اسلامی تمدن کے شیرازے بکھرنے لگے تھے اور انگریزی تمدن اپنی دلفریبی کا سکہ لوگوں پر جما رہا تھا، اپنے محاسن فراموش ہو چلے تھے اور حسنِ غیر میں نگاہیں محو تھیں۔ اکبرؔ پرانے تمدن، پرانے نظام کے پرستار تھے اور وہ نئے تمدن، نئے نظام کے نقائص کا انکشاف کرنا چاہتے تھے۔ اس لئے ان کی طنز کے سامنے ایک نامحدود میدان نظر آیا کیونکہ انگریزی تمدن کا اثر زندگی کے ہر شعبے پر محیط تھا۔ سوداؔ کے سامنے یہ نامحدود میدان نہیں تھا۔ ان کے زمانے میں اسلامی تمدن کے شیرازے بکھرنے لگے تھے لیکن انگریزی تمدن نے اپنا جادو شروع نہیں کیا تھا۔ سوداؔ زیادہ سے زیادہ مٹنے والی تہذیب، لٹی ہوئی شان و شوکت، گزری ہوئی عظمت کو حسرت بھری نظر سے دیکھ سکتے تھے۔ ہر طرف زمانے میں انتشار کی صورت نمایاں تھی۔ پراگندگی ہر طرف دنیا میں پھیلی ہوئی تھی اور یہ پراگندگی طبیعت میں بھی موجود تھی۔

سوداؔ اسی پراگندگی کا اظہار اپنے "مخمس شہر آشوب" میں کرتے ہیں۔ وہ اس سے زیادہ کچھ کر بھی نہ سکتے تھے۔ ان کے زمانے میں سماج کی طنزیہ تنقید ممکن ہی نہ تھی جو اکبرؔ کا مخصوص حصہ ہے۔ اکبرؔ کا قدم پرانی تہذیب پر جما ہوا تھا اور وہ اس محفوظ و مثبت مقام سے نئی تہذیب کی بڑھتی ہوئی فوج کا مقابلہ کرتے ہیں اور تن تنہا اس یلغار کو روکنا چاہتے ہیں۔ اسی مقصد میں وہ اپنی فطری طنز و ظرافت سے مدد لیتے ہیں۔ ان کی تیز اور باریک بیں نگاہیں دشمن کی کمزوریوں کو دیکھ لیتی ہیں اور وہ ان کمزور کڑیوں کی اپنی طنز و ظرافت سے قطع و برید کرتے ہیں۔

مضامین کی وسعت اور تنوع مسلم ہے۔ لیکن اکبرؔ، سوداؔ کے مرتبہ تک نہیں پہنچتے

کیونکہ ان کا آرٹ سودا کے آرٹ سے بنیادی طور پر کم رتبہ ہے۔ سودا اپنے جذبات و خیالات کے اظہار کے لئے نظم کا پیرایہ اختیار کرتے ہیں۔ ان کی نظمیں ضرورت سے زیادہ طولانی اور ڈھیلی ہیں پھر بھی وہ نظمیں ہیں۔ اکبر نہایت مختصر قطعے، رباعیوں کی صورت اختیار کرتے ہیں۔ کہہ سکتے ہیں کہ جس قسم کی ہجویں اکبر لکھتے ہیں ان کے لئے یہ مختصر سانچے زیادہ موزوں ہیں۔ اگر اسے صحیح بھی تسلیم کر لیا جائے تو بھی جس قسم کے سانچے اکبر کی نظموں میں ملتے ہیں وہ سانچوں کی حیثیت سے نسبتاً کم مرتبہ ہیں۔ ان سانچوں میں وسعت، پیچیدگی ممکن نہ تھی۔ ان کی تنگ دامانی ان کا اصل نقص ہے۔ اکبر کا آرٹ مختصر تصویریں یا نقشے بنانے کا ہے اور یہ مختصر تصویریں حسین بھی ہیں اور مؤثر بھی اور اپنے مقصد میں کامیاب۔ ملاحظہ ہو،

وہ فقط وضع کے کشتہ ہیں نہیں قید کچھ اور
بھینس کو گون پہنا دیجئے عاشق ہو جائیں

اب نہ جنگی علم نہ جھنڈا ہے
صرف تعویذ اور گنڈا ہے
کیا ہے باقی جناب قبلۂ من
کچھ حدیثیں ہیں ایک ڈنڈا ہے
سو وہ ڈنڈا بھی ہے اب ضبط پولس
ہے زباں گرم قلب ٹھنڈا ہے

تھے کیک کی فکر میں سو روٹی بھی گئی
چاہی تھی شے بڑی سو چھوٹی بھی گئی
واعظ کی نصیحتیں نہ مانیں آخر

پتلون کی تاک میں لنگوٹی بھی گئی

یہ ہے اکبرؔ کا آرٹ۔ مختصر پیمانہ میں وہ ایسی ہجویں لکھتے ہیں جو تیر بہدف ہو جاتی ہیں۔ وہ ایسے ایسے شعر تراشتے ہیں جو نشتر کی طرح دلوں میں چبھتے ہیں۔ وہ ان شعروں کے تراشنے میں کاوش سے مصرف لیتے ہیں اور جانفشانی کے ساتھ ان کی جلا، تیزی کاٹ کو حد کمال تک پہنچا دیتے ہیں۔ اکثر یہ اشعار یا مختصر قطعے دماغ میں ہیجان برپا کرتے ہیں اور ایک وسیع منظر سامنے لا کھڑا کرتے ہیں اور قاری اس منظر کے پھیلتے ہوئے دامن میں گم ہو جاتا ہے۔

تھے معزز شخص لیکن ان کی لائف کیا کہوں
گفتنی درج گزٹ، باقی جو ہے ناگفتنی
بتائیں آپ کو مرنے کے بعد کیا ہوگا
پلاؤ کھائیں گے احباب فاتحہ ہوگا
بوڑھوں کے ساتھ لوگ کہاں تک وفا کریں
لیکن نہ موت آئے تو بوڑھے بھی کیا کریں

یہ مثالیں بلا تخصیص پیش کی گئی ہیں۔ ان شعروں میں محض ایک مختصر خیال کا اظہار نہیں۔ ہر شعر گویا ایک تنگ رستہ ہے جس سے گزر کر ہم کسی وسیع میدان میں قدم رکھتے ہیں۔ جو بات ان شعروں میں کہی گئی ہے وہ بجائے خود زیادہ اہم نہیں۔ اصل اہمیت ان باتوں کی ہے کہ کہنے میں نہیں آئی ہیں جنہیں قاری اپنے ذہن رسا کی مدد سے سمجھ سکتا ہے۔ یہ آرٹ سوداؔ کی نظموں میں نہیں ملتا، سودا سب باتیں تفصیل سے کہہ ڈالتے ہیں۔ اکبر کچھ کہتے ہیں اور باقی خیالات کی طرف اشارہ کرتے ہیں لیکن اس کچھ میں سب کچھ کہہ جاتے ہیں اور کہیں بھی خیالات مبہم اور غیر متعین نظر نہیں آتے۔

بہر کیف سودا کی نظموں میں یہ آرٹ نہیں ملتا اور نہ سودا کو اس آرٹ کی ضرورت تھی۔ جن سانچوں کا استعمال سودا کرتے تھے وہ تنگ داماں نہ تھے۔ ان میں ہر قسم کی وسعت، پیچیدگی، تخیل کی جولانی کی گنجائش تھی، سودا کے تخیل کو وسعت کی ضرورت تھی، تنگی میں اس کا دم غالباً گھٹنے لگتا۔ اکبر کا تخیل تنگی میں خوش ہے۔ اسے کسی قسم کی پریشانی محسوس نہیں ہوتی۔ مطلب یہ نہیں کہ سودا کی تصویریں ہمیشہ مفصل اور وسیع پیمانہ پر ہوتی ہیں۔ مختصر اور مؤثر تصویریں یہاں بھی ملتی ہیں۔ یہاں بھی دو مصرعوں اور اکثر ایک مصرع میں ایک مرقع پیش کر دیا جاتا ہے۔ ایسا مرقع جو زندہ چلتا پھرتا نظر آتا ہے،

ضعیفی نے کی اس کی فربہی گم
گیا ہاتھی اور رہ گئی دم
کھانا آوے تو اس طرح ٹوٹے
جیسے کوئی کسی کا گھر لوٹے
بسکہ مطبخ میں سردی رہتی ہے
ناک باورچیوں کی بہتی ہے
وہ جو سودا بکے ہے لایعنی
آپ کرتا ہے دزدی معنی

اصل یہ ہے کہ سودا مفصل یا مختصر اور ہمیشہ زندہ مرقعے پیش کرتے ہیں۔ اکبر کسی ظرافت آمیز خیال یا کسی تیز طنز کا بیان کرتے ہیں۔ سودا میں ڈراما نگاری کی قوت ہے اس لئے جو تصویریں وہ مرتب کرتے ہیں وہ جیتی جاگتی ہماری آنکھوں کے سامنے آ کھڑی ہوتی ہیں۔ اکثر محض انوکھے خیال، ہنسنے اور ہنسا دینے والے نکتے، تیز و تند طعن و طنز سے

ہمارے دماغ کو محظوظ کرتے ہیں اور اسے متحرک کرتے ہیں۔ یعنی اکبرؔ میں نکتہ سنجی (WIT) ہے۔ یہ مادہ سوداؔ میں بھی موجود ہے لیکن اس حد تک نہیں لیکن ظرافت میں سوداؔ اکبر سے بہت آگے نکل جاتے ہیں۔

اکبرؔ اگر مفصل نظمیں کامیابی کے ساتھ لکھ سکتے تو ان کی ہجویں شاعرانہ نقطہ نظر سے زیادہ بلند پایہ ہو جاتیں۔ اگر وہ اپنے خیالات کا تسلسل کے ساتھ اظہار کرتے، اگر وہ مختلف نقوش کو مجتمع کر کے ایک نقش کامل تیار کرتے، اگر ان کی نظموں میں خیالات کی باریکی پیچیدگی کے ساتھ ساتھ ہوتی، اگر وہ مختلف جذبات، شدید جذبات پر قابو رکھتے تو ریزہ خیالی کا الزام جو ان نظموں پر عائد ہوتا ہے وہ عاید نہ ہوتا۔ بہر کیف اکبرؔ کے ادبی ماحول کا لحاظ رکھ کر کہہ سکتے ہیں کہ انہوں نے جو کچھ کیا وہ لائق ستائش ہے۔ سیاسی اسباب کی وجہ سے جو قابل ہجو صورتیں پیدا ہو گئی تھیں انہیں وہ چن چن کر طنز کے خنجر سے قطع کرتے ہیں۔ ان کی آنکھیں ہر چیز کو دیکھ لیتی ہیں، معمولی باتوں کو بھی وہ نہیں چھوڑتے۔ ان کی ہجو زندگی کے ہر شعبہ پر حاوی ہے، جہاں وہ مغرب کا اثر دیکھتے ہیں، جہاں انہیں مادیت کا گمراہ کن اثر نظر آتا ہے تو وہ فوراً آمادہ پیکار ہو جاتے ہیں۔

"بے تمیزی، کورانہ تقلید، بد مذاقی اور تنگ نظری" انہیں چیزوں کے وہ مخالف تھے اور انہیں سے وہ جنگ آزما تھے۔ ان کے عہد کا مرقع ان کی ہجووں کو جمع کر کے مرتب کیا جا سکتا ہے اور یہ ان ہجووں کی تاریخی اہمیت ہے اور اسی مرقعے کے ساتھ ساتھ اس عہد پر بے مثل انفرادی تنقید بھی ملتی ہے۔ اکبرؔ کے رنگ نے قبول عام کی سند حاصل کی، انہیں وہ مقبولیت حاصل ہوئی جو شاید سوداؔ کی نظموں کو نصیب نہیں ہوئی تھی۔ رشید احمد صاحب لکھتے ہیں، "اکبر اپنے رنگ میں منفرد رہے، ان کے رنگ میں بعض لوگوں نے لکھنے کی کوشش کی لیکن کامیاب نہ ہوئے۔" جن لوگوں نے اس رنگ میں لکھنے کی

کوشش کی ان میں سے ایک اقبالؔ بھی ہیں۔ "بانگ درا" کے اخیر میں جو ظریفانہ اشعار ہیں، ان میں صاف اکبرؔ کا رنگ جھلکتا ہے۔ ملاحظہ ہو،

مشرق میں اصول دین بن جاتے ہیں
مغرب میں مگر مشین بن جاتے ہیں
رہتا نہیں ایک بھی ہمارے پلے
واں ایک کے تین تین بن جاتے ہیں
لڑکیاں پڑھ رہی ہیں انگریزی
ڈھونڈ لی قوم نے فلاح کی راہ
روش مغربی ہے مدِ نظر
وضع مشرق کو جانتے ہیں گناہ
یہ ڈراما دکھائے گا کیا سین؟
پردہ اٹھنے کی منتظر ہے نگاہ
شیخ صاحب بھی تو پردہ کے کوئی حامی نہیں
مفت میں کالج کے لڑکے ان سے بد ظن ہو گئے
وعظ میں فرما دیا کل آپ نے یہ صاف صاف
پردہ آخر کس سے ہو جب مرد ہی زن ہو گئے

صاف ظاہر ہے کہ ان شعروں میں اقبالؔ نے اکبرؔ کا تتبع کیا ہے، سطحی نظر غالباً ان میں اور اکبرؔ کے شعروں میں تمیز بھی نہیں کر سکتی، خیالات، طرز بیان، لب و لہجہ، اختصار، غرض سبھی خصوصیات وہی ہیں جو اکبرؔ کی ہجوؤں میں ملتی ہیں لیکن دوسرے اشعار سے پتہ چلتا ہے کہ یہ رنگ اقبالؔ کے لئے فطری نہ تھا اور وہ طبیعت پر زور دے کر

اس قسم کے اشعار موزوں کرتے ہیں۔ اقبالؔ میں وہ شوخی، زندہ دلی، شگفتہ مزاجی نہ تھی جو روز ازل سوداؔ اور اکبرؔ کو فطرت نے ودیعت کی تھی۔ ان کا دل کنول کی طرح کھلا ہوا نہیں تھا۔ وہ سنجیدہ و متین واقع ہوئے تھے اس لئے جب وہ ہنسنے ہنسانے پر اتر آتے ہیں تو ان کی ہنسی مصنوعی معلوم ہوتی ہے اور ان کی ظرافت میں آورد کی جھلک ہوتی ہے،

وہ مس بولی ارادہ خودکشی کا جب کیا میں نے
مہذب ہے تو اے عاشقِ قدم باہر نہ دھر حد سے
نہ جرأت ہے نہ خنجر ہے تو قصد خودکشی کیسا
یہ مانا دردِ ناکامی گیا تیرا گزر حد سے
کہا میں نے کہ "اے جانِ جہاں" کچھ نقد دلوا دو
کرائے پر منگا لوں گا کوئی افغان سرحد سے

یہاں وہ سبکی، وہ تیزی نہیں جو اکبرؔ کے شعروں میں ہوتی ہے۔ ایسا معلوم ہوتا ہے کہ کوئی ہاتھی خوش طبعی پر آمادہ ہے۔ غالباً اقبالؔ نے خود محسوس کیا کہ اس رنگ میں وہ نمایاں کامیابی حاصل نہیں کر سکتے، اس لئے انہوں نے اس راہ کو جلد ترک کر دیا لیکن بعض دوسری نظموں میں جن میں وہ قصداً متانت و سنجیدگی کے ساتھ اپنے خیالات کا اظہار کرتے ہیں، ان میں وہ اکثر قصداً یا بلا قصد طنز سے مصرف لیتے ہیں۔ ان نظموں میں وہ اکبرؔ یا کسی دوسرے شاعر کی تقلید نہیں کرتے بلکہ انہوں نے اپنا ایک علیحدہ رنگ قائم کر لیا۔ "جمعیتِ اقوام، ایک بحری قزاق اور سکندر، موسولینی، اجتہاد، جہاد، پنجابی مسلمان" یہ چند مثالیں ہیں جو "ضرب کلیم" میں ملتی ہیں۔ ان نظموں کو پڑھ کر ہم ہنستے نہیں زیادہ سے زیادہ متبسم ہوتے ہیں۔ اکثر تبسم کی ضرورت محسوس نہیں ہوتی۔ یہاں طنز خالص طنز ہے، اور یہ طنز اقبالؔ کی سنجیدگی و متانت کی کامیاب ترجمان ہے۔ "نفسیاتی

غلامی" ملاحظہ ہو،

شاعر بھی ہیں پیدا علما بھی حکماء بھی
خالی نہیں قوموں کی غلامی کا زمانہ
مقصد ہے ان اللہ کے بندوں کا مگر ایک
ہر ایک ہے گو شرح معانی میں یگانہ
بہتر ہے کہ شیروں کو سکھا دیں رم آہو
باقی نہ رہے شیر کی شیری کا فسانہ
کرتے ہیں غلاموں کو غلامی پہ رضا مند
تاویل مسائل کو بناتے ہیں بہانہ

ظاہر ہے کہ یہ طرز زیادہ رنگین اور متنوع نہیں لیکن یہاں کسی کی تقلید نہیں۔ یہ رنگ انفرادی ہے اور اپنی انفرادیت کی وجہ سے ہماری توجہ کا مستحق ہے۔

موجودہ زمانہ میں اکثر شعرا، سیاست مذہب اور مذہبی پیشوا، مروجہ اخلاق کے خلاف اپنی آواز بلند کر رہے ہیں۔ یہ سب براہ راست یا بالواسطہ شعوری یا غیر شعوری طور پر اقبالؔ سے متاثر ہوئے ہیں لیکن جوشؔ کے علاوہ کوئی ذکر کا مستحق نہیں۔ جوشؔ میں ایک حد تک طنز و ظرافت کا مادہ موجود ہے۔ مولوی، خانقاہ، شیخ، میں یہ مذہب کی بعض صورتوں کی ہجو کرتے ہیں۔ اس طرح اکثر سیاست کے میدان میں بھی جانکلتے ہیں لیکن جوشؔ کا مخصوص عیب یہ ہے کہ وہ اپنے خیالات کو (اور یہ خیالات نئے، انفرادی نہیں) بہت اہم سمجھتے ہیں۔ اس لئے وہ ان سے اپنی شخصیت کو علیحدہ نہیں کر سکتے۔ یعنی ان کے خیالات ذاتی رہتے ہیں، عالمگیری اختیار نہیں کرتے۔ چند اشعار ملاحظہ ہوں،

الاماں! خانقاہ کی دنیا

معصیت کی گناہ کی دنیا
دوڑتا ہے یہاں ٹھہر کے سمند
یاں توکل ہے حرص کا پابند
یاں قناعت سے عارفانِ خدا
کام لیتے ہیں سکہ سازی کا
ہر ادا میں ہے تاجرانہ کمال
ہر بن مو ہے ایک دستِ سوال
کون بہتر ہے ایزد باری!
ان کا تقویٰ کہ میری میخواری

یہ خانقاہ کی دنیا کی ہجو نہیں، اپنی عذرداری ہے۔ قاری شاید وقتی طور پر متاثر تو ہوتا ہے لیکن ایسے اشعار کا اثر دیرپا نہیں ہوتا۔ جوشؔ مسلسل اشعار یا نظمیں لکھتے ہیں۔ وہ اکبرؔ کی طرح مختصر قطعوں یا دو تین شعروں پر اکتفا نہیں کرتے۔ ان کی نظموں میں تکرار و مبالغہ کی وہ زیادتی نہیں جو سوداؔ کا مخصوص عیب ہے۔ یہ سب سہی لیکن جوشؔ کی ہجو یہ نظموں میں اس دلچسپی کی کمی ہے جو سوداؔ اور اکبرؔ کی نظموں کی خصوصیت ہے اور دلچسپی کی کمی یا فقدان زیادہ اہم عیب شمار کیا جاتا ہے۔

اس مختصر سی تنقید سے ظاہر ہو گیا کہ اردو میں صرف اکبرؔ اور سوداؔ ہجو یہ شاعری کے میدان میں مستقل عزم کے ساتھ گامزن ہوئے اور اس میدان میں آگے بڑھے لیکن یہ دونوں بھی ایسے کارنامے نہیں پیش کر سکے جن کا مغرب کے اعلیٰ ہجو یہ کارناموں کے ساتھ مقابلہ کیا جا سکتا۔ اس میدان میں سوداؔ اور اکبرؔ کی کاوشوں کے باوجود بھی لامحدود گنجائشیں باقی ہیں اور اگر اردو شعراء اس طرف توجہ کریں تو بہت کچھ کر سکتے ہیں، لیکن

محض توجہ کافی نہیں۔ ہجو ایک فن، ایک اہم فن ہے۔ ہجویہ نظم ایک صنفِ شاعری، ایک دلچسپ اور اہم صنفِ شاعری ہے اور اس صنف میں بھی بلند پایہ شاعری ممکن ہے۔ اگر شعراء اس فن کے امکانات و مقاصد کو سمجھیں، اسے فن کی حیثیت سے برتیں اور جو خصوصیتیں ایک ہجو گو شاعر کے لئے ضروری ہے، انہیں بہم پہنچائیں تو ترقی فن ممکن ہے ورنہ نہیں۔ کہنا پڑتا ہے کہ موجودہ زمانے میں کوئی ایسا شاعر نظر نہیں آتا جس سے اس صنف شاعری کی ترقی کی امیدیں وابستہ ہوں۔

(۳)

اردو نثر میں طنز و ظرافت کی وہ کمی نہیں جو نظم میں ملتی ہے۔ کہہ سکتے ہیں کہ نسبتاً نثر میں طنز و ظرافت کی افراط ہے اور اس افرادط میں بیسویں صدی کے مصنفین کا ہاتھ نظر آتا ہے۔ موجودہ زمانہ میں ایسے حضرات کی کافی تعداد ہو گئی ہے جو طنزیہ اور ظریفانہ مضامین صرف لکھتے ہی نہیں بلکہ لکھنے پر مصر ہیں۔ ایسا معلوم ہوتا ہے کہ وہ چاہتے ہیں کہ جس قدر جلد ممکن ہو اس کمی کے الزام سے اردو کے دامن کو پاک کر دیا جائے۔ ان کے قلم سے مضامین کا سیلاب جاری ہے، وہ اس کا لحاظ نہیں کرتے کہ یہ مضامین معیاری ہیں یا نہیں۔ وہ کیفیت کو کمیت پر قربان کر دینے کے لئے تیار ہیں۔ بہر کیف ان مصنفین اور انشاپردازوں کو تین گروپ میں تقسیم کیا جاسکتا ہے۔

پہلے گروپ میں وہ انشاپرداز ہیں جن کا نصب العین خالص ظرافت ہے اور جو ہنسنے ہنسانے کے علاوہ کوئی دوسرا اندرونی مدعا نہیں رکھتے اور اگر رکھتے بھی ہیں تو اسے زیادہ اہمیت نہیں دیتے۔ دوسرا گروپ پُر مقصد ہے جو نقائص کو مٹانا چاہتا ہے یا کم سے کم ان نقائص کو دیکھ کر برافروختہ ہو جاتا ہے۔ اس گروپ کے انشاپرداز کا جذبۂ غضب جوش میں آتا ہے اور وہ اس جذبۂ غضب کی اپنی ہجووں میں ترجمانی کرتا ہے۔ اس قسم کے انشا

پرداز خالص طنز کے عوض ظرافت اور طنز، زیادہ تر طنز سے مصرف لیتے ہیں۔ ہنسنا ہنسانا ان کا نصب العین نہیں ہوتا لیکن اکثر وہ اس میں بھی کامیاب ہوتے ہیں، لیکن ان کا اصل مقصد کسی نقص کو رفع کرنا یا اپنے جذبۂ نفرت، غضب و حقارت کی ترجمانی ہے۔ تیسرا گروپ وہ ہے جس کی ظرافت کا فلسفیانہ رنگ ہوتا ہے۔ یہاں مقصد ظرافت نہیں بلکہ اپنے فلسفۂ زندگی کی یا ان مشاہدوں کی جن پر اس فلسفہ کی بنا ہے، ظرافت آمیز نقاشی ہے۔

(۱) پہلے گروپ میں سب سے پہلا نام غالبؔ کا ہے۔ غالبؔ کی طرز تحریر کی خصوصیتوں کے بارے میں حالی لکھتے ہیں، "وہ چیز جس نے ان کے مکاتبات کو ناول اور ڈرامے سے زیادہ دلچسپ بنادیا ہے وہ شوخیٔ تحریر ہے، جو اکتساب یا مشق و مہارت یا پیروی و تقلید سے حاصل نہیں ہوسکتی۔ ہم دیکھتے ہیں بعض لوگوں نے خط و کتابت میں مرزا کی روش پر چلنے کا ارادہ کیا ہے اور اپنے مکاتبات کی بنیاد بذلہ سنجی و ظرافت پر رکھنی چاہی ہے مگر ان کی اور مرزا کی تحریر میں وہی فرق پایا جاتا ہے جو اصل اور نقل یا روپ اور بہروپ میں ہوتا ہے۔ مرزا کی طبیعت میں شوخی ایسی بھری ہوئی تھی جیسے ستار کے تار میں سُر بھرے ہوئے ہوتے ہیں اور قوت متخیلہ جو شاعری اور ظرافت کی خلاق ہے، اس کو مرزا کے دماغ سے وہی نسبت تھی جو قوت پرواز کو طائر کے ساتھ۔ اگرچہ مرزا کے بعد نثر اردو میں بے انتہا وسعت اور ترقی ہوئی ہے۔ علمی، اخلاق، پولٹیکل، سوشل اور ریلیجس مضامین کے لوگوں نے دریا بہادیے ہیں۔ بائیوگرافی اور ناول میں متعدد کتابیں نہایت ممتاز لکھی گئی ہیں۔ باوجود اس کے مرزا کی تحریر خط و کتابت کے محدود دائرے میں بلحاظ دلچسپی اور لطف بیان کے اب بھی اپنا نظیر نہیں رکھتی۔"

میں تو یہ کہوں گا کہ مرزا کی تحریر صرف خط و کتابت کے محدود دائرے ہی میں اپنا

نظیر نہیں رکھتی بلکہ اس وقت تک بھی کوئی اردو انشا پرداز بلحاظ دلچسپی اور لطف بیان کے غالبؔ کی تحریر کی مثال نہیں پیش کر سکا۔ یہ صحیح ہے کہ مرزا کے بعد نثر اردو میں بے انتہا وسعت اور ترقی ہوئی ہے۔ علمی، اخلاقی، پولٹیکل، سوشل اور ریلیجس مضامین کے لوگوں نے دریا بہا دیے ہیں۔ بائیوگرافی اور ناول میں بھی متعدد کتابیں لکھی گئی ہیں۔ اس سے بھی انکار نہیں کہ غالبؔ کی نثر ہر قسم کے موضوعات کے لئے موزوں و مناسب نہیں، اس کا دائرہ کسی حد تک محدود ہے اور یہ امر بھی مسلم ہے کہ اکثر غالبؔ اپنے خطوط میں مسجع عبارت لکھنے کا التزام کرتے ہیں لیکن ان سب باتوں کو تسلیم کرنے کے بعد یہ بھی تسلیم کرنا ہوگا کہ ابھی تک اردو میں جو خالص ظرافت کے نمونے، ایسے نمونے جو ادبی معیار پر بھی پورے اتریں، نظر آتے ہیں وہ غالب کے معیار سے بہتر کہاں، اس معیار کی گرد کو بھی نہیں پاتے۔

خصوصاً موجودہ زمانے میں اس طرف توجہ کی گئی ہے اور متعدد مصنفین اس میدان میں اترے اور ہمت کے ساتھ آگے بڑھے ہیں، لیکن ان میں سے کوئی بھی غالبؔ کی بلند مرتبت شخصیت کا حامل نہیں۔ کسی کا تخیل بھی غالب کے تخیل کی باریکی، تیزی، زور بلند پروازی کو نہیں پہنچتا۔ ان کی ذہنیت میں وہ گہرائی اور پختگی نہیں جو غالبؔ کی ذہنیت کی نمایاں خصوصیت ہے۔ کہیں غالبؔ کی شوخی، رنگینی، بے ساختگی، بوقلمونی، قوت ایجاد کی مثال بھی نہیں ملتی۔ سب سے اہم بات یہ ہے کہ کسی کی انشا ادبی معیار کے لحاظ سے غالبؔ کی معیار کو نہیں پہنچتی۔

غالب کی زندگی میں ان کی وہ قدر نہ ہوئی جس کے وہ مستحق تھے اگرچہ وہ عسرت و تنگدستی میں زندگی بسر نہ کرتے تھے لیکن دنیا کی دولت و حشمت سے انہیں اس قدر میسر نہ تھا جتنا وہ چاہتے تھے۔ پھر بھی ان کی طبیعت میں غضب کا ابھار تھا جو کبھی انہیں نچلے

نہیں بیٹھنے دیتا تھا۔ ان کی طبیعت کا ابھار ان کے ہر ہر لفظ، ہر ہر جملے سے ٹپکتا ہے۔ یہی چیز ہے جو اور کہیں نہیں ملتی۔ یہاں تک کہ رنج و افسردگی کے بیان میں بھی وہی ابھار ہے۔ اصل یہ ہے کہ ظرافت ان کی فطرت ثانیہ تھی۔ جہاں قلم اٹھایا اور ظرافت کے پھول جھڑنے لگے۔

"میاں کس حال میں، کس خیال میں ہو، کل شام میرن صاحب روانہ ہوئے۔ یہاں ان کی سسرال میں قصے کیا کیا نہ ہوئے۔ ساس اور سالیوں اور بی بی نے آنسوؤں کے دریا بہا دیے۔ خوشدامن صاحبہ بلائیں لیتی ہیں۔ سالیاں کھڑی ہوئی دعائیں دیتی ہیں۔ بی بی مانند صورتِ دیوار چپ، جی چاہتا ہے چیخنے کو مگر ناچار چپ۔ وہ تو غنیمت تھا کہ شہر ویران، نہ جان نہ پہچان ورنہ ہمسایہ میں قیامت برپا ہو جاتی۔ ہر ایک نیک بخت اپنے گھر سے دوڑی آئی۔ امام ضامن علیہ السلام کی نیاز کا روپیہ بازو پر باندھا۔ ۵۰ روپے خرچ راہ دئے مگر ایسا جانتا ہوں کہ میرنؔ صاحب اپنے جد کی نیاز کا روپیہ راہ ہی میں اپنے بازو سے کھول لیں گے اور تم سے صرف پانچ روپے ظاہر کریں گے۔ اب سچ جھوٹ تم پر کھل جائے گا۔"

یہاں صرف ظرافت موجود نہیں بلکہ گویا غالبؔ نے ایک زندہ سین پیش کیا ہے۔ ڈرامہ نگاری کی قوت غالبؔ میں موجود تھی۔ وہ محض کسی شے، کسی واقعہ، کسی سین کا بیان ہی نہیں کرتے بلکہ اسے نظر کے سامنے لا کھڑا کرتے ہیں۔ پوری تصویر صاف صاف دکھائی دیتی ہے۔ اس کی قسم کی مثالیں ہر جگہ ملتی ہیں۔ شوخی سے تو خطوط بھرے پڑے ہیں۔

"دھوپ بہت تیز ہے۔ روزہ رکھتا ہوں مگر روزے کو بہلاتا رہتا ہوں۔ کبھی پانی پی لیا، کبھی کوئی ٹکڑا روٹی کا بھی کھا لیا۔ یہاں کے لوگ عجیب فہم رکھتے ہیں۔ میں تو روزہ بہلاتا ہوں اور یہ صاحب فرماتے ہیں کہ تو روزہ نہیں رکھتا، یہ نہیں سمجھتے کہ روزہ نہ رکھنا

اور چیز ہے اور روزہ بہلانا اور بات ہے۔"

اس شوخی کے ساتھ متانت و سنجیدگی بھی موجود ہے، لیکن اس میں بھی اپنی انفرادیت کو ہاتھ سے جانے نہیں دیتے۔ مثلاً جب یوسف مرزا کو ان کے باپ اور ان کے بیٹے کی تعزیت میں خط لکھتے ہیں تو اس میں لہجہ سنجیدہ و متین ہو جاتا ہے اور الفاظ میں ایک خاص قسم کا اثر پایا جاتا ہے۔ شوخی و بذلہ سنجی سے وہ قطع نظر کرتے ہیں، تکلفات سے یک قلم کنارہ کشی اختیار کرتے ہیں اور سیدھے سادھے مؤثر پیرایہ میں اپنے خیالات کا اظہار کرتے ہیں۔ ان مثالوں اور ان جیسی مثالوں سے معلوم ہوتا ہے کہ غالبؔ صرف ہنسنے ہنسانے پر قادر نہ تھے، وہ رونے رلانے کی بھی قدرت رکھتے تھے لیکن اس طرف انہوں نے زیادہ توجہ نہ کی۔ غالباً ان کی شوخ طبیعت اور ان کا فلسفہ "مصری کی مکھی بنو، شہد کی نہ بنو۔" دونوں مانع آئے ورنہ اس قسم کی عبارت میں بھی بے مثل ہوتے۔

"ناتوانی زور پر ہے، بڑھاپے نے نکما کر دیا ہے۔ ضعف، سستی، کاہلی، گرانجانی رکاب میں پاؤں ہے باگ پر ہاتھ ہے۔ بڑا سفر دور دراز در پیش ہے۔ زاد راہ موجود نہیں۔ خالی ہاتھ جاتا ہوں مگر ناپرسیدہ بخشدیا تو خیر اور اگر باز پرس ہوئی تو دوزخ جاوید ہے اور ہم ہیں۔ ہائے کسی کا کیا اچھا شعر ہے،

اب تو گھبرا کے یہ کہتے ہیں کہ مر جائیں گے
مر کے بھی چین نہ آیا تو کدھر جائیں گے۔"

اگر اردو انشا پرداز چاہتے ہیں کہ وہ میدان ظرافت میں آگے بڑھیں، اگر ان کی خواہش ہے کہ وہ زندگی کے مختلف پہلوؤں کی ہنستی بولتی تصویریں مرتب کر سکیں، اگر ان کی تمنا ہے کہ وہ ظرافت کے ایسے نمونے پیش کریں جنہیں فنا نہ ہو تو پھر وہ اپنی راتیں اور اپنے دن غالب کے مطالعہ میں صرف کریں۔

غالبؔ کے خطوط کے بعد "اودھ پنچ کی زعفران زار نظم ونثر" سامنے آتی ہے۔ اودھ پنچ کے لکھنے والوں میں ہر قسم کے لوگ تھے۔ وہ مختلف مذاق رکھتے تھے۔ اودھ پنچ کے مضامین کے متعلق چکبستؔ نے یوں اظہار خیال کیا ہے، "قوموں کے مذاق سلیم نے جو ظرافت کا اعلیٰ معیار قائم کیا ہے، اس کو دیکھتے ہوئے ہم اودھ پنچ کی ظرافت کو بحیثیت مجموعی اعلیٰ درجہ کی ظرافت نہیں کہہ سکتے۔ لطیف ظرافت اور بذلہ سنجی و تمسخر میں بہت فرق ہے۔ اگر لطیف اور پاکیزہ ظرافت کا رنگ دیکھنا ہے تو اردو زبان کے عاشق کو غالبؔ کے خطوط پر نظر ڈالنا چاہیے۔ اودھ پنچ کے ظریفوں کی شوخ وطرار طبیعت کا رنگ دوسرا ہے۔ ان کے قلم سے پھبتیاں ایسی نکلتی ہیں جیسے کمان سے تیر۔ ان کا ہنسنا غالبؔ کی زیر لب مسکراہٹ سے الگ ہے۔ یہ خود بھی نہایت ہی بے تکلفی سے قہقہے لگاتے ہیں اور دوسروں کو بھی قہقہے لگانے پر مجبور کرتے ہیں۔"

کسی کو اتفاق نہ ہو لیکن مجھے چکبست سے کامل اتفاق ہے کہ "اودھ پنچ کی ظرافت کو بحیثیت مجموعی اعلیٰ درجہ کی ظرافت نہیں کہہ سکتے۔" بلکہ میں تو کہوں گا کہ بحیثیت مجموعی اودھ پنچ کی ظرافت کو ادبی ظرافت نہیں کہہ سکتے ہیں۔ "بذلہ سنجی و تمسخر" اور ظرافت کے ادبی مفہوم میں آسمان زمین کا فرق ہے۔ جو طنز اور ظرافت اودھ پنچ کے مضامین میں ملتی ہے وہ کچی، خام، ناقص اور طفلانہ ہے۔ ان مضامین کی یہ خامی نہیں کہ ان میں غالبؔ کی زیر لب مسکراہٹ نہیں ملتی۔ اس میں بھی مضائقہ نہیں کہ اودھ پنچ کے ظریف خود بھی نہایت بے تکلفی سے قہقہے لگاتے ہیں اور دوسروں کو بھی قہقہے لگانے پر مجبور کرتے ہیں۔ زیر لب مسکراہٹ اور بے تکلف قہقہہ، دونوں میں ادبی شان نمایاں ہو سکتی ہے۔ اودھ پنچ نے مغربیت کے بڑھتے ہوئے سیلاب کو روکنا چاہا تھا۔ یہ کام ایک حد تک ضروری بھی تھا اور مستحسن بھی، لیکن اودھ پنچ نے جو خدمتیں انجام دیں وہ وقتی تھیں۔ ان کی

اہمیت تاریخی ہے ادبی نہیں۔ اودھ پنچ کی ظرافت میں ادبی شان کی نمایاں کمی ہے۔ جو ظرافت یہاں ملتی ہے وہ ادبی نہیں بازاری ہے۔ ایک مثال ملاحظہ ہو،

"وہ مارا۔ کیوں جی۔ تم لاکھ شور و غل مچایا کئے، ہم نے اپنی تہذیب کا لگا لگا ہی دیا۔ سڑے ہوئے کٹھل میں لگا لگانا کیسا، ہم سے کہیے تو بڑے بڑے بانس لگا دیں لیکن یہ اتنی لمبی چوڑی باتیں ہی کاہے پر ہیں، ذرا ہم بھی تو سنیں، آپ نے ابھی تک سنا ہی نہیں، اجی بی زہرہ کا نکاح ہو گیا۔ مشتری کے بھی کوئی خریدار پیدا ہوئے ہیں۔ اب تو سب کی سب رنڈیا تھر تھرا کے بیٹھنے کو ہیں۔ خیریت سے ذرا نئی گڑھیا میں منہ دھو رکھئے۔ خدا نخواستہ نہ اور رنڈیوں کو مراق نہ خفقان نہ آتو جی کی ہی طبیعت ایسی رنڈیاں گھر نہ پڑیں تو کیا کریں۔"

اودھ پنچ سے پہلے دور کے لکھنے والوں میں سجادؔ حسین، سرشارؔ، ظریفؔ، ہجرؔ، آزادؔ، شہبازؔ، برقؔ، شوقؔ، اکبرؔ کا نام خصوصیت سے لیا جاتا ہے اور اس کے دوسرے دور میں سب سے ممتاز نام سید محفوظ علی صاحب کا شمار کیا جاتا ہے۔ میں خالص ظرافت کے سلسلے میں سجادؔ حسین، سرشارؔ اور محفوظؔ علی صاحب کا ذکر کافی سمجھتا ہوں۔ سجادؔ حسین اور سرشارؔ دونوں نے اردو میں غالباً پہلی مرتبہ ایک ظریف کردار پیش کیا ہے۔ حاجی بغلول اور خوجی کے کیرکٹر اردو ادب میں ممتاز حیثیت رکھتے ہیں لیکن یہی حقیقت کہ اردو ادب ان سے بہتر کیرکٹر نہ پیش کر سکا، اردو ادب کی ایک سنگین تنقید ہے۔ رشید احمد صاحب فرماتے ہیں، "حاجی بغلول ایک طور پر ڈکنس کے پک وک ابراڈ کا نامکمل اور ایک حیثیت سے ناقص چربہ ہے لیکن اس حقیقت سے کسی کو انکار نہیں ہو سکتا کہ حاجی بغلول اردو طنزیات اور ظرافت میں منفرد حیثیت رکھتا ہے اور اب تک اس کا جواب اردو میں کہیں نظر نہیں آیا۔"

اگر کوئی شے، کسی خاص ادب میں اپنا جواب نہیں رکھتی ہو تو اس سے اس کی اہمیت

اور قدر و قیمت پر کوئی روشنی نہیں پڑتی۔ حاجی بغلول اور پک وک میں وہی فرق ہے جو ایک مدھم شمع اور آفتاب میں ہے۔ یہ صحیح ہے کہ حاجی بغلول کا کیرکٹر اردو طنزیات اور ظرافت میں منفرد حیثیت رکھتا ہے لیکن جہاں کسی دوسرے ادب سے مقابلہ کیا، پھر اس کیرکٹر کی تہی مائیگی ظاہر ہو جاتی ہے۔ حاجی بغلول صرف "ایک طور پر" اور "ایک حیثیت سے" ہی پک وک کا مکمل اور ناقص چربہ نہیں، حاجی بغلول سراسر نامکمل اور ناقص ہے۔ اس کی اہمیت یہی ہے کہ اس سے ایک نئی راہ کھلتی ہے۔

خوجی کا کردار حاجی بغلول سے بہتر ہے۔ یہاں کسی کا مکمل اور ناقص چربہ نہیں۔ یہ ایک تخلیقی کارنامہ ہے کافی رنگین اور متنوع، خوجی خود ظریف ہیں اور اس ظرافت کا سبب ہیں جو دوسروں میں ہے۔ وہ خود بھی ہنستے ہیں اور لوگوں کو ہنساتے بھی ہیں اور لوگ ان پر ہنستے بھی ہیں۔ وہ ایک منفرد ہستی رکھتے ہیں اور ان کی شخصیت مختلف عناصر سے بنی ہے۔ خوجی کا کردار کسی ایک خصوصیت یا کسی خاص طرز گفتار پر مبنی نہیں اور ان کی شخصیت ان کے گفتار و کردار سے ٹپکی پڑتی ہے۔ ان کے کردار پر دوسروں کے الفاظ اور اعمال سے مزید روشنی پڑتی ہے۔ ان کی شخصیت دوسروں کی شخصیتوں سے متصادم ہوتی ہے اور اس تصادم کی وجہ سے ان کی ہستی پر نت نئی روشنی پڑتی ہے۔ خوجی کے کمالات کی فہرست مرتب کرنا ممکن نہیں۔ فرماتے ہیں،

"سلو میاں خواجہ بدیع ہفت زبان ہے، وہ کون سی زبان ہے جس سے یہ واقف نہیں۔ فرمایئے عربی فارسی، ترکی اور فرانسیسی سب میں عبور، انگریزی زبان کا بادشاہ۔" پھر فرماتے ہیں، "حضرات! سنئے آپ خوب جانتے ہیں کہ عالم آدمی مستغنی ہوتا ہے اور میری استغنا سے بھی آپ خوب واقف ہیں۔ مجھے دنیا میں کسی سے دب کے چلنا شاق گزرتا ہے اور وجہ کیا کہ ہم کسی سے دب نکلیں۔ جب طمع ہمارے مزاج میں چھو نہیں گئی،

لالچ سے منزلوں بھاگتے ہیں، حرص کے قریب نہیں جاتے ہیں، پھر ہمارے نزدیک بادشاہ اور وزیر اور امیر اور غریب اور مفلس سب یکساں۔" خوجی نے دنیا دیکھی ہے۔ ان کے ساتھ مختلف و متنوع قسم کے واقعات پیش آئے ہیں، ساری دنیا نے ان کی قدر کی ہے۔ "مصر میں وہ اعزاز ہوا کہ سبحان اللہ، استنبول اور قسطنطنیہ میں تو وہ قدر افزائی ہوئی کہ زمانہ واقف ہے۔"

ہم خوجی کے کسی اور محاسن کی قدر کریں یا نہ کریں لیکن ان کی قوتِ ایجاد کی ضرور قدر کرتے ہیں۔ ان کی قوت ایجاد بلا کی ہے۔ بات کی بات میں وہ ایک اپیک مرتب کر سکتے ہیں۔ "صف شکن علی شاہ" کی داستان ملاحظہ ہو، "حضور بات یہ ہوئی کہ غلام لب چشمۂ سارا ایک پیالی میں آہستہ آہستہ افیون گھول رہا تھا کہ بس درخت کی طرف سے نظر اٹھاتا ہوں۔ نور کا عالم! یا الٰہی یہ کیا ماجرا ہے۔ یا خدا یہ کیا اسرار ہے۔ غور کر کے دیکھا تو روشنی! پہلے تو میں سمجھا کہ چنار کا درخت، مگر دم کے دم میں ہمارے حضور صف شکن پھر سے آن کر ہاتھ پر بیٹھ گئے۔ ایک دفعہ کا ذکر ہے کہ چھوٹا سا دریا تھا اس طرف ہم اس طرف غنیم، لب دریا مورچہ بندی ہو گئی اور گولیاں چلنے لگیں۔ دفعتاً بس خداوند میں کیا دیکھتا ہوں کہ صف شکن موجود، آتے ہی دیکھا آؤ نہ تاؤ، ایک کنکری لے کر اس زور سے پھینکی کہ ایک توپ پھٹ اور ہزار ٹکڑے ہوئی۔

"میں مزے مزے افیون گھول رہا تھا اور افسر اور سوار اور پیادے سب اپنے اپنے کام میں مصروف تھے کہ پہاڑ پر سے تالیوں کی آواز آئی۔ ہیں! یا الٰہی یہ تالیاں کس نے بجائیں۔ سب کے سب پھر غور سے دیکھنے لگے۔ پیالی لبوں تک ہی لے گیا تھا کہ اوپر کو روسیوں نے باڑھ ماری۔ کوئی چار سو بندوقیں ایک ہی دفعہ سر ہوئیں اور آدھے آدمی مجروح اور مقتول ہوئے۔ مگر واہ رے میں، خدا گواہ ہے، پیالی ہاتھ سے نہ چھوٹی۔ اب سنئے

کہ فوراً صف شکن علی شاہ موجود اور میرے ہاتھ پر بیٹھ کر چونچ افیون سے تر کیا اور زور سے چونچ کھولی تو دو قطرے پہاڑ تک کی خبر لائے اور پہاڑ جو پھٹا تو ارار ادھوں اور لطف یہ کہ ادھر کا ایک آدمی ضائع نہ ہوا۔ بس میں نے صف شکن کا منہ چوم لیا۔ بٹیر کیا خدا جانے وہ کون چیز نایاب شے ہے۔"

خوجی کے کیر کٹر میں تین کیر کٹر پنہاں ہیں، خوجی جیسا وہ اپنے کو سمجھتے ہیں، خوجی جیسا انہیں ناول کے دوسرے کردار سمجھتے ہیں، خوجی جیسے وہ پڑھنے والوں کو نظر آتے ہیں۔ اس سے دلچسپی میں اضافہ ہوتا ہے۔ پڑھنے والا اپنے زاویۂ نظر کے ساتھ ساتھ اور دونوں زاویوں سے بھی واقف ہے۔ ان سب خوبیوں کے باوجود بھی خوجی کا کیر کٹر ناقص ہے اور یہ نقص وہی ہے جو فسانہ آزاد کا عام نقص ہے یعنی تکلف اور تکلف کا لازمی نتیجہ ضرورت سے زیادہ طوالت اور خانہ پُری۔ بقول عبد الباری آسی صاحب، "نگاہ خورد بین طوالت کلام کی وجہ سے ہر داستان کو لندھور بن سعد ان کی داستان خیال کرنے لگتی ہے۔" بہر کیف خوجی اردو میں ایک قابل قدر کارنامہ ہے۔

سجاد حسین اور سرشار نے زندہ کردار کی تخلیق کرنے کی کوشش، کم و بیش کامیاب کوشش کی تھی۔ سید محفوظ علی صاحب تمثیلیہ کی راہ میں قدم بڑھاتے ہیں۔ تمثیلیہ ایک مشکل فن ہے اور اس میں کامیابی نہایت دشوار ہے اس میں کامیابی کے لئے طاقتور تخیل، زبردست شخصیت اور حساس دل اور زندہ یقین کی ضرورت ہے۔ سید محفوظ علی میں یہ اوصاف موجود نہیں۔ "شیخ سماء اللہ صاحب کی صاحبزادیاں" تمثیلیہ کی صنف میں کوئی بلند پایہ جگہ پانے کی لائق نہیں۔ یہ ایک حد تک دلچسپ ضرور ہے لیکن اس کا حسن سطحی ہے، خیالات معمولی ہیں۔ اس میں نہ خطیبانہ ہیجان ہے اور نہ کوئی زندہ شعلہ زن حقیقت کا انکشاف۔

"آسیہ (آہ سرد بھر کر) ہاں بہن سچ کہا، خدا کی شان، کبھی ہم اس پڑوس میں تمیز والے سمجھے جاتے تھے۔ سینا پرونا ہم جانتے تھے، کھانا پکانا ہم جانتے تھے۔ آج پھوہڑ ہم، بد تمیز ہم، گندے ہم، مگر اس کی وجہ جانتی ہوں۔ آیا پیسہ آئی مت، گیا پیسہ گئی مت، گانٹھ میں دام تو سب کریں سلام۔"

جس کی نگاہوں کے سامنے تمثیلہ کی اعلیٰ مثالیں موجود ہیں وہ اس قسم کی مثال سے مرعوب و متاثر نہیں ہو سکتے۔ میں نے کہا ہے کہ یہ آرٹ نہایت دشوار ہے اور بلا خوف تردید کہا جاسکتا ہے کہ اس آرٹ کے جاننے اور برتنے والے اردو میں موجود نہیں۔ کہا جاتا ہے کہ محفوظ علی صاحب نے "پنچانہ رنگ" کو ترک کر کے اسپکٹیٹر سے قریب ہونے کی کامیاب اور مستحسن کوشش کی۔ خواجہ حسن نظامی فرماتے ہیں، "نثر میں سب سے بہتر ظرافت لکھنے والے مولوی محفوظ علی صاحب بی۔ اے ساکن بدایوں ہیں۔ ان سے زیادہ نیچرل اور بے ساختہ، چلبلی اور از سر تا پا مرصع ظرافت کوئی نہیں لکھتا، یا میرے علم میں نہیں ہے۔"

یہ تنقید نہیں تعریف ہے اور اس تعریف میں صحت صرف اس قدر ہے کہ محفوظ علی صاحب کا لب و لہجہ اودھ پنچ کے مقابلہ میں زیادہ متین و سنجیدہ ہے۔ وہ تمسخر سے پرہیز کرتے ہیں۔ ان کے قلم سے پھبتیاں نہیں نکلتیں۔ وہ نہایت بے تکے سے قہقہے نہیں لگاتے اور نہ دوسروں کو قہقہے لگانے پر مجبور کرتے ہیں۔ وہ سنجیدگی کے ساتھ اپنے سنجیدہ خیالات کا اظہار کرتے ہیں لیکن ان کے خیالات میں گہرائی نہیں اور ان کی تنقیدی قیمت نہیں۔ اس کے ساتھ ساتھ ان کی سنجیدگی، سبکی، لطافت، باریکی کی منافی ہے اور اکثر تو یہ ناقابلِ برداشت بے رنگی کا سبب ہو جاتی ہے۔

"میرے تجربہ میں صاحب دین ایک مختلف المزاج والکیفیت چیز ہے۔ تفصیل اس

کی یہ ہے کہ ایک صاحب دین کا مزاج کسی دوسرے صاحب دین کے مزاج کے ساتھ تو ہمیشہ گرم تر رہتا ہے مگر غیر صاحبِ دین کے ساتھ سرد خشک اور غصہ ریل کے سفر کی حالت میں گرم خشک ہوتا ہے۔ اسی طرح کسی دوسرے صاحب دین کے لئے چاہے وہ فہرست چندہ لے کر آئے یا دعوت چائے، ایک صاحب دین ہمیشہ سریع الفہم ہے۔ مگر غیر صاحب دین کے لئے چاہے وہ خفیف درخواست ہی لے کر آئے وہ نہایت بطی الفہم۔"

محفوظ علی صاحب کے بارے میں خواجہ حسن نظامی کی رائے تسلیم کرنے کے قابل نہ تھی لیکن انہوں نے اپنی ظرافت پر نہایت جامع تنقید کی ہے، "میری طبیعت کی افتاد شوخی و ظرافت کے خلاف واقع ہوئی ہے۔ میں زیادہ غم و درد کے مضامین میں اپنے دل کو مائل پاتا ہوں۔ جس قدر جی کا بہاؤ دکھ کی جانب ہے سکھ کی جانب نہیں۔ مگر جناب اکبر کی ہم نشینی اور کچھ اس احساس کے سبب کہ نثر اردو میں مفید ظرافت کا رواج بڑھے، مجھ کو بھی شوق ہوا کہ اردو کے اس میدان میں طبع آزمائی کروں۔ میری ظرافت درحقیقت ظرافت نہیں ہے۔ میں نے خود اقرار کیا ہے کہ یہ اردو ہے اور لوگوں میں زندہ دلی اور لطیف نکتہ چینی کا شوق پیدا کرنے کو یہ طومار تیار کیا ہے۔

اکثر مضامین میں جناب اکبر کا پیرایہ میرے پیش نظر ہے۔ وہ نظم کے دو جملوں میں جو بات کہتے ہیں میں نے اس کو ایک بڑے مضمون نثر میں ادا کیا ہے۔ بعض مضامین کی شوخی کھلی ہوئی، بعض کی عبارت اوپر کی سطح سے سنجیدہ معلوم ہوتی ہے مگر اثر دل پر ظرافت کا ہوتا ہے۔ دانستہ بھی ایسا کیا ہے کہ بعض شوخ مضامین کو رکاکت میں گر جانے کے اندیشہ سے متانت کی چادر اڑھا دی ہے۔ ہنسی مذاق میرا کام نہ تھا مگر میں نے محض زبان اردو کی خاطر اس میں دخل دیا ہے۔ گویا میں جانتا ہوں کہ لطافت و ظرافت جس کا

نام ہے وہ ان مضامین میں نہیں ہے تاہم نہ ہونے کے مقابلے میں کچھ ہونا بہتر تھا۔"

خواجہ صاحب کی ظرافت فطری نہیں اکتسابی ہے۔ وہ اپنے کو لئے دیے ہوئے ہیں۔ وہ ہمیشہ قدم سنبھل سنبھل کر رکھتے ہیں، وہ ہمیشہ اپنے دامن کو سمیٹے ہوئے رہتے ہیں۔ یہی وجہ ہے کہ وہ کبھی از خود رفتہ نہیں ہوتے۔ اسی وجہ سے ذرا تصنع اور آورد کا شبہ ہوتا ہے۔ مقتول کا رقص، "کل میدان جنگ میں ایک مقتول تڑپتا تھا۔ میں نے اس کے سر کو زانو پر رکھا اور اس کے رقاص جسم کی بہار دیکھی، ملک الموت نے کہا اس کو میری گود میں دے دو۔ میں نے کہا ٹھہرو! اس کے رقص کی سیر تو کر لوں۔ فرشتہ بگڑا اور بولا کوئی اپنی جان سے جاتا ہے آپ کو اس میں مزا آتا ہے۔ میں نے کہا بھائی ہر قوم کا ایک رقص اور اس میں ایک لطف ہے۔ صوفی باطنی تلوار سے مجروح ہو کر ناچتا ہے اور زخمی ظاہری تیغ سے، دونوں میں ایک ادا ہے۔ مرنے والے نے کہا ناچنے کا لفظ صوفی کی توہین ہے۔ میں بولا سب مہذب ناچتے ہیں۔ بادشاہ اور بیگم تک اس لفظ پر عمل کرتے ہیں پھر صوفی کو رقص میں کیا عار ہے، تہذیب مادی ہو یا روحانی دونوں کا ایک ہی شعار ہے۔"

یہ ہے خواجہ صاحب کا رنگ۔ خواجہ صاحب کی اصل اہمیت ان کی انشا ہے۔ وہ نہایت ہی آسان، سادہ، پر لطف طرز میں لکھتے ہیں۔ خصوصاً جب وہ رعایت لفظی کے دام میں نہیں جا پھنستے اور ہمیشہ سنجیدگی و متانت سے کام لیتے ہیں۔ ان کا لب و لہجہ اور ان کی پاکیزہ اردو سے اگر نوجوان انشاء پرداز استفادہ کریں تو بہت کچھ ترقی کر سکتے ہیں اور اپنی انشا کو بہت سے نقائص سے پاک کر سکتے ہیں۔ خواجہ صاحب کی پاکیزہ اردو کی ایک مثال ملاحظہ ہو، ایسے مثال جس میں ظرافت مطلق نہیں، "دیوانی اس پریم کی ہزاروں ریتیں ہیں۔ کہیں پروانہ چراغ پر آ کر جل جاتا ہے، کہیں بلبل پھولوں کو گلے سے لگاتا ہے، لوہے کو مقناطیس کی محبت دی گئی ہے کہ دیکھتا ہے تو بے اختیار اس کی طرف دوڑتا ہے، تنکا کہربا

پر فریفتہ ہے، دیدار پاتا ہے تو لپک کر سینہ سے چمٹ جاتا ہے مگر چکوے چکوئی کی محبت یہی ہے کہ وہ جدائی کی بہار دیکھیں۔ وہ آپس میں مل نہیں سکتے، ساری عمر ترستے ہیں۔ اسی واسطے تو کہا ہے کہ چکوا چکوئی کو نہ ستاؤ کہ وہ تو خود محبت کے ستائے ہوئے جدائی کے صدمے اٹھائے ہوئے ہیں۔"

مزاح نگار کی حیثیت سے اس وقت پطرس، رشید احمد صدیقی، شوکت تھانوی، عظیم بیگ چغتائی مرحوم کافی شہرت رکھتے ہیں۔ شوکت تھانوی اور عظیم بیگ چغتائی اپنی شہرت کے باوجود بھی کوئی اہمیت نہیں رکھتے۔ اصل یہ ہے کہ ان دونوں کی ذہنیت ترقی کے مدارج طے کرنے کے دوران میں ایک خاص مقام پر پہنچ کر رک گئی ہے اور یہ ذہنیت وہی ہے جسے "انڈر گریجویٹ" ذہنیت کہتے ہیں۔ دونوں استعداد بہم پہنچانے سے پہلے مصنف بن بیٹھے۔ ان کے کارناموں کو اگر کسی طالب علم کا کارنامہ شمار کیا جائے تو لائق تحسین ہے، اس سے زیادہ وقعت دینا تنقید اور مذاق صحیح پر دانستہ ظلم کرنا ہے۔ ان کی خامی کا الزام ایک حد تک پڑھنے والوں پر بھی عائد ہوتا ہے۔ ان کے مضامین اس قدر مشہور ہوئے، ان کی اس قدر مانگ ہوئی کہ انہوں نے سمجھا کہ تصنیف کی دشواریوں پر انہوں نے کامل اختیار حاصل کر لیا ہے۔ اس لئے مزید کاوش کی ضرورت نہیں۔

دونوں کو شروع سے خرمن جمع کرنے کی فکر دامن گیر ہوئی حالانکہ ان کی کھیتی میں خودرو گھاس کے سوا کچھ نہ تھا۔ انہیں لازم تھا کہ جو کچھ وہ لکھتے اسے محض مشق سمجھتے۔ لکھتے اور لکھ کر پھاڑ دیتے اور آہستہ آہستہ مطالعہ، مشاہدہ غور و فکر میں وسعت، باریکی اور گہرائی پیدا کرنے کی کوشش کرتے۔ دونوں کو سوجھتی ضرور ہے لیکن جو کچھ سوجھتی ہے وہ محض سطحی قسم کی چیز ہے۔ بذلہ سنجی اور تمسخر، لطیف ظرافت کا بدل نہیں ہو سکتے اس کے ساتھ ساتھ ان میں ترقی کی گنجائش نہیں ان کا رنگ اپنی جگہ پر پختہ ہو گیا ہے۔ دونوں

کے مضامین سے ایک ایک مثال ملاحظہ ہو،

"ہندوستان کی جہالت پر تو خیر رونا آتا ہے لیکن یورپ اور امریکہ کی تہذیب ملاحظہ فرمائیے کہ وہاں ہر معزز آدمی کی شناخت صرف یہ ہے کہ اس کے سرپر، گود میں، آگے پیچھے، ادھر یا ادھر ہانپتا ہوا زبان نکالے دم ہلاتا ہوا کتا ضرور ہے اور اگر کسی مغربی آدمی کے ساتھ کتا نہ ہو اس کے متعلق یہ بھی شبہ کیا جاسکتا ہے کہ آیا وہ آدمی بھی ہے یا نہیں اور اگر آدمی ہے تو یونہی سا ہے۔ مغربی خواتین کا یہ حال ہے کہ بغیر کتے کے ان کو لطف زندگی ہی حاصل نہیں ہوتا۔ جب تک ان کے نرم و معطر آغوش میں ایک پلا نہ دبا ہو، وہ اپنے عدم وجود کو یکساں سمجھتی ہیں اور اگر پلا دبا ہوا ہے تو اس سے ایسی محبت کرتی ہیں کہ انسان اس پر رشک کرے، اسے اس طرح چومتی چاٹتی اور دبوچتی ہیں کہ ان کے عشاق کتا بن کر نہ پیدا ہونے پر فطرت سے شاکی ہو جاتے ہیں یا کتا بن جانے کے لئے دست بدعا ہوتے ہیں۔ قدر سگ انگریز داند یا بداند اس کی میم۔"

"چودھری صاحب نے اب وہاں دہائی دینا شروع کر دی اور میں پڑے پڑے ان کی کوششوں کی داد دے رہا تھا۔ وہ چلا رہے تھے، ابے نالائق شیخ برحمتک۔ اشدۃ المن الرقص۔ ارے اخرج من الگرداب، ارے موذی ناؤ نکال۔ چکرا کر وہ پھر میرے اوپر گرے۔ میں نے آنکھ کھول کر دیکھا ساری دنیا گھوم رہی تھی۔ چودھری صاحب نے پڑے پڑے دھاڑ کر کہا، ایہا الشیخ۔ ابے الو۔ ابن الالولد الخنزیر۔ قسم خدا کی۔ واللہ۔ ارے بھائی۔ شیخ ارے اشدۃ المن الرقص۔ ارے مرے۔ ابے روک۔ روک۔ ارے نکال۔ یا اللہ۔ ابے ایہا الشیخ من الموذی اخرج من الماؤ گرداب۔ نالائق۔ بدمعاش۔ واللہ بھائی شیخ۔ مگر توبہ کیجیے، بھلا ان باتوں سے کہیں ناؤ رکنے والی تھی۔"

ان مثالوں سے دونوں کی شخصیت اور ذہنیت نمایاں ہے اور دونوں کی ذہنیت ترقی

کرنے سے رک گئی ہے۔ شوکت تھانوی کے سارے کارنامے پر ان کے اس مصرع سے روشنی پڑتی ہے، قدر سگ انگریز داند یا بداند اس کی میم۔ یا اس دوسرے مصرع سے، تو مشق ناز کر سارا اندھیرا میری گردن پر۔ جو شخص ایسے مصرعے موزوں کر کے سمجھے کہ اس نے ایک ظرافت کا شاہکار پیش کر دیا ہے، اسے ظرافت کے معنی سے کوئی شناسائی نہیں ہو سکتی۔ شوکت تھانوی نے جو کچھ لکھا ہے اس کا نچوڑ ان مصرعوں میں ہے اور ظاہر ہے کہ یہاں وہی انڈر گریجویٹ ذہنیت ہے، جس کی طرف اشارہ کیا جا چکا ہے۔ یہی انڈر گریجویٹ ذہنیت اس دوسری مثال میں بھی نظر آتی ہے۔ الشذری کسی طالب علم کا شاہکار ہو سکتا ہے۔ پورے افسانے، سارے جزئیات سے مصنف کی کمزوری اور خامی ظاہر ہوتی ہے۔ جب میں اپنے طالب علموں کو کبھی کہتا ہوں کہ کوئی دلچسپ مقالہ لکھو اور اس میں جس قدر ممکن ہو طنز و ظرافت سے مصرف لو تو وہ اس قسم کی چیزیں پیش کرتے ہیں،

میں پطرس کو شوکت تھانوی اور عظیم بیگ چغتائی دونوں پر ترجیح دیتا ہوں اور ترجیح دینے کی وجہ یہی ہے کہ پطرسؔ کی ذہنیت نسبتاً زیادہ پختہ ہے۔ اس میں وہ سطحیت نہیں۔ پطرس غلط اردو لکھتے ہوں، ان کی ظرافت اکتسابی ہو لیکن ان نقائص کے باوجود بھی محض اپنی شخصیت کی گہرائی کی وجہ سے شوکت تھانوی اور عظیم بیگ چغتائی پر فوقیت رکھتے ہیں۔ ان کی ظرافت کی ایک اچھی مثال یہ ہے، "علم الحیوانات کے پروفیسروں سے پوچھا۔ سلوتریوں سے دریافت کیا۔ خود سر کھپاتے رہے لیکن کبھی سمجھ میں نہ آیا کہ آخر کتوں کا فائدہ کیا ہے؟ گائے کو لیجئے۔ دودھ دیتی ہے، بکری کو لیجئے دودھ دیتی ہے اور مینگنیاں بھی۔ یہ کتے کیا کرتے ہیں؟ کہنے لگے کہ کتا وفادار جانور ہے۔ اب جناب وفاداری اگر اسی کا نام ہے کہ شام کے سات بجے سے جو بھونکنا شروع کیا تو لگاتار بغیر دم لئے صبح کے چھ بجے تک بھونکتے چلے گئے تو ہم لنڈورے ہی بھلے۔

کل ہی کی بات ہے کہ رات کے کوئی گیارہ بجے ایک کتے کی طبیعت جو ذرا گد گدائی تو انہوں نے باہر سڑک پر آکر طرح کا ایک مصروع دے دیا۔ ایک آدھ منٹ کے بعد سامنے کے بنگلے میں سے ایک کتے نے مطلع عرض کیا۔ اب جناب ایک کہنہ مشق استاد کو جو غصہ آیا تو ایک حلوائی کے چولہے میں سے باہر لپکے اور بھنا کے پوری غزل مقطع تک کہہ گئے۔ اس پر شمال مشرق کی طرف سے ایک قدر شناس کتے نے زوروں کی داد دی۔ اب تو حضرت وہ مشاعرہ گرم ہوا کہ کچھ نہ پوچھئے۔ کمبخت بعض تو دو غزلے سہ غزلے لکھ لائے تھے۔ کئی ایک نے فی البدیہہ قصیدے کے قصیدے پڑھ ڈالے۔ وہ ہنگامہ گرم ہوا کہ ٹھنڈا ہونے میں نہ آتا تھا۔ ہم نے کھڑکی میں سے ہزاروں دفعہ آرڈر آرڈر پکارا لیکن ایسے موقع پر پردھان کی بھی کوئی نہیں سنتا۔"

یہ ایک مشاعرہ کا بیان دلچسپ بیان تھا، اب ایک دوسرا بیان بھی ملاحظہ ہو، "جلسہ شروع ہوا، ایک نے مصرع اٹھایا۔ سینکڑوں نے نعرہ لگایا اور ہزاروں نے آسمان سر پر اٹھالیا۔ مجمع کی یہ حالت ہوئی جیسے کسی کے بگڑے ہوئے منھ زور و بے لگام ریڈیوسٹ پر ماسکو سے روسی قوالی سننے کی کوشش کی جارہی ہے۔ خدا خدا کر کے ایک صاحب کی باری آئی جن کا لہجہ نکیرین کا اور جن کی شاعری عذاب قبر سے مشابہ تھی۔ پہلے تو پڑھنے سے اس لجاجت سے معذوری ظاہر کی جیسے پھانسی کے تختہ پر جانے سے گریز کر رہے ہیں، لیکن جب اصرار خاطر خواہ اور بے پناہ ہوا تو معلوم نہیں کدھر سے ایک رجسٹر نکالا جس پر معلوم ہوتا تھا کہ غدر کے بعد سے اب تک میونسپلٹی کے تمام اندراجات فوتی و پیدائش موجود ہیں۔ پڑھنا شروع ہی کیا تھا کہ مجمع سے ہنگامہ بلند ہوا، اتنے میں کسی منچلے نے بجلی کا سلسلہ بند کر دیا، دوسرے نے شامیانے کی طنابیں کاٹ دیں۔ جناب صدر سکریٹری مشاعرہ مصرع طرح سب کے سب شامیانے کے نیچے گل حکمت ہو گئے۔"

جو فرق ان دنوں مثالوں میں نظر آتا ہے وہی فرق پطرس اور رشید احمد صاحب میں موجود ہے۔ پطرس میں وہ بے ساختگی، وہ آمد، وہ جوش نہیں جو رشید احمد صاحب میں موجود ہے۔ پطرس کی انشا بھی نسبتاً پھیکی، بے جا اکتسابی معلوم ہوتی ہے۔ رشید احمد صاحب کی یہ ایک ممتاز خصوصیت ہے کہ ان کی تحریروں میں ایک ادبی شان ہوتی ہے جو شوکت تھانوی، عظیم بیگ چغتائی اور پطرس کی تحریروں میں نظر نہیں آتی۔ مزاح نگار ایک ادیب ہے۔ اس کا کام صرف ہنسنا ہنسانا نہیں۔ وہ محض مشاہدہ اور قوت ایجاد سے کام لے کر صرف ایسے واقعے، ایسے کردار کی تخلیق نہیں کرتا جس سے بے اختیار ہنسی آ جائے۔ وہ اس واقعہ یا کردار کو الفاظ کے سانچے میں ڈھالتا ہے اس لئے اسے الفاظ کی جستجو اور انتخاب میں کاوش کی ضرورت ہوتی ہے۔

کوئی واقعہ یا کردار کتنا ہی مضحکہ خیز کیوں نہ ہو اگر اسے حسین اور موزوں الفاظ کے ذریعہ پیش نہ کیا جائے تو دنیائے ادب میں اس کی وقعت نہیں ہو سکتی۔ عموماً اردو مزاح نگار اس حقیقت کو فراموش کرتے ہیں انہیں سوجھتی ہے اور خوب سوجھتی ہے۔ لیکن جب تک ان کی سوجھ میں بوجھ اور خصوصاً ادبی حسن کی جلا نہ ہو تو پھر وہ کسی مصرف کی نہیں۔ رشید احمد صاحب کی سوجھ میں ہمیشہ بوجھ کا عنصر بھی غالب رہتا ہے اور اس سے زیادہ اہم یہ ہے کہ وہ مزاح نگاری کو بھی ادب کی ایک صنف سمجھتے ہیں اس لئے اپنی تحریروں میں ادبی محاسن پیدا کرنے کی کوشش کرتے ہیں۔

میں نے کہا تھا کہ شوکت تھانوی اور عظیم بیگ چغتائی کی ذہنیت خام ہے۔ رشید احمد صاحب کی شخصیت اور ذہنیت دونوں اس الزام سے پاک ہیں۔ وہ مصنف بننے کی تمنا نہیں رکھتے۔ ان کی طبیعت میں سنجیدگی و متانت ہے، وہ غور و فکر سے کام لیتے ہیں اور ان کی ظرافت میں خیالات کی گہرائی ہوتی ہے یعنی وہ محض اپنی ظرافت سے ہمیں محظوظ ہی

نہیں کرتے بلکہ ہمیں دعوتِ فکر دیتے ہیں۔ قہقہہ کے بعد طبیعت اس سنجیدہ معنی کی طرف رجوع کرتی ہے جو عموماً ان کی تحریروں میں موجود رہتا ہے۔ یعنی ان کی ظرافت محض سطحی نہیں اس میں کچھ اور بھی ہے۔ یہ ضروری نہیں ہے کہ ہم ان کے خیالات سے اتفاق کریں لیکن ایسا معلوم ہوتا ہے کہ وہ اپنے موضوع پر کافی غور و فکر کے بعد قلم اٹھاتے ہیں اور وہ چند واضح متعین خیالات کا اظہار کرنا چاہتے ہیں،

"آیئے لگے ہاتھوں میں آپ کو چوری کے صحیفۂ اخلاق کا مطالعہ کرادوں۔ گو زمانہ ایسا آگیا ہے کہ دوسرے معاملات کی مانند چوری کے صحیفۂ اخلاق اور چور میں بہت بڑا تفاوت پیدا ہو گیا ہے۔ شاعروں کے مانند چوروں کی بھی بہت سی اقسام ہیں لیکن ذرا توقف فرمایئے۔ یہ ریڈیو ہے، ممکن ہے ہماری آپ کی برادری میں بعض ایسے تنگ نظر اور بے وقوف چور بھی ہوں جو میری اس حرکت پر مجھ سے ناراض ہو جائیں کہ میں نے ان کو شاعروں سے کیوں تشبیہ دی لیکن ان کے اطمینان کے لئے اقرار کرتا ہوں کہ میری نیت چوروں کی دل آزادی نہیں ہے شاعروں کی ہمت افزائی ہے، اس لئے کہ بغیر چوری کے شاعری ناممکن ہے۔ چوری کے فروغ سے شاعری کا فروغ ہوتا ہے جیسے بے روزگاری کا فروغ بیداری ہے۔ آپ تو جانتے ہوں گے کسی ملک و قوم کی بیداری کا معیار وہاں کی بے روزگاری ہے۔ غیر متمدن اقوام میں بے روزگاری نہیں پائی جاتی۔"

رشید احمد صاحب کا مخصوص عیب یہ ہے کہ وہ اکثر موضوع سے بہک جاتے ہیں۔ "آپ معاف فرمائیں میں یقیناً موضوعِ گفتگو سے دور جا پڑا ہوں۔" اس قسم کے جملے اکثر لکھتے ہیں جس سے معلوم ہوتا ہے کہ انہیں اپنی کمزوری کا احساس ہے، اگر یہ بہکنا ارادی ہو اور اسے جائز حدود کے اندر رکھا جائے تو یہ دلچسپی کا باعث ہوتا ہے لیکن رشید احمد صاحب ضرورت سے زیادہ بہک جاتے ہیں اس لئے اکثر پڑھنے والے کی طبیعت میں الجھن سی

پیدا ہونے لگتی ہے۔ اس کے علاوہ وہ بھی بسیار نویسی کے دام میں جا پھنستے ہیں۔ جو الفاظ انہوں نے عظیم بیگ چغتائی کے متعلق لکھے ہیں وہ ان پر بھی چسپاں ہوتے ہیں، "امید ہے کہ رسالوں کے مختلف اور بے شمار ایڈیٹر صاحبان بھی ان پر رحم فرمائیں گے کیونکہ مرزا صاحب کی مروت ان کو بسیار نویسی پر مجبور کرتی ہے اور بسیار نویسی کا دوسرا نام کم سے کم صحیفۂ ظرافت میں لغویت بھی ہے۔"

بسیار نویسی کا لازمی نتیجہ ہے غور و فکر کی کمی۔ نیازؔ فتحپوری نے ٹھیک کہا ہے، "لیکن اب ایسا معلوم ہوتا ہے کہ شاید ان کا دماغ تھک گیا ہے اور وہ غور و تامل کی کلفت میں نہ خود مبتلا ہونا چاہتے ہیں نہ کسی کو مبتلا کرنا چاہتے تاہم کوئی نہ کوئی سنجیدہ نتیجہ ان کی تحریر سے ضرور پیدا ہوتا ہے۔" موجودہ مزاح نگاروں میں رشید احمد صاحب سب سے زیادہ فطری صلاحیت رکھتے ہیں۔ کاش وہ مختصر تحریروں کے علاوہ بسیط، پیچیدہ، زیادہ اہم ظریفانہ کارناموں کی طرف بھی توجہ کرتے!

دوسرے گروپ میں وہ ظرافت نگار آتے ہیں جن کا مقصد اصلاح ہے۔ جو بعض چیزوں کے خلاف جہاد کرتے ہیں یا جو کسی خاص مشاہدہ سے متاثر ہو کر اپنے جذبۂ غضب کا اظہار کرتے ہیں۔ اس گروپ میں پنچ کے لکھنے والوں میں نواب سید محمد آزادؔ کا نام داخل ہے۔ انہوں نے نثر میں وہی کام کرنا چاہا تھا جسے اکبرؔ نے نظم میں حسن و خوبی کے ساتھ انجام دیا۔ وہ بھی مغربیت کے خلاف تھے اور اس کے بڑھتے ہوئے سیلاب کو روکنا چاہتے تھے لیکن اردو نثر میں اتنی ممتاز کامیابی نصیب نہیں ہوئی جتنی اکبر کو نظم میں میسر ہوئی۔ آزاد میں نہ زور تخیل ہے، نہ وہ قوت ایجاد جو اکبرؔ کا مخصوص حصہ ہے۔ ان میں وہ شوخی اور شگفتگی بھی نہیں اور ان کی طنز کے تیر اس قدر کارگر بھی نہیں ہوتے، ان کی طنز کا نمونہ یہ ہے، "یہاں ہوٹلوں اور مکاناتِ عام میں اکثر نوکروں کی جگہ خوبصورت طرحدار

تربیت یافتہ، چست اور چالاک کمسن عورتیں ہیں اور یہی لوگ ہر قسم کے کام دن کو اور رات کو دیتی اور کرتی رہتی ہیں اور اس خوش اخلاقی اور مروت سے پیش آتی ہیں کہ آدمی ان پر جان دینے لگتا ہے۔ حضور کے سر مبارک کی قسم۔ میری تو یہ کیفیت ہے کہ بے اختیار ان کو مارے محبت اور اخلاق کے گلے سے لگا لینے کو جی چاہتا ہے۔"

آزادؔ میں وہ تنوع نہیں جو اکبرؔ میں نظر آتا ہے۔ ان کی طنز زندگی کے ہر رخ پر حاوی نہیں۔ اس طنز کی کاٹ گہری نہیں۔ اکبرؔ کے مقابلہ میں آزادؔ کی طنزیں سطحی معلوم ہوتی ہیں۔ جوش و ہیجان، نفرت و غضب کے محرکات بھی موجود نہیں، طرز سیدھا سادہ اور دھیما ہے، "میں تو یہاں پڑھنے آیا ہوں مگر کیا خاک کتابیں دیکھوں، کوئی آن، کوئی وقت، کوئی لحظہ بھی تو آئینہ دل کسی پری وش کے جلوے سے خالی نہیں رہتا۔ جب کسی فرنگی کی واٹر سلک کی گون پر آنکھ پڑ جاتی ہے، مجھے تمہارا اگرنٹ کا پائجامہ کس نفرت سے یاد آتا ہے۔ جب کسی میم کو دوسرے صاحب کے ساتھ بے تکلفانہ ناچتے کودتے دیکھتا ہوں، تمہاری شرم ایک تیر کی طرح دل کے پار ہو جاتی ہے۔ جب کسی معزز لیڈری کو بیف کے ٹکڑے پر ہاتھ صاف کرتے دیکھتا ہوں تو تمہاری چپاتیوں کو حنائی انگلیوں سے کھٹکنا یاد آتا ہے اور کیا جی گھبراتا ہے۔"

آزادؔ کے زمانہ کا لحاظ کر کے اور یہ بھی مد نظر رکھ کر، ان کے سامنے کوئی اچھا نمونہ اردو میں موجود نہ تھا، ان کی کوششیں لائق تحسین ہیں لیکن ان کی اہمیت تاریخی ہے اور ان سے ادب و انشاء، لب و لہجہ کے متعلق موجودہ زمانے کے نوجوان مزاح نگار بہت کچھ سیکھ سکتے ہیں۔ آزادؔ کے بعد موجودہ طنزئین میں تین نام سامنے آتے ہیں۔ ابوالکلام آزادؔ، ظفرؔ علی خاں اور ملا رموزی۔۔ مولانا ابوالکلام آزادؔ اپنے رنگ میں منفرد ہیں۔ ان میں وہ شئے موجود ہے جو دوسرے رہروان راہِ طنزیات میں مطلق نہیں۔ اردو انشاء پرداز کسی

مسئلہ یا واقعہ یا خیال کو ظریفانہ رنگ میں پیش کرتے ہیں، وہ اس مسئلہ یا واقعہ یا خیال کو طنزیہ طور پر بھی پیش کر سکتے ہیں۔ لیکن عموماً یہ مسئلہ، واقعہ یا خیال ان کے دلوں میں زبردست ہیجان نہیں پیدا کرتا۔ اس سے ان کے دماغ میں ایک محشر بپا نہیں ہوتا۔ اسی وجہ سے زیادہ حصہ اردو طنزیات کا سطحی، سرد و بے جان معلوم ہوتا ہے۔ مولانا ابوالکلام آزاد نے طبیعت حساس پائی تھی، وہ صرف حس ہی نہیں کرتے بلکہ ان کے احساسات شدید ہوتے ہیں۔ ان کے جذبات ابلنے لگتے ہیں، ان کے خیالات میں بلا کا طوفان برپا ہوتا ہے۔ ان جذبات و خیالات اور ان کی شدت سے وہ خود بھی متاثر ہوتے ہیں اور دوسروں کو بھی متاثر کرتے ہیں،

"جو تاریکی چھٹی صدی عیسوی میں جہالت نے پھیلائی تھی جبکہ اسلام کا ظہور ہوا تھا ویسے ہی تاریکی آج تہذیب و تمدن کے نام سے پھیل رہی ہے جبکہ اسلام اپنی غربت اولی میں مبتلا ہے۔ اگر اس زمانے میں دنیا کی سب سے بڑی تاریکی بت پرستی تھی تو اس کی جگہ آج ہر طرف نفس پرستی چھا گئی ہے۔ پہلے انسان پتھر کے بتوں کو پوجتا تھا، اب خود اپنے تئیں پوجتا ہے۔ خدا کی پرستش اس وقت بھی نہ تھی اور اس کے پوجنے والے آج بھی نہیں! دنیا کی وہ کون سی پرانی بیماری ہے جو آج پھر عود نہیں کر آئی ہے۔ جبکہ وہ بیماری تھی تو کیا اس کی حالت ویسے ہی نہ تھی جیسی کہ آج ہے۔ پہلے وہ پتھر کے چٹان پر بیماری کی کروٹیں بدلتی ہوگی اب چاندی اور سونے کے پلنگ پر لیٹ کر کراہتی ہے۔ لیکن بیمار کے بستر کے بدل جانے سے بیماری حالت نہیں بدل سکتی۔"

دیکھا اس قسم کی شاندار، پرزور، زندہ تحریر کے سامنے جملہ طنزیہ تحریریں بے رنگ و بے اثر معلوم ہونے لگتی ہیں۔ وجہ صرف یہ ہے کہ یہاں ہر ہر لفظ خلوص سے پر ہے، جو کچھ کہا گیا ہے وہ پہلے دل میں محسوس کیا گیا ہے، ہجو گو بلند پایہ اخلاق کا حامل ہوتا ہے اور وہ

اپنے بلند مقام سے انسانی کمزوری، بد تمیزی، بے رحمی، ناانصافی کا مشاہدہ کرتا ہے اور اس مشاہدہ سے اس کا دل بیتاب ہو جاتا ہے، وہ شدت احساس سے مجبور ہو کر چاہتا ہے کہ ان چیزوں کو کچل ڈالے۔ بدی کے اس پھولتے پھلتے درخت کو بیخ و بن سے اکھاڑ کر پھینک دے، وہ الفاظ کے ذریعہ اپنے جذبات و خیالات کے اٹھتے ہوئے طوفان کو ایک زبردست طوفان بنا دیتا ہے۔ ایسا طوفان جو اپنی فوق فطری طاقت سے ساری گندگیوں کو پاک صاف کر دیتا ہے۔ ابوالکلام آزادؔ کی تحریروں میں یہی فوق فطری زور ہے اور اس زور کی وجہ سے ان کی انشاء محض انشا یعنی لفظوں کا مجموعہ نہیں معلوم ہوتی، یہ ایک کھینچی ہوئی تلوار، ایک بڑھتا ہوا سیلاب، ایک اٹھتا ہوا طوفان اور ایک دنیا کو ہلا دینے والا بھونچال ہے۔ یہ ایسا عصائے موسوی ہے جو افعی بن کر ہر شے کو نگل جاتا ہے۔ ملاحظہ ہو،

"لیکن خون بہانے کی ایسی شیطانی قوتیں، آگ برسانے کے ایسے جہنمی آلے اور موت و ہلاکت پھیلانے کی ایسی شدید ابلیسیت تو کسی کو بھی نصیب نہیں ہوئی۔ زمین کی پشت پر ہمیشہ درندوں نے بھٹ بنائے اور اژدہوں نے پھنکاریں ماریں۔ مگر نہ تو ایسی درندگی ابھی تک کسی میں تھی جیسی موجودہ متمدن اقوام کی قوتوں کو حاصل ہے اور نہ اب تک ایسا سانپ اور اژدہا پیدا ہوا جیسا کہ ان لڑنے والوں میں سے ہر فریق کے پاس ڈسنے، نگلنے اور چیرنے پھاڑنے کے لئے عجیب عجیب ہتھیار جمع ہیں، پھر اس اژدہے کو دیکھو جو جنوب سے منہ کھولے بڑھ رہا ہے۔ اس ہاتھی کو دیکھو جو مشرقی یورپ کے بھٹ سے چیختا ہوا اٹھتا ہے اور اس خوفناک چیتے کو دیکھو جو لامارکؔ اور روسو کی سرزمین میں خون اور گوشت کے لئے پلا ہے۔ یہ کیسے عجیب ہیں! یہ کیسے خوفناک آلات سے مسلح ہیں؟ ان سب کا باہم ایک دوسرے پر گرنا اور چیرنا پھاڑنا، کرۂ ارض کا کیسا ہولناک بھونچال جو کبھی نہیں آیا۔ ایسا طوفان جو کبھی نہیں اٹھا، ایسی آتش فشانی جو کبھی نہیں ہوئی

اور خداوند کا ایسا غصہ جو اب تک کبھی زمین پر نہ ہوا۔"

اگر اردو ادب اس قسم کی طنز کی زیادہ مثالیں پیش کر سکتا تو پھر وہ طنزیات کے میدان میں دوسرے ادبوں کے مقابلہ میں اس قدر پیچھے نہ رہتا۔ اس قسم کی مثالیں ابوالکلام آزادؔ صاحب کے علاوہ اور کہیں نظر نہیں آتیں۔ یہ تحریر زندہ ہے اور اس کا ہر ہر لفظ زندگی کا حامل ہے اور ہر لفظ بولتا چالتا، متحرک نظر آتا ہے۔ یہ طرز تحریر مولانا ابوالکلام کے ساتھ وابستہ ہے اور یہ ان کی شخصیت کا نتیجہ ہے۔ یہ اپنے طور پر بالکل منفرد ہے اور مولانا ابوالکلام کی عبارت سلیس یا محدد نہیں ہوتی۔ ان کی روش عام روشوں سے یک قلم علیحدہ ہے اور یہ ایک حد تک اجنبی بھی معلوم ہوتی ہے۔ اس میں شان ہے، رعب و دبدبہ ہے، زور ہے اور کہیں کہیں ثقالت بھی ہے۔ اس میں وہ سبکی باریکی، سلاست، روانی نہیں جو دوسرے انشاپردازوں کی تحریروں میں نظر آتی ہے۔

مولانا ابوالکلام نے عام طرز سے علیحدہ ہو کر شاہراہِ اردو سے دور ہٹ کر اپنی راہ الگ نکالی ہے۔ ہر شخص کا یہ کام نہیں لیکن ان کی شخصیت کو اسی نئی راہ کی ضرورت تھی اور اگر وہ عام روش اختیار کرتے تو شاید اپنی انفرادیت کو کھو بیٹھتے۔ یہ بھی ظاہر ہے کہ ان کا مخصوص رنگ ہے۔ وہ ہر کام، ہر موقع کے لئے موزوں بھی نہیں۔ اس قسم کی انشا کا دائرہ محدود ہے۔ یہ خاص خاص موضوعات کے لئے مناسب ہے اور اس کا بے موقع و محل استعمال مضحک بھی ثابت ہو سکتا ہے۔ مولانا ابوالکلام آزادؔ نے اسے موقع و محل سے استعمال کیا ہے اور جس قسم کے خیالات کا وہ اظہار کرتے ہیں ان کے لئے یہ نہایت موزوں و کامیاب ہے۔ جو خطیبانہ ہیجان اور جوش، مولانا ابوالکلام آزادؔ کی تحریروں کی نمایاں خصوصیت ہے، وہ مولانا ظفر علی خاں کی تحریروں میں موجود نہیں۔ مولانا ابوالکلام کی آواز بلند آہنگ ہے، مولانا ظفر علی خاں کی دھیمی ہے۔ مولانا ابوالکلام میں

بے پناہ جوش ہے۔ مولان اظفر علی خاں میں خلوص کے باوجود بھی وہ بے پناہ جذبات کی شدت نہیں۔ مولانا ابوالکلام کی انشا ایک زندہ متحرک قوت ہے۔ مولانا ظفر علی خاں کی انشا نسبتاً سرد و ساکت نظر آتی ہے۔ لیکن صرف نسبتاً ہی۔ ورنہ ان کی تحریر میں بھی زور ہے، ایک ایسی قوت جو اسے عام سطح سے بلند کرتی ہے۔

"آج دنیا کا نظام حکومت جن اخلاقی قوتوں کی بنیاد پر قائم ہے وہ غرق آہن جہاز ہیں، ازدر دم توپیں ہیں۔ فلک پرواز طیارے ہیں، قطار اندر قطار عسکریوں کی جگر گزار سنگینیں ہیں۔ صف اندر صف پولیس کی جمعیت فرسا لاٹھیاں ہیں، جن سے جابرانہ قوانین کی ہیبت زیر دستوں کے قلوب میں بٹھائی جاتی ہے۔ ملوکیت کا یہ عفریت جس نے عسکریت کی گود میں پرورش پائی ہے، آج ربع مسکون پر چھایا ہوا ہے اور ناتوانوں کے جسم کی بوٹیاں نوچ نوچ کر کھا رہا ہے۔ مغرب اس خونخوار دیو کا زاد بوم تھا۔ کاش یہ اپنے وطن میں رہتا مگر اس نے ایشیا کو بھی اپنا گھر بنالیا اور اس وقت مشرق اقصیٰ اس کی جہنمی سرگرمیوں کا مرکز بنا ہوا ہے۔"

اس مثال میں ظفر علی خاں کی انشا اپنے بلند ترین مقام پر ہے، لیکن یہ بلند ترین مقام بھی مولانا ابوالکلام آزاد کی انشا کے معمولی مقام سے بہت نیچے واقع ہوا ہے۔ دونوں خلوص کے حامل ہیں۔ دونوں سیاسی طنز کی راہ میں گامزن ہیں لیکن جو پائیداری ابوالکلام آزاد کی تحریر کا حصہ ہے، وہ ان کی ذات کے ساتھ مخصوص ہے۔ نسبتاً ظفر علی خاں کی تحریریں ہنگامی چیز سی معلوم ہوتی ہیں۔ یہ دلچسپ ہیں، اپنے مقصد میں کامیاب بھی ہوتی ہیں لیکن انہیں بقائے دوام غالباً حاصل نہیں۔ اصل یہ ہے کہ موجودہ ہندوستان کی سیاسی کش مکشوں نے موجودہ ادب پر اثر ڈالا ہے اور برابر ڈال رہی ہیں۔ ان کش مکشوں کا اثر آئینۂ ادب میں مختلف صورتوں میں جلوہ گر ہوا ہے۔ ایک طرف تو ہمارے ترقی پسند

شعراء اور ادیب ہیں جو اپنے ترقی پسند خیالات سے دنیا کو بلند آہنگ آواز میں مطلع کر رہے ہیں۔ اسی کا ایک نتیجہ وہ ہجویں یا ہجویہ تحریریں ہیں جن کی مثالیں ابوالکلام آزادؔ، مولانا ظفر علی خاں، قاضی عبدالغفار وغیرہ میں ملتی ہیں۔

عموماً جن خیالات کا اظہار کیا جاتا ہے وہ نئے نہیں، جن چیزوں کو طنز کا نشانہ بنایا جاتا ہے وہ وقتی چیزیں ہیں اور موجودہ سیاسی دور کے گزر جانے کے بعد ان کی محض تاریخی اہمیت باقی رہے گی۔ اس لئے عموماً یہ نظمیں اور ہجویں بھی تاریخی اہمیت رکھتی ہیں اور آئندہ دور کا مؤرخ ان کی مدد سے اس زمانے کی تصویر مرتب کرنے میں کامیاب ہوگا۔ عموماً وقتی، جلد گزر جانے والے موضوعات پر لکھنے کا یہی نتیجہ ہوتا ہے کہ تصنیف کی اہمیت محض تاریخی باقی رہ جاتی ہے لیکن کبھی ایسا ہوتا ہے کہ بعض مصنف اپنی کبھی نہ مٹنے والی انشا کی مدد سے ان وقتی دلچسپی رکھنے والے موضوعات کو بقائے جاوداں عطا کرتے ہیں لیکن ایسے مصنف بہت کم ہوتے ہیں اور ابوالکلام آزادؔ اس قسم کے ایک انشا پرداز ہیں۔ ظفر علی خاں اس گروہ میں داخل نہیں۔

مولانا ابوالکلام آزادؔ اور مولانا ظفر علی خاں کا دائرہ محدود ہے۔ ملا رموزی کا موضوع سیاسیات نہیں اس لئے ملا رموزی میں تنوع مضامین زیادہ ہے مجھے ملا رموزی کی گلابی اردو سے بحث نہیں۔ "گلابی اردو" غالباً اپنے نیاپن کی وجہ سے مشہور ہوگئی لیکن اس کی ادب میں کوئی جگہ نہیں۔ اس قسم کی چیز وقتی طور پر اور کم خوراک میں اچھی لگتی ہے لیکن زیادہ مقدار میں ناقابلِ برداشت ہو جاتی ہے۔ "گلابی اردو" بالکل قابل اعتناء نہیں۔ دیکھنا یہ ہے کہ "نکات" کی کیا اہمیت ہے۔ ملا رموزی اپنے نکات کے مقصد پر یوں روشنی ڈالتے ہیں،

"بہرہ نکات یا نکات کے عنوان سے جو لکھا جائے گا اس کا پہلا مقصد تو یہ ہوگا کہ

رسالہ "بیدار" کے پڑھنے والوں میں جو حضرات ہنسی مذاق، تفنن، خوش دلی کی نعمت سے ابداً محروم رہتے ہیں یا جن کے دماغوں سے تفریح و ظرافت کی تازگی ضائع ہو چکی ہے، انہیں گدگدایا جائے اور بتلا دیا جائے کہ رات دن کے ۲۴ گھنٹوں میں ہر لمحہ رومانی بنے رہنا ہی متانت نہیں بلکہ کسی وقت مسکرا دینا، کھکھلانا یا قہقہہ لگانا بھی طبی اصول سے مفید صحت ہے۔

دوسرا مقصد اس عنوان سے یہ ہو گا کہ آپ کو ہنسی ہنسی میں سیاست، مذہب، تہذیب و تمدن، اخلاق و معاشرت اور ادب و قومیت کے باریک نکتے سمجھا دئے جائیں گے۔ جن کا تعلق آپ کی روزمرہ زندگی سے ہے۔ لہٰذا ایسے حالات میں بعض نکتے ایسے بھی ملیں گے جن کے اندر مذاق اور دل لگی کے علاوہ انتہا کی متانت و سنجیدگی اختیار کی جائے کیونکہ بعض مواقع پر نری ظرافت بھی خطاب و بیان کی تاثیر و اہمیت کو کم کر دیتی ہے مگر ایسے سنجیدہ نکات پر آپ کہیں یہ نہ سمجھیں کہ نکات کا لکھنے والا ملا رموزی بھی کسی مہاجن کی باسی کڑھی بن گیا ہے جس میں کوئی چٹپٹا ابال بھی نہیں آتا بلکہ ہم تو یہاں تک کہتے ہیں کہ آپ ہماری ظرافت کی ایک ایک سطر میں بھی کام کی باتوں کو تلاش کرتے رہیے۔ وہ ملیں گی اور بکثرت ملیں گی انشاء اللہ۔"

اس سے انکار نہیں کیا جا سکتا کہ ملا رموزی نے ظریف طبیعت پائی ہے اور اس سے بھی انکار نہیں کیا جا سکتا کہ نکات میں سیاست، مذہب، تہذیب و تمدن اخلاق و معاشرت اور ادب و قومیت کے نکتوں سے بحث کی گئی ہے۔ لیکن دیکھنا یہ ہے کہ ملا رموزی کی ظرافت اور ان کے متین نکات کی ادبی قدر و قیمت کیا ہے۔ پروفیسر عبد القادر سروری کی رائے یہ ہے، "ملا رموزی کی ہمیشہ باقی رہنے والی تحریروں میں بہت کم ایسی ملیں گی جس میں ظرافت صرف ظرافت کی خاطر کا اصول مد نظر رکھا گیا ہے۔ ان کی کسی تحریر کا

مقصد ہمارے مذموم رواجات کی برائیوں کا استیصال ہے۔ کسی کے ذریعہ ہماری حالت کا احساس پیدا کرنے کی کوشش کی گئی ہے۔ کہیں وہ اڈیسن کی طرح ہمارے معاشرتی عیوب بے نقاب کرتے ہیں۔ جو باتیں مصلحین کی زبان پر بھی نہیں آتیں وہ ان کی زبان سے بے تامل نکل پڑتی ہیں، اور ان کی وسعت کا تو جواب نہیں کہ جس مقام تک ہمارے واعظین اور لیڈروں کا گزر بھی نہیں یہ وہاں بے روک داخل ہو جاتے ہیں۔"

"غرض ابھی ایک وسیع اور شاندار مستقبل ہمارے سامنے ہے جس کا راستہ ملا رموزی نے کھول دیا ہے۔ یقیناً ملا رموزی کی ظرافت نگاری اخبارات ورسائل سے نکل کر مستقل ادبیات میں جگہ کرے گی اور قوم کے پژمردہ دلوں کے لئے مسرتِ پائیدار ثابت ہوگی اور ملک کے تاریک گوشوں کے لئے بھی روشنی کا کام دے گی۔"

مجھے اس رائے سے مطلق اتفاق نہیں۔ یہ صحیح ہے کہ ملا رموزی کی ظرافت میں "ظرافت، صرف ظرافت کی خاطر کا اصول" مد نظر نہیں رکھا گیا ہے۔ ان کے پیش نظر ہمیشہ کوئی مقصد ہے۔ یہ بھی صحیح ہے کہ ان کی ظرافت وسیع مضامین پر حاوی ہے، لیکن مجھے اس بیان سے قطعی وکلی اختلاف ہے کہ "ملا رموزی کی ظرافت نگاری اخبارات وسائل سے نکل کر مستقل ادبیات میں جگہ کرلے گی۔"

ہر زبان اور ہر زمانہ میں مختلف قسم کے ادیب ہوتے ہیں۔ کچھ تو ایسے ہوتے ہیں جو صحیح معنی میں ادیب نہیں کہے جاسکتے۔ وہ لکھ تو لیتے ہیں اور ان کی لکھی ہوئی چیزیں کافی مشہور اور ہر دلعزیز بھی ہوتی ہیں، لیکن ہر ذی فہم جانتا ہے کہ یہ چیزیں ادب کا جزو نہیں اور نہ ہو سکتی ہیں اور وہ مصنفین بھی اپنی حقیقت اور اپنے مقام سے باخبر ہوتے ہیں۔ دوسرے ادیب وہ ہیں جنہیں ادیب بننے کی خواہش ہے، جو ادیب ہونے کی مطلق صلاحیت نہیں رکھتے۔ ان کے کارنامے پیدا ہونے سے پہلے ہی مردہ ہوتے ہیں۔ کچھ

ادیب ایسے بھی ہوتے ہیں اور زیادہ تعداد ایسوں ہی کی ہوتی ہے، جو اپنے زمانے میں ادیب کہلاتے ہیں اور جنہیں دوسرے بھی ادیب شمار کرتے ہیں، لیکن جن کی ادبی عمر صرف ان کے دور تک رہتی ہے اور اس دور کے گزر جانے کے بعد وہ فراموشی کی خلیج میں ڈال دئے جاتے ہیں۔ ملا رموزی اسی قسم کے ادیبوں میں داخل ہیں۔

کچھ لوگ ایسے ہوتے ہیں جن کی اہمیت کو خود ان کا عہد مانے یا نہ مانے لیکن وہ بقائے دوام کی نعمت ازل سے ساتھ لاتے ہیں۔ ایسے ادیب کم ہوتے ہیں اور ملا رموزی ایسے ادیبوں میں نہیں۔ ان کی تحریریں بس ایسی ہیں کہ موجودہ زمانے میں لوگ پڑھیں گے، کسی حد تک محظوظ ہوں گے لیکن اس زمانے کے گزر جانے کے بعد اسی قسم کے دوسرے مصنفین پیدا ہو جائیں گے اور ان کی طرف دنیا متوجہ نہ ہوگی۔ شاید ان کے نام سے بھی واقف نہ ہوگی۔ عبدالقادر صاحب نے ملا رموزی کا اڈیسن؀ سے مقابلہ کیا ہے لیکن ملا رموزی کا صحیح مقابلہ موجودہ انگریزی مقالہ نگاروں سے ہے، جو آج کل تو مشہور و معروف ہیں لیکن جن کی ادبی عمر غالباً ان کی عمر طبعی کے برابر یا اس سے کم ہے، وجہ یہ ہے کہ ملا رموزی کی نہ وہ ذہنیت ہے نہ وہ شخصیت اور نہ وہ انشا جس میں پائیداری کا عنصر ہوتا ہے اور جو بقائے دوام کی ذمہ دار ہوتی ہے۔ اس کے علاوہ ان میں چند مخصوص عیوب بھی ہیں جن کی طرف رشید احمد صاحب نے اشارہ کیا ہے،

"وہ اس حقیقت کو فراموش کر جاتے ہیں کہ سب باتیں لکھنے کی نہیں ہوتیں یا ان الفاظ اور لب ولہجہ میں نہیں لکھنا چاہیے جن میں ملا صاحب لکھنے کے عادی ہیں۔ ملا صاحب کی تحریروں میں ایک چیز اکثر کھٹکتی ہے اور اس چیز کا احساس سوا ملا صاحب کے ہر ایک کو ہے یعنی وہ دوسروں کی پگڑی اور اپنا نام اچھالنے کی فکر میں زیادہ رہتے ہیں اور یہی وہ چیز ہے جس کے سبب سے ان کی بہترین ظرافت بدترین طنز اور بہترین طنز بدترین ظرافت

میں تبدیل ہو جاتی ہے۔ جو چیز پیشہ بنالی جائے گی وہ ہمیشہ فتح نظر آئے گی اور جو چیز بطور مشغلہ تفریح بر سر کار رہے گی وہ ہمیشہ مقبول و محبوب ہو گی ملا رموزی صاحب نے ظرافت اپنا پیشہ سا بنالیا ہے۔"

ملا رموزی انتخاب، انتخاب موضوعات اور انتخاب الفاظ سے کام نہیں لیتے۔ انہیں موقع و محل، تناسب، موزونیت کا لحاظ نہیں رہتا اور انہوں نے ظرافت اپنا پیشہ سا بنالیا ہے یعنی ان میں وہ علیحدگی جو ایک کامیاب ادیب کے لئے ضروری ہے موجود نہیں۔ ان سب باتوں کا ماحصل یہ ہے کہ ملا رموزی میں صناعی، ایسی صناعی جو پائیدار ہو اس کی کمی ہے،

"خدا جانے یہ کنگ پرائمر پڑھے ہوئے ہندوستانی اپنے قومی لباس چھوڑ کر کوٹ پتلون کس جذبہ کے ماتحت استعمال فرما رہے ہیں اور تو کچھ نہیں، لباس کی اس یگانگت سے ہمیں تکلیف یہ ہوتی ہے کہ ہم ہر پتلون پوش کو مسلمان سمجھ کر السلام علیکم کہہ کر گزرتے ہیں اور وہ آہستہ سے معاف کیجئے میں ہندو ہوں کہہ کر شرمندہ ہو رہے ہیں۔ بس اس اسٹیشن پر ایسے ہی ایک ہندو بھائی ہمارے ڈبے میں عین اس وقت گھس پڑے جب ہم صبح کے ناشتے کے لئے ڈھائی آنے پاؤ والی پوریاں لوگوں کی نظریں بچا کر لینے کے لئے پلیٹ فارم پر گھوم رہے تھے۔ انہوں نے ڈبہ ذرا خالی پا کر ایک سیٹ پر نیا انگریزی وضع کا بستر بچھایا اور مع کوٹ پتلون اس پر لیٹ گئے اور ایک کتاب کھول کر سینے پر تان لی۔ پھر ایک پتلون کی جیب میں لیٹے لیٹے اس طرح ہاتھ ڈال لیا گویا سر اسٹن وزیر خارجہ وکٹوریہ اسٹیشن لندن سے جمعیۃ الاقوام کی شرکت کے لئے اپنے خانے کے اسپیشل میں جینوا جا رہے ہیں، کبھی کبھی پتلون کی جیب سے ہاتھ نکال کر سر سہلا لیتے تھے گویا کسی بڑے ہی زبردست سیاسی معاہدے کو ملاحظہ سے حل فرما رہے ہیں۔" تصویر کافی صاف کھینچی ہے اور بس۔ اس میں کوئی صاف بات نہیں، کوئی انفرادیت نہیں کوئی پائیداری نہیں۔

تیسرے گروپ میں وہ انشاپرداز ہیں جن کی ظرافت میں فلسفیانہ رنگ ہوتا ہے، جو اپنے فلسفۂ زندگی کو ظرافت اور طنز کے ذریعہ پیش کرتے ہیں۔ ان میں ایک خصوصیت ہوتی ہے جو دوسروں میں نہیں ملتی۔ ان کی مختلف ہجوئیں منتشر نہیں ہوتیں۔ وہ گویا ایک سلسلہ میں منسلک ہوتی ہیں اور سب مل کر مصنف کے نقطۂ نظر کی ترجمانی کرتی ہیں۔ ایسی ہجوؤں میں ایک قسم کا تسلسل نظر آتا ہے جس کی وجہ سے اس کے حسن میں ایک حد تک اضافہ ہوتا ہے۔ کم از کم انتشار و پراگندگی میں کمی محسوس ہوتی ہے۔ اس گروہ میں سلطان حیدر جوشؔ اور سجادؔ علی نصاری کے نام قابلِ ذکر ہیں۔ سلطان حیدر جوشؔ مغربی خصوصاً انگریزی مصنفین سے متاثر ہوئے ہیں اور ان مصنفین کی تقلید کرنا چاہتے ہیں اور ایک حد تک اس مقصد میں کامیاب بھی ہوتے ہیں۔ فلسفہ کی آمیزش کی وجہ سے ان کی ظرافت میں گہرائی آجاتی ہے۔ یہ رنگ سلطان حیدر جوشؔ کی تخلیق کا ہے اور غالباً ان ہی پر ختم ہوگیا ہے،

"معلوم نہیں نیچر کو اپنی ترقی کرنے والی مخلوق کے ساتھ کہاں کا بیر ہے۔ جس قدر مشکلات سے یہ پیچھا چھڑاتی ہے اسی قدر وہ اور زیادہ مشکلات حائل کرتی جاتی ہے۔ جب انسان نے پیدل چلنے سے قدم آگے بڑھا کر زین سواری شروع کی تو نیچر نے محض ٹھوکر لگ جانے سے آگے بڑھ کر گھوڑے پر سے گر کر مر جانا پیدا کر دیا۔ پھر انسان نے گاڑی بنائی تو اس کا الٹ جانا اور زیادہ مہلک چیز وجود میں آئی، جب ریل نے دنیائے وجود میں قدم رکھا تو ریل سے لڑ جانے کا سخت مہلک حادثہ بھی ساتھ ساتھ پیدا ہوا۔ مختصر یہ کہ انسان جس قدر اپنے آرام و آسائش حاصل کرنے کے زور میں آگے بڑھتا جاتا ہے۔ نیچر اسی قدر تکلیف اور مشکلات حائل کرتی جاتی ہے۔ یہی حالت سوسائٹی کی ہوئی۔ وہ جس قدر آگے بڑھتی گئی، پابندی اور دھوکہ سے گلو خلاصی حاصل نہ کر سکی مگر اس کی ترقی

ابھی ختم نہیں ہوئی تھی۔ ابھی وہ سوشلزم کی اس حد تک نہیں پہنچی تھی جہاں اس کا پہنچنا مقصد تھا! اگر فرض کر لیا جائے کہ دنیا اس حد تک پہنچ بھی گئی تو اس کو فی الواقع آگے بڑھنا کہیں گے یا پیچھے ہٹنا۔ سمجھ میں نہیں آتا ہے کہ وہ ترقی کرے گی یا پھر اسی پہلے وحشی انسان کے بین بین ہو جائے گی اور کچھ عجب نہیں کہ اس مرتبہ پھر وہ انسان سے بندر کے قالب میں پہنچ جائے کیونکہ بندر کو انسان سے بدرجہا بے فکری، مساوات اور مسرت حاصل ہے۔"

یہ ہے سلطان حیدر جوش کا رنگ اور اس رنگ میں گہرائی اور پختگی ہے۔ یہ صحیح ہے کہ اس قسم کی تحریر میں بے ساختگی اور برجستگی کی کمی ہے لیکن کہہ سکتے ہیں کہ بیساختگی اور برجستگی اس قسم کی فلسفیانہ ظرافت کے لئے موزوں بھی نہیں۔ جو بات ان کی تحریروں کو ممتاز بناتی ہے وہ غور و فکر کا وجود، خیالات و تجربات کی گہرائی اور سنجیدہ اور متین لب و لہجہ ہے۔ سلطان حیدر جوش ایک مخصوص شخصیت کے حامل ہیں۔ ان کی انفرادیت ان کے الفاظ سے عیاں ہے۔ وہ نوجوان مزاح نگاروں کی طرح غیر ذمہ دارانہ طور پر محض ہنسنے ہنسانے کے لزومات کی تلاش نہیں کرتے اور انہیں تلاش کر کے قارئین کے سامنے پیش نہیں کرتے، وہ سستی شہرت کے طلبگار نہیں اس لئے وہ عام فہم اور عام پسند قسم کی چیزوں سے احتراز کرتے ہیں اور سطحی رنگینی، سطحی رعنائی خیال کبھی ان کا مطمح نظر نہیں رہی ہے، اس لئے ان کے مضامین کبھی شوکت تھانوی، عظیم بیگ چغتائی، ملا رموزی کے مضامین کی طرح عام پسند نہیں ہو سکتے لیکن ان کے مضامین شاید پڑھے جائیں گے۔ جب شوکت تھانوی وغیرہ کے نام سے بھی لوگ واقف نہ رہیں گے۔

ان کے مضامین کا حلقہ اثر لازمی طور پر محدود ہے۔ یہ مضامین ان ہی لوگوں کو متاثر و محظوظ کر سکتے ہیں، جنہیں خود غور و فکر کی عادت ہے، جو خیالات کی کش مکش سے بچنا

نہیں چاہتے ہیں، جو ادب کو محض تفریح طبع کا ذریعہ نہیں سمجھتے۔ ان سب اوصاف کے باوجود سلطان حیدر جوشؔ کے مضامین میں چند مخصوص عیوب بھی ہیں۔ ان کی ظرافت فطری نہیں اکتسابی معلوم ہوتی ہے۔ ان کے تخیل میں غیر معمولی باریکی، بلند پروازی اور فراوانی نہیں ہے۔ ان کی انشا غیر معمولی دلچسپیوں کی حامل ہے، "آہ دنیا، ترقی یافتہ دنیا تمام متمول، تمام قابلیت، تمام سائنس، تمام قوت ایجاد و اختراع صرف اس بات پر صرف کر رہی ہے کہ گھنٹوں کے بجائے منٹوں میں گروہ کے گروہ نیست و نابود ہو جائیں۔ خوبصورت اور قد آور نوجوان عین عالمِ شباب میں اسی پرانی خیالی عزت کے پیچھے اپنی بیش بہا جانوں کو قربان کر رہے ہیں اور سونے کے بڑے بڑے انبار لوہے کی گولیوں اور چیزوں کے لئے لٹائے جا رہے ہیں۔ صدیوں پرانی صناعی کی قابل قدر یادگاریں اور اس کے ساتھ ہی نیچر کی خانہ ساز بھولی بھالی صورتیں اسی طوفان بے تمیزی کی رو میں بہی چلی جاتی ہیں۔"

اس میں ایک زور ہے، ایک روانی ہے۔ ایک اثر ہے لیکن یہ زور، یہ روانی، یہ اثر فطری نہیں، بلکہ سلطان حیدر جوشؔ کے قصد و ارادہ کا نتیجہ ہے، اس وجہ سے اس میں سبکی اور لطافت نہیں بلکہ ایک قسم کی گرانی محسوس ہوتی ہے لیکن پھر بھی یہ یک قلم مصنوعی نہیں، یہ غور و فکر کا مادہ سجاد علی انصاری میں بھی موجود تھا، نوجوانی کا تقاضا تھا اس لئے ان کے الفاظ میں نرمی کے عوض تیزی تھی۔ ان کے طنز میں کاٹ بھی زیادہ تھی، لیکن وہ سلطان حیدر جوشؔ کی طرح پختہ کار انسان نہ تھے۔ اس لئے ان کے خیالات میں وہ گہرائی، وہ تسلسل، وہ جامعیت نہیں۔ انہیں اپنی ذمہ داری کا اس قدر احساس بھی نہیں۔ بظاہر سجاد علی انصاری کو ذمہ داری کا زیادہ احساس معلوم ہوتا ہے لیکن یہ ذمہ داری اس قسم کی زیادتی کی حامل ہے جو عموماً ان نوجوانوں میں نظر آتی ہے جو اپنی ذمہ داری کا احساس کرنا

چاہتے ہیں اور احساس میں غلو سے مصرف لیتے ہیں۔ اس قسم کا غلو ان میں نظر آتا ہے لیکن اس غلو اور صحیح ذمہ داری کے صحیح احساس میں آسمان زمین کا فرق ہے۔ بہر کیف نسبتاً سجاد علی انصاری میں ذمہ داری کا مادہ دوسرے نوجوان انشاپردازوں سے زیادہ ہے۔

"فرشتے کی انتہا یہ ہے کہ شیطان ہو جائے، ایک حقیقت جب مٹتی ہے دوسری حقیقت ہو جاتی ہے۔ خدا نے ابتداء میں صرف فرشتوں کو پیدا کیا تھا۔ اس وقت تخلیقِ شیطنت کی ضرورت ہی نہ تھی۔ وہ جانتا تھا کہ خود ملکوتیت میں عناصر شیطنت مضمر ہیں۔ سلسلہ ارتقاء سے شیطان خود بخود پیدا ہو جائے گا۔ معلم الملکوت کی فطرت میں ملکوتیت کے وہ تمام عناصر مکمل ہو چکے تھے جو تخلیق شیطنت کے لئے لازمی تھے۔ فطرتاً اس کے لئے یہ محال تھا کہ ایک لمحہ کے لئے بھی اپنی ملکوتیت پر قانع رہے۔ وہ شیطنت پر مجبور ہو گیا۔ اس کے سامنے ایک نئی حقیقت کی وسعتیں پیدا ہو گئی تھیں۔ وہ کسی طرح فرشتہ نہیں رہ سکتا تھا۔"

یہ ہے سجاد انصاری کا رنگ، اس میں فلسفیانہ رنگ نمایاں ہے۔ وہی رنگ جو سلطان حیدر جوشؔ میں بھی موجود ہے لیکن یہاں وہ پختگی نہیں، وہ گہرائی نہیں، متانت و سنجیدگی بہر حال موجود ہے۔ اس قسم کی طنز اور عام پسند طنز میں آسمان زمین کا فرق ہے۔ یہ کامیاب ہو یا نہ ہو لیکن یہ کچھ دوسری چیز ہے، اس سے بالکل مختلف جس کی مانگ اخبارات و رسائل کے ایڈیٹر کیا کرتے ہیں۔ فلسفیانہ ظرافت میں بہت کچھ گنجائش باقی ہے۔ سلطان حیدر جوشؔ صاحب نے اس کی ابتداء کی ہے۔ سجاد انصاری میں اس کی کچھ مثالیں ملتی ہیں لیکن اس رنگ کی ابھی ابتدا ہے اور اس کی وسعتیں منتظر ہیں کسی ایسے رہرو کی جو اس راہ میں جرأت کے ساتھ قدم آگے بڑھائے۔

(۴)

طنز و ظرافت کے میدان میں رہرو تو بہت ہیں لیکن شاید پانچ نام ایسے ہیں جو بقا کے ذمہ دار ہیں۔ سوداؔ، اکبرؔ، غالبؔ، سرشارؔ، ابوالکلام آزاد۔

ابھی اردو میں ادبی طنز اور ظرافت کے لئے لا محدود گنجائشیں ہیں۔ نظم اور نثر دونوں میں۔ اگر اردو انشا پرداز اس فن کی اہمیت کو سمجھیں، اس کی خصوصیتوں سے شناسائی بہم پہنچائیں تو بہت کچھ ترقی ممکن ہے۔ ("معاصر" جلد ۳، نمبر ۴۔ ۵۔ ۶ فروری، اپریل ۱۹۴۲ء)

(نوٹ "اُردو ادب میں طنز اور ظرافت سے متعلق پروفیسر سید محمد محسن نے کچھ شبہات ظاہر کئے تھے۔ "معاصر" جلد ۴، نمبر ۱، ذیل کی سطروں میں انہیں شبہات کو دور کرنے کی کوشش کی گئی تھی۔) محسنؔ صاحب نے صحیح کہا ہے کہ تنقید میں جن الفاظ کا استعمال ہو وہ صاف اور متعین مفہوم رکھتے ہوں۔ میں نے "اپنی مختلف تحریروں میں اس مسئلہ کی اہمیت پر روشنی ڈالی ہے۔ مثلاً "معاصر" جلد ۱، نمبر ۵ صفحہ ۳ پر یہ جملے ملیں گے،

"اصل یہ ہے کہ عموماً انسان کا دماغ ذرا کاہل ہوتا ہے، نہ وہ صاف طور پر سوچتا ہے اور نہ اپنے خیالات کو صاف، غیر مبہم پیرایہ میں بیان کرتا ہے۔ غور و فکر ہر شخص کے بس کی بات نہیں۔ اس کے لئے محنت و مشق کی ضرورت ہے اور ہر شخص میں اس دماغی محنت و مشق کی صلاحیت بھی نہیں ہوتی۔ اس کے علاوہ تعلیم ناقص ہوتی ہے اور اس صلاحیت سے صحیح مصرف لینا نہیں سکھاتی۔ عام بول چال، روزمرہ کے تعلقات میں انسان کو اس نقص کا احساس نہیں ہوتا کیونکہ وہ کم و بیش کامیابی کے ساتھ اپنا کام چلاتا ہے، لیکن سائنس میں اسے ضرورت محسوس ہوتی ہے کہ وہ اپنے خیالات کو بے کم و کاست بیان کرے اور انہیں دوسروں تک پہنچا سکے۔ اس لئے سائنس میں الفاظ علامات کی شکل اختیار کر لیتے ہیں۔ ہر علامت ایک مخصوص چیز کا اظہار ہوتی ہے اور اس طرح خیالات صفائی

کے ساتھ معین اور غیر مبہم پیرایہ میں الفاظ کا جامہ پہن لیتے ہیں۔ تنقید میں بھی اظہار خیال کے لئے صاف و معین الفاظ کی ضرورت ہے ایسے الفاظ کا استعمال لازمی ہے جن کے مفہوم مقرر شدہ ہیں یا جن کے مفہوم اور الفاظ (جو ان کے آگے پیچھے مستعمل ہوں) کے مفہوم کی وجہ سے صاف و مقرر ہو جائیں۔" ظاہر ہے کہ اس مسئلہ کے متعلق محسنؔ صاحب کی رائے میری رائے سے مختلف نہیں۔

دوسری بات جو محسنؔ صاحب نے کہی ہے وہ ہنسی کے سبب سے متعلق ہے۔ محسنؔ صاحب نفسیات کے ماہر ہیں اس لئے انہیں ہنسی اور دوسری چیزوں کے اسباب سے خاص دلچسپی ہے۔ میں نے کہا ہے کہ مجھے ہنسی کے سبب سے (جس مفہوم میں محسنؔ صاحب اس لفظ کا استعمال کرتے ہیں) بحث نہیں۔ ملاحظہ ہو، "فطرت نے انسان کو ہنسی کا مادہ عطا کیا ہے اور ہنسی مختلف وجوہ کی بنا پر آتی ہے۔ یہاں ہنسی کی ماہیت اور اس کے اسباب پر روشنی ڈالنے کا موقع نہیں۔" اس لئے ان کی تحریر کا یہ دلچسپ اور اہم حصہ جہاں تک اس کا میرے مقالے سے تعلق ہے، غیر متعلق ہے۔ میں نے کہا ہے کہ ہنسی عموماً عدم تکمیل، بے ڈھنگے پن کے احساس کا نتیجہ ہے اور محسنؔ صاحب بھی اس سے اتفاق ظاہر کرتے ہیں۔

"اس میں شک نہیں کہ ہنسی یا احساس ظرافت کے لئے کسی ناموزونیت اور بے ڈھنگے پن کا مشاہدہ ضروری ہے۔" میرے اس جملے اور دوسرے جملے میں کوئی تضاد نہیں، "ہنسی بھی ایک انسانی خصوصیت اور زندگی کی ناتمامی کا نتیجہ ہے۔" یعنی اگر زندگی ناتمام نہ ہوتی تو پھر کسی ناموزوں، بے ڈھنگی شے کا مشاہدہ ممکن نہ ہوتا یہی بات میں نے ایک دوسری جگہ واضح کر دی ہے، "جس دنیا میں ہم سانس لیتے ہیں وہ تکمیل سے خالی ہے۔ انسان اور انسانی فطرت میں بھی یہی ناتمامی ہے، اس لئے ہنسی کے مواقع کی کمی

نہیں۔"

ان جملوں سے صاف ظاہر ہے کہ مجھے ہنسی کے فوری اور خارجی سبب سے بحث نہیں ہے۔ ہنسی کے حقیقی سبب پر کچھ لکھنے سے قصداً احتراز کیا ہے اور جو کچھ میں نے لکھا ہے اس سے محسن صاحب بھی متفق ہیں۔ پھر میں نے یہ نہیں کہا ہے کہ ہمیں دنیا اور زندگی کی ناتمامی اور ناموزونیت کی وجہ سے ہنسی کے مواقع ملتے ہیں اور ہم ہنستے ہیں تو کسی ناموزوں واقعہ کے مشاہدہ سے۔ مجھے امید ہے کہ میرے اس بیان سے محسن صاحب کے وہ شبہات جن کا تعلق اس خاص نکتہ سے ہے رفع ہو جائیں گے۔

اب میں یہ بھی بتا دینا چاہتا ہوں کہ میں نے کیوں ہنسی کے سبب کے سبب پر بحث کرنے سے احتراز کیا۔ بات یہ ہے کہ تنقید ایک مستقل فن ہے۔ یہ فن دوسرے علوم و فنون سے مصرف لیتا ہے لیکن کوئی دوسرا فن فنِ تنقید کا بدل نہیں ہو سکتا۔ نقاد مختلف علوم و فنون سے واقف ہوتا ہے لیکن اسے اس واقفیت سے ناجائز مصرف لینا نہیں چاہیے۔ یعنی اسے اپنی تنقید کو تاریخ، معاشیات، نفسیات، وغیرہ میں تبدیل نہیں کرنا چاہیے۔ خصوصاً اسے ایسے تاریخی، معاشیاتی، سیاسی، نفسیاتی مسئلوں سے اپنا دامن بچائے رکھنا چاہیے جو تنقید سے سروکار رکھتے ہوں اور جن پر تاریخ، معاشرت، نفسیات کے ماہرین متفق نہ ہوں۔ ہنسی کا سبب بھی اسی قسم کا ایک مسئلہ ہے۔ اس سبب کی تلاش ہمیں تنقید کی سرحد سے باہر لے جاتی ہے اور نفسیات کی قلمرو میں پہنچا دیتی ہے۔ اس کے علاوہ یہ مسئلہ آسان نہیں اور اس پر روشنی ڈالنے کے لئے ایک مفصل مقالے کی ضرورت ہے۔ جس کی گنجائش میرے مضمون "اردو ادب میں طنز و ظرافت" میں نہ تھی۔

پھر یہ بھی یاد رہے کہ نفسیات ابھی نیا اور نوخیز سائنس ہے اور اپنی حیرت انگیز ترقیوں کے باوجود بھی یہ انسانی دماغ کی اتھاہ گہرائیوں سے مطلق واقف نہیں۔ انسانی

دماغ بھی کائنات کی طرح وسیع ہے۔ اس کی پیچیدگی، اس کے تاریک رستے اور گوشے، اس کے باریک اور دشوار قوانین سے مکمل واقفیت میسر نہیں۔ بہر کیف محسن صاحب کہتے ہیں کہ "ہنسی عموماً طمانیت و تسکین کا صوری اظہار ہے۔" وہ پھر فرماتے ہیں کہ "ہنسی حقیقت میں اپنی موزونیت، اپنی عدم کمتری اپنے مکمل ہونے کے احساس کی آئینہ دار ہے۔" لیکن یہ تعریف بھی ہنسی کی تمام صورتوں پر حاوی نہیں۔ مثلاً اس ہنسی کو لیجئے جسے عرف عام میں "کھسیانی ہنسی" کہتے ہیں۔ اس قسم کی ہنسی اپنی موزونیت کی آئینہ دار نہیں۔ یہ اپنی ناموزونیت کی پردہ دار ہے۔ پھر ہنسی کا ایک سبب اعصاب کی کمزوری ہوتی ہے۔ جو لوگ NERVOUS ہوتے ہیں، وہ بات بات پر بلاوجہ ہنستے یا مسکراتے ہیں اور یہ ہنسی ان کی موزونیت، طمانیت یا تسکین کا صوری اظہار نہیں۔ اس قسم کی مختلف مثالیں پیش کی جاسکتی ہیں۔

میں نے ظرافت، طنز، ہجو کو تین انگریزی لفظوں کے مقابلہ میں استعمال کیا ہے جو ترتیب وار ہیں SATIRE, IRONY, HUMOUR ہجو اور ہجو گو شاعر کے متعلق میں نے جو کچھ لکھا ہے اس سے بھی محسن صاحب کو کچھ اختلاف ہے۔ ہجو گو شاعر، انسان بھی ہے اور شاعر بھی۔ ایک طرف تو وہ ایک برہم انسان ہے اور اس کی ہجوؤں کی ابتدا ذاتی عناد اور تعصب سے ہوتی ہے لیکن وہ شاعر یعنی صناع بھی ہے اور شاعر یا صناع کی حیثیت سے وہ اپنے ذاتی جذبات سے علیحدگی اختیار کرتا ہے اور اپنے ذاتی جذبہ کو عالمگیری UNIVERSALITY عطا کرتا ہے۔ یہ علیحدگی (DETACHMENT) ہر صناع کے لئے ضروری ہے ورنہ وہ کامیاب صناع شمار نہیں کیا جاسکتا۔ محسنؔ صاحب نے شاید اس نکتہ کو نظر انداز کر دیا ہے۔ پھر وہ کہتے ہیں کہ میں نے ہجو کو طنز کا مترادف قرار دیا ہے یہ صحیح نہیں۔ رشید احمد صاحب نے طنز کو ہجو کے مفہوم میں استعمال کیا ہے۔ اسی

لئے میں نے ان کی تعریف کو غیر صحیح قرار دیا ہے۔ پھر میرے ان دو جملوں میں کوئی تضاد نہیں، "ہجو گو شاعر ایک برہم انسان ہے اور اس کی برہمی بے لوث نہیں بالوث ہوتی ہے۔" اور "ہجو گو ایک بلند پایہ اخلاق کا حامل ہوتا ہے اور وہ اپنے بلند مقام سے انسانی کمزوریوں خامیوں اور فریب کاریوں کو اپنی طنز کا نشانہ بناتا ہے۔"

میں نے ابھی کہا ہے کہ ہجو گو شاعر اپنے ذاتی جذبات سے علیحدگی اختیار کرتا ہے اور انہیں عالمگیری عطا کرتا ہے۔ ہجو اگر وہ ذاتی عناد اور تعصب کا اظہار ہے تو زیادہ قدر و قیمت نہیں رکھتی اور اس کا اثر دیرپا اور عالمگیر نہیں ہوتا۔ انسانی کمزوریوں، خامیوں اور فریب کاریوں کی جو مذمت ہوتی ہے وہ بلند اخلاق کے نقطۂ نظر سے ہوتی ہے، اگر یہ بلند اخلاقی نقطۂ نظر موجود نہ ہو تو پھر مذمت کی اہمیت باقی نہیں رہتی اور اس کا کوئی اثر بھی نہیں ہو سکتا اس لئے ہجو گو شاعر ایک بلند اخلاقی مقام سے ان خامیوں کا انکشاف کرتا ہے۔ مجھے ایسا معلوم ہوتا ہے کہ محسن صاحب نے ہجو میں صناعت کے وجود کو فراموش کر دیا ہے اور ان خصوصیتوں سے سروکار نہیں رکھا جو ہجو گو کو صناع بناتی ہے۔

محسن صاحب نے ہجو اور طنز کا فرق بھی ظاہر کیا ہے اور اس سلسلہ میں مجھ سے اتفاق ظاہر کیا ہے۔۔ "مجھے پروفیسر موصوف سے اتفاق ہے کہ طنز گو ہنستا بھی ہے اور روتا بھی ہے، وہ ہمدردی، ترحم، انصاف فیاضی کے جذبات کو ابھارتا ہے اور ساتھ ساتھ وہ غصہ، بغض و حقارت کے جذبات کو بھی بھڑکاتا ہے۔" میں نے جو لکھا ہے اس کا تعلق ہجو گو سے ہے، ملاحظہ ہو، "بہر کیف ہجو گو سارے جذبات پر تصرف رکھتا ہے، وہ ہنستا بھی ہے اور روتا بھی ہے، وہ ہمدردی، ترحم، انصاف، فیاضی کے جذبات کو ابھارتا ہے اور ساتھ ساتھ وہ غصہ، بغض، حقارت کے جذبات کو بھی بھڑکاتا ہے۔ ظرافت نگار کے مقابلہ میں اس کی جذباتی دنیا زیادہ وسیع و کشادہ ہے۔"

میں نے ظرافت اور ہجو، ظرافت نگار اور ہجو گو میں تفرقہ کیا ہے۔ میں نے ہجو کو برابر SATIRE کے مفہوم میں استعمال کیا ہے۔ ہجو گو ظرافت اور طنز دونوں سے مصرف لیتا ہے۔ خالص ظرافت نگار اور ہجو گو میں البتہ فرق ممکن ہے اور اس فرق کو میں نے صاف طور پر ظاہر کیا ہے۔ طنز ایک آلہ ہے جسے ہجو گو استعمال کرتا ہے۔ اس لئے طنز اور ہجو میں تفرقہ کرنے کی ضرورت نہیں۔ مجھے ایسا معلوم ہوتا ہے کہ محسنؔ صاحب طنز کو SATIRE کے مفہوم میں استعمال کرتے ہیں اور ہجو کو کسی مخصوص و محدود معنی میں، اسی وجہ سے وہ ہجو کو "ایک قدیم اور غیر مہذب صنف شاعری" قرار دیتے ہیں اور طنز نگار کو مکمل ادیب سمجھتے ہیں۔ میں کہہ چکا ہوں کہ میں نے ظرافت، طنز اور ہجو کو ترتیب وار SATIRE, IRONY, HUMOUR کے مقابلہ میں استعمال کیا ہے۔ اگر محسن صاحب یہ بات پیش نظر رکھیں تو ان کے شبہات رفع ہو جائیں گے۔

***

۸

روایات اور اردو شاعری

کلیم الدین احمد

اردو شاعری کو دو مختلف روایات ورثہ میں ملیں۔ ایک طرف تو فارسی روایات تھیں جن میں عربی رنگ آمیزی تھی اور دوسری جانب بھاشا اور سنسکرت روایات جن کی جڑیں ہندوستان کی فطری، معاشرتی، مذہبی خصوصیات میں دور دور تک پھیلی ہوئی تھیں۔ یہ دونوں چشمے مل کر ایک چوڑا اور عمیق دریا بن سکتے تھے لیکن حقیقت کچھ اور ہے۔ اردو شاعری دریا نہیں ایک چشمہ ہے۔ ایسا چشمہ جس کی گہرائی کم اور جس کا عرض کمتر ہے، جس کا پانی گدلا اور جس کی روانی جمود سے مشابہ۔ آزاد کہتے ہیں، "جب دو صاحب زبان قومیں آپس میں ملتی ہیں تو ایک کے رنگ روپ کا دوسرے پر ضرور سایہ پڑتا ہے۔"

اردو مسلمانوں اور ہندوؤں کے اختلاط کا نتیجہ ہے، اس لئے اردو اور اردو شاعری کی رگوں میں فارسی اور بھاشا کے رنگ روپ کا سایہ ہی نہیں بلکہ ان کا خون موجزن ہونا چاہئے۔ اردو شعراء کی راہ شروع میں دشوار نہ تھی، انھیں مشکل، قسمت آزمائی، بے راہ روی، گمراہی، ناکامیابی، ناامیدی یعنی ایک تنگ و تاریک اور پیچیدہ رستہ طے کرنا نہ تھا۔ ان کی منزل مقصود نزدیک تھی اور راہ آسان، صاف اور روشن لیکن ان کی طبیعت میں کچھ ایسی بے راہ روی تھی کہ منزل مقصود ہمیشہ دور ہی ہوتی گئی۔ مسلمان جب ہندوستان

میں آئے تو اپنی زبان، اپنا کلچر، اپنا ادب ساتھ لائے۔ اس لئے جب اردو شاعری کی ابتدا ہوئی تو اس کے سامنے فارسی شاعری کی زرخیز زمین تھی۔ اردو شاعری نے فارسی خرمن سے خوشہ چینی کی، اس لئے اردو شاعری میں خیالات و مضامین کے ساتھ، "وہ حالات اور ملکی رسمیں اور تاریخی اشارے آگئے جو فارس اور ترکستان سے خاص تعلق رکھتے تھے۔" (آزاد)

عبد السلام صاحب فرماتے ہیں کہ، "اس میں چنداں مضائقہ نہیں، کسی متمدن قوم اور متمدن زبان کا دوسری قوموں اور دوسری زبانوں کے اثر سے محفوظ رہنا تو اصول تمدن کے خلاف ہے، اس لئے اگر اردو شاعری نے فارسی زبان کے سرمایہ سے مدد لی تو کوئی عیب کی بات نہیں۔" لیکن وہ اس حقیقت کو فراموش کر دیتے ہیں کہ اردو زبان کی اس وقت کوئی مستقل صورت نہ تھی اور اردو شاعری کی مخصوص روایات نہ تھیں، اس سے اردو زبان اور اردو شاعری کسی دوسری متمدن زبان اور اس کے ادب سے اس طرح بہرہ ور نہ ہو سکتی تھی جس طرح کوئی متمدن زبان دوسری زبانوں کے رنگ روپ سے متاثر ہوتی ہے۔ ہندوستان میں جب مسلمانوں اور ہندوؤں میں مختلف صورتوں میں میل ملاپ ہوا تو اس میل ملاپ کا اثر ان کی زبان پر بھی پڑا۔ فارسی میں ہندی الفاظ، فقرے، نقوش داخل ہوئے۔ اسی طرح بھاشا میں فارسی رنگ آمیزی ہوئی لیکن فارسی اور ہندی زبانیں اپنی اپنی جگہ پر قائم رہیں۔

اردو کی صورت حال مختلف ہے، یہ ہندوؤں اور مسلمانوں کے میل ملاپ کا نتیجہ ہے۔ شروع میں اردو اور اردو شاعری دونوں تہی مایہ تھیں۔ اردو شاعری کی اپنی کوئی صورت نہ تھی۔ اس کا خزانہ زر سے خالی تھا۔ ایسی حالت میں اردو شاعر کے لئے تین رستے کھلے ہوئے تھے۔ وہ فارسی ادب و شاعری سے مستفید ہو سکتا تھا۔ وہ بھاشا اور سنسکرت کی

خوشہ چینی کر سکتا تھا۔ وہ فارسی اور بھاشا کے امتزاج سے نئی زریں روایات کا آغاز کر سکتا تھا۔ اردو زبان اور شاعری کی عقبی زمین کو پیش نظر رکھ کر کہہ سکتے ہیں کہ تیسرا رستہ صحیح رستہ تھا اور اگر اردو شعراء اس رستہ میں قدم بڑھاتے تو ضرور کامیاب ہوتے۔ دوسرا رستہ بھی سراسر غلط نہ تھا لیکن اردو شعراء نے پہلے رستہ کو پسند کیا اور اسی میں قدم آگے بڑھاتے چلے گئے۔

معلوم ہوتا ہے کہ اردو شاعری پر اس کے ابتدائی زمانے میں فارسی ایک طرف اور بھاشا اور سنسکرت دوسری جانب، دونوں کا اثر رہا۔ عبدالسلام صاحب کہتے ہیں، "دکن میں اردو شاعری کا آغاز مذہبی حیثیت سے ہوا۔۔ ایک مدت تک اس پر بھاشا اور سنسکرت کا اثر غالب رہا، اس لئے وہ الفاظ، ترکیب، بندش، بلکہ اوزان و بحور میں بھی کبت اور دوہوں سے بہت ممتاز تھی۔ ولیؔ، آزادؔ اور سراج کے زمانہ تک اگرچہ وہ بہت کچھ اس اثر سے آزاد ہو چکی تھی، تاہم یہ قدیم انداز اس زمانے تک بھی قائم رہا، چنانچہ ابوالحسن تاناشاہ کے ایک شعر سے اس کی تصدیق ہو سکتی ہے،

کن دھر کھون، کاں جاؤں میں مجھ دل پہ بھل بچھڑات ہے
اک بات کے ہوں گے سجن یہاں جیو بارہ بات ہے

سنسکرت اور بھاشا کے ساتھ اردو شاعری ابتدا ہی سے فارسی زبان سے بھی متاثر ہوتی رہی، چنانچہ محمد علی قطب شاہ کے ان اشعار میں فارسی زبان کی بعض لطیف ترکیبیں موجود ہیں،

اے وضعہا کہ کل جو کیا تازہ اے صنم
او غمزہ تازہ تازہ ترا عارفانہ کر
ہاتف مذاکرے کروائے زمزم صبوح

میرے ے دلم میانہ رمز نہانہ کر

افسوس ہے کہ اس زمانہ میں اردو کوئی ایسا جلیل القدر شاعر پیدا نہ کر سکی جو فارسی روایات اور بھاشا اور سنسکرت روایات کو امتزاج دے کر ایک نئی اردو روایات کی بنیاد قائم کرتا۔ ولیؔ اس زمانہ میں سب سے بڑا شاعر گزرا ہے لیکن ولیؔ کی بھی ایسی زبردست شخصیت نہ تھی کہ وہ اس مہم کو سر سکتا۔ کہتے ہیں کہ سعد اللہ گلشنؔ کے مشورہ سے ولیؔ نے اپنے قدیم رنگ کو، جس میں ہندی کی آمیزش تھی بالکل بدل دیا اور وہ اس رنگ کے شعر کہنے لگا،

جاری ہوئے آنسو مرے یوں سبزۂ خط دیکھ

اے خضر قدم سیر کر اس آب رواں کا

جیسے جیسے زمانہ گزرتا گیا، فارسی روایات اردو میں مستحکم ہوتی گئیں۔ آزادؔ کہتے ہیں، "ہر ملک کی انشاء پردازی اپنے جغرافیے اور سرزمین کی صورت حال کی تصویر بلکہ رسم ورواج اور لوگوں کی طبیعتوں کا آئینہ ہے، سبب اس کا یہ ہے کہ جو کچھ شاعر یا انشا پرداز کے پیش نظر ہوتا ہے وہی اس کی تشبیہوں اور استعاروں کا سامان ہوتا ہے۔"

اردو شعراء اس حقیقت سے واقف نہ تھے، وہ ہندوستان میں رہتے تھے لیکن ان کی آنکھیں ہندوستانی چیزوں میں کوئی حسن نہیں پاتی تھیں۔ ان کی تشبیہیں، ان کے استعارے، ان کے اشارات ایرانی نژاد ہوتے ہیں، اس لئے ان کی شاعری ابتدا ہی سے اصلیت و صداقت سے مغائرت رکھنے لگی۔ اگر وہ بھاشا کی تقلید کرتے تو ان کی شاعری پر کم از کم غیر فطری ہونے کا الزام نہ رکھا جاتا۔ یہ صحیح ہے کہ اس صورت میں فارسی شاعری کے قیمتی خزانوں پر انھیں دسترس نہ ہوتا لیکن وہ اس کمی کو رفتہ رفتہ اپنی کاوش سے دور کر سکتے تھے اور اردو شاعری کو ایسے ایسے جواہرات سے مالا مال کر سکتے تھے کہ پھر

اسے فارسی کا دست نگر نہ ہونا پڑتا اور یہ غیر فطری اور مصنوعی نہ ہو جاتی۔

"بھاشا کا شاعر فصیح استعارہ کی طرف بھول کر بھی قدم نہیں رکھتا، جو جو لطف آنکھوں سے دیکھتا ہے اور جن خوش آوازیوں کو سنتا ہے یا جن خوشبوؤں کو سونگھتا ہے انھیں کو اپنی میٹھی زبان سے بے تکلف، بے مبالغہ صاف صاف کہہ دیتا ہے لیکن یہ نہ سمجھنا کہ ہندوستان میں مبالغہ کا زور تھا ہی نہیں۔ سنسکرت کا انشا پرداز بگڑ جائے تو زمین کے ماتھے پر پہاڑ تیوری کے بل ہو جائیں اور دہانِ غار پتھروں سے دانت پیسنے لگیں۔" (آزاد)

لیکن بھاشا اور سنسکرت کی شاعری فطری ہے۔ تشبیہیں اور استعارات مشاہدہ پر مبنی ہیں۔ گرد وپیش کے حالات وواقعات سے مصرف لیا جاتا ہے یعنی جو آنکھیں دیکھتی ہیں، کان سنتے ہیں، دل محسوس کرتا ہے، دماغ سوچتا ہے، انھیں پر شاعری کی بنا ہے۔ بھاشا کا شاعر ایرانی موسمِ بہار کی تصویر کشی نہیں کرتا، وہ بلبل ہزار داستان کے ساتھ زمزمہ سرائی نہیں کرتا۔ جہانگیر نے اپنے توزک میں سچ کہا ہے کہ ہندوستان کی برسات ہماری فصل بہار ہے اور کوئل یہاں کی بلبل ہے۔ اس موسم کا کچھ لطف یہاں ہے تو بسنت رت کا سماں ہے جس میں ہولی کے رنگ اڑتے ہیں، پچکاریاں چھٹتی ہیں۔ گلال کے قمقمے چلتے ہیں، وہ باتیں نہیں جو فارسی والے بہار کے سمے پر کرتے ہیں۔ (آزاد)

اپنا مقصد بھاشا اور سنسکرت کی تعریف اور فارسی کی تنقیص نہیں۔ فارسی شاعری بھی فطری ہے لیکن فارسی کی تقلید نے اردو شاعری کو غیر فطری بنا دیا ہے۔ ایک زبان کا دوسری زبان پر اثر ہوتا ہے لیکن اس کی وہ ہمہ گیری نہیں ہوتی جو اردو میں نظر آتی ہے، مثلاً فارسی شاعری خود عربی سے متاثر ہوئی اور اس نے بہت کچھ سرمایہ عربی سے لیا۔

"عربی جملے اور امثال و محاورات تو اس کثرت سے آئے ہیں کہ ان کو جمع کیا جائے تو

ایک دفتر بن جائے۔ تلمیحات جن سے سیکڑوں شاعرانہ مضامین پیدا ہوتے ہیں، اکثر عرب کے ہیں، مثلاً ایران میں اگرچہ ہزاروں پری پیکر معشوق گزرے ہیں لیکن شاعری نے لیلیٰ کو انتخاب کیا۔ عاشقی کا سلسلہ بیعت مجنوں تک منتہی ہوتا ہے۔ حسن کے لئے حضرت یوسف کام آئے ہیں اور ان کے تعلق سے سیکڑوں الفاظ اور تلمیحات پیدا ہو گئے ہیں جس پر ہزاروں اشعار کی بنیاد ہے، مثلاً یعقوب، چاک، پیراہن، چاہ کنعاں، خواب زلیخا، زندانِ یوسف، برادران یوسف۔ انبیا کی ذات سے سیکڑوں قصے متعلق ہیں اور ان سے شاعری کا بڑا سرمایہ تیار ہوا ہے، مثلاً آدم، بہشت، گندم، طوفان نوح، قربانی اسمٰعیل، تعمیر کعبہ، بت شکنی، خلیل، صبر ایوب، تخت سلیماں، بلقیس، ہدہد، موسیٰ، ید بیضا، عصائے موسیٰ، وادی ایمن، شمع طور، اعجاز عیسیٰ وغیرہ وغیرہ اور یہ تمام قصے یہودیوں کی تاریخ سے متعلق ہیں جو فارسی شاعری میں عربی زبان کے ذریعہ سے آئے ہیں۔" (شعر الہند)

یہ سب صحیح لیکن مثل روز روشن عیاں ہے کہ فارسی شاعری کا سرمایہ "زیادہ تر ایران کی قدرتی پیداوار کا نتیجہ" ہے۔ فارسی شاعری کی رنگینیاں، اس کی نزاکت ولطافت، اس کی تازگی وشیرینی، اس کے جملہ محاسن اسی کی ذات سے وابستہ ہیں۔ اس نے عربی اوصاف قبول کئے، لیکن کبھی اپنے ملکی سرمایہ سے کنارہ کشی اختیار نہ کی، اس لئے یہ نہیں کہہ سکتے کہ فارسی شاعری عربی شاعری کا وجود ظلی ہے۔ اردو شاعری کی حقیقت کچھ اور ہے۔ اردو شاعری اپنی قدرتی پیداوار کو چھوڑ کر ایران کی طرف قدم بڑھاتی ہے اور تمام اساسی مضامین کا مورد ایران سے لیتی ہے، مثلاً جیحوں وسیحوں، جوئے شیر، کوہ الوند، کوہ بے ستوں، رستم، اسفندیار، سام، مانی، بہزاد، مجنوں، فرہاد، شمشاد، نرگس، سنبل، بنفشہ، سرو قمری، بلبل اور پروانہ وغیرہ پر اردو شاعری کے ہزاروں مضامین کی بنیاد ہے

اور یہ تمام چیزیں ایران کے ساتھ مخصوص ہیں۔ فارسی الفاظ، فارسی محاورات کے ترجمے اور فارسی ترکیبیں تو اس کثرت سے ہیں کہ ان کا استقصا نہیں کیا جا سکتا۔۔۔ غرض بحر، ردیف، قافیہ، استعارہ و تشبیہ ہر حیثیت سے اردو شاعری فارسی کا وجود ظلّی ہے۔ (شعر الہند)

فارسی شاعری نے عربی اثرات قبول کئے لیکن کبھی ایران کی قدرتی پیداوار سے کنارہ کشی نہیں کی۔ اردو شاعری ہندوستانی پیداوار کو چھوڑ کر سراسر فارسی شاعری کی خوشہ چیں ہو گئی۔ فارسی شاعری نے ہمیشہ اپنی مخصوص منفرد ہستی قائم رکھی۔ اردو شاعری کی علیحدہ ہستی نہیں۔ یہ محض فارسی شاعری کا سایہ ہے۔ اسے فارسی شاعری اس قدر پسند خاطر ہوئی کہ وہ ہمیشہ کے لئے فارسی شاعری کی کاسہ لیس ہو گئی۔ آزادؔ کا استعجاب صحیح ہے۔

"تعجب ہے کہ اس نے اس قدر خوش ادائی اور خوش نمائی پیدا کی کہ ہندی بھاشا کے خیالات جو خاص اس ملک کے حالات کے بموجب تھے، انھیں بھی مٹا دیا۔ چنانچہ خاص وعام پپیہے اور کوئل کی آواز اور چنپا اور چنبیلی کی خوشبو کو بھول گئے۔ ہزاروں بلبل اور نسریں و سنبل جو کبھی دیکھی بھی نہ تھی، ان کی تعریف کرنے لگے۔ رستم واسفندیار کی بہادری، کوہ الوند اور بے ستوں کی بلندی، جیحوں سیحوں کی روانی نے یہ طوفان اٹھایا کہ ارجن کی بہادری ہمالہ کی ہری ہری پہاڑی برف بھری چوٹیاں اور گنگا جمنا کی روانی کو بالکل روک دیا۔"

اس صورت حال کی وجہ بھی ظاہر ہے۔ مسلمان حکمراں تھے۔ ان کی زبان فارسی تھی۔ ان کے متعلقات ایران وترکستان کے رنگ میں رنگے ہوئے تھے۔ اردو زبان کی پیدائش اور ترقی کے بعد بھی ایک مدت تک تعلیم یافتہ طبقے کی زبان فارسی رہی یعنی اسے

وہ خط وکتابت، تالیف وتصنیف کے لئے استعمال کرتے رہے۔ شاعرانہ اردو کے نوجوان نے فارسی کے دودھ سے پرورش پائی۔ فارسی خیالات ومضامین اس کی فطرت ثانی ہو گئی۔ رستم واسفندیار کی بہادری، کوہ الوند اور بے ستوں کی بلندی، جیحون سیحوں کی روانی، یہ چیزیں اسے اجنبی نہیں معلوم ہوتی تھیں۔ رستم واسفندیار کی داستانیں اس کے دل ودماغ میں ہیجان پیدا کر سکتی تھیں لیکن ارجن کی بہادری اس کے دل میں کسی قسم کی امنگ پیدا نہیں کرتی تھی۔ وہ ہندوستان میں رہتا تھا لیکن اس نے ہندوستان کی روایات اخذ نہیں کی تھیں۔ شاید وہ ان سے پوری طرح واقف بھی نہ تھا اور نہ اسے ضروری سمجھتا تھا، اس لئے اگر اردو شاعری میں رامائن اور مہابھارت کی داستانوں اور کرداروں، ان کے مضامین اور بیانات سے آگاہی ظاہر نہیں ہوتی تو کچھ تعجب نہیں۔

ہاں یہ البتہ تعجب کی بات ہے کہ "کوہ الوند اور بے ستوں کی بلندی اور جیحوں سیحوں کی روانی" ہمالہ کی ہری ہری پہاڑیوں، برف بھری چوٹیوں اور گنگا جمنا کی روانی پر غالب رہیں۔ "شاعرانہ اردو کا نوجوان" ہندوستان میں رہتا تھا۔ اگر وہ ہندوستان کی ادبی روایات سے واقف نہ تھا تو چنداں مضائقہ نہ تھا لیکن خدا نے اسے آنکھیں دی تھیں۔ ان سے مصرف لینا اس کا فرض تھا۔ ہندوستان میں "سیکڑوں چشمے، ندیاں اور سیکڑوں پہاڑ ہیں۔۔۔ یہاں سیکڑوں قسم کے میوے، پھول، پھل اور درخت پیدا ہوتے ہیں۔" لیکن وہ ہندوستان کے حسین فطری مناظر سے باخبر نہیں ہوتا۔ پپیہے اور کوئل کی آواز اور چنپا اور چنبیلی کی خوشبو کا کہیں ذکر نہیں لیکن ہزاروں بلبل اور نسرین وسنبل جو کبھی دیکھی بھی نہ تھیں، کے متعلق رطب اللسان ہے۔

غور کرنے سے اس عجیب واقعہ کی وجہ سمجھ میں آجاتی ہے۔ اردو شعراء غزل کے دلدادہ تھے۔ غزل ہمارے جذبات واحساسات، ہماری اندرونی کیفیتوں، ہمارے داخلی

تجربات کی ترجمان ہے، اس لئے شروع سے اردو شعراء کی نگاہیں اپنے دل کی طرف نگراں ہوگئیں۔ وہ خارجی دنیا سے کوئی سروکار نہیں رکھتے۔ وہ پپیہے اور کوئل کی آواز نہیں سنتے اور اگر سنتے بھی ہیں اس سے متاثر نہ ہوتے۔ وہ چنپا اور چنبیلی کی خوشبو سے بہرہ ور نہیں ہوتے یعنی وہ اپنے حواس خمسہ سے صحیح مصرف نہیں لیتے لیکن وہ تعلیم یافتہ ہوتے۔ فارسی ادب سے وہ واقف ہوتے اور اس کے محاسن سے متاثر۔ یہ صحیح ہے کہ انھوں نے ہزار و بلبل اور نسرین و سنبل کبھی دیکھی بھی نہ تھیں لیکن یہ چیزیں حسن کی علامتیں تھیں، اس لئے ان سے ذاتی واقفیت ضروری نہ تھی۔ اردو زبان اور شاعری کی جب ترقی ہوئی تو سلطنت مغلیہ کا زوال تھا۔ جب کسی قوم کے زوال کا زمانہ قریب آتا ہے تو اس کی صورت پہلے ہی سے مسخ ہونے لگتی ہے، اس کی رگیں ڈھیلی پڑ جاتی ہیں، عمل رخصت ہو جاتا ہے اور دلوں میں عیش پسند آ جاتی ہے۔ فضا میں مہلک جراثیم پھیل جاتے ہیں جو اس قوم کے اوصاف کے حق میں سم قاتل ثابت ہوتے ہیں۔

اردو شاعری نے ایسے زمانے میں ترقی کی، جب کاہل، عیش پسند، پریشان و سرگرداں، جھوٹی شان وشوکت، نام و نمود کے خواہاں افراد نے شاعری کو تفریح کا ذریعہ سمجھا، اسے ایک دلچسپ کھلونا سمجھا جس کی دلچسپیوں میں وہ ناگوار ہونے والے واقعات کو ایک لمحے کے لئے بھول جاتے تھے۔ ان کی قواء سست پڑ گئے تھے، ان کی رگوں میں خون کی روانی کم ہوگئی تھی۔ جس فضا میں وہ سانس لیتے تھے، اس میں تباہی و بربادی کے جراثیم تھے۔ ان کے تحت الشعور میں آنے والی تباہی کا خوف جم گیا تھا۔ وہ غیر شعوری طور پر آنکھیں کھولنے سے ڈرتے تھے، اس لئے وہ اپنی اندرونی کیفیتوں کے مشاہدے میں مستغرق رہتے تھے۔ اپنے جذبات اور احساسات کے اظہار کے لئے انھیں فارسی میں بنے بنائے خیالات، الفاظ، نقوش، استعارے مل گئے اور انھیں شعراء نے

ہاتھوں ہاتھ لیا۔ وہ ہمالیہ کی برف پوش چوٹیوں، ہندوستان کے بو قلموں پھولوں، گنگا، جمنا کی روانی کا مشاہدہ کر سکتے تھے لیکن غیر شعوری طور پر وہ ان چیزوں کا مشاہدہ کرنے سے ڈرتے تھے۔ وہ جانتے تھے کہ اگر انہوں نے اپنی آنکھیں کھولیں تو ہندوستان کے حسین مناظر کے ساتھ ساتھ بھیانک خواب کی طرح تباہی و بربادی کی وہ صورت بھی نظر نہ آ جائے جسے وہ دیکھنا پسند نہیں کرتے تھے۔

عبد السلام صاحب اردو شاعری کو تہی مائیگی اور فارسی کی کورانہ تقلید کے الزام سے اس طرح بچانا چاہتے ہیں، "۔۔۔ ہر زبان کا یہ فرض بھی ہے کہ وہ خود اپنے ملکی سرمایہ، ملکی خصوصیات اور ملکی رسم و رواج سے بیگانہ اور ناآشنا نہ ہو اور اردو شاعری کی کوئی صنف ان سے ناآشنا نہیں ہے۔ مثلاً اردو غزل گوئی کے اگرچہ مختلف دور ہیں اور ہر دور کی خصوصیتیں الگ الگ ہیں، باہم کوئی دور ملکی خصوصیات سے بیگانہ و ناآشنا نہیں ہے۔ ابتدائی زمانے میں تو غزل کی بنیاد ہی دوہروں اور کبتوں کے وزن پر رکھی گئی تھی۔ بعد کو اگرچہ فارسی اثر غالب آ گیا تاہم بھاکا اور سنسکرت کے آثار ایک مدت تک باقی رہے۔۔۔ سنسکرت اور بھاشا کے الفاظ تو ایک مدت تک بکثرت مستعمل رہے اور ہندوستان کی ملکی اور مذہبی خصوصیات کا اثر ہر دور میں نمایاں طور پر نظر آتا ہے۔۔۔ مضامین اور خیالات میں بھی بھاشا کا اثر پایا جاتا ہے۔"

یہاں جو مثالیں پیش کی گئی ہیں، ان سے ظاہر ہوتا ہے کہ اردو شاعری میں ملکی سرمایہ اس قدر کم ہے کہ اس کا ہونا نہ ہونا برابر ہے۔ ایسے اشعار جن میں ہندی روایات کی موجودگی ہے، بہت کم نظر آتے ہیں اور ان کا وجود محض فارسی شاعری کے محکم اثر کا ثبوت ہے۔ ایک طرف تو وہ بے شمار اشعار ہیں جو فارسی کے زیر اثر لکھے گئے ہیں اور دوسری جانب یہ معدودے چند اشعار ہیں جن میں ہندی الفاظ و جزئیات ہیں۔ ان چند

شعروں سے یہ ثابت کرنے کی کوشش کہ اردو دوسری زبانوں کی طرح اپنے "ملکی سرمایہ"، ملکی خصوصیات اور ملکی رسم ورواج سے بیگانہ اور نا آشنا نہیں، نہایت مضحک ہے۔ یہ بات روشن ہے کہ اردو شعراء اردو شاعری کی ابتدا کے بعد غلط راستہ پر چل کھڑے ہوئے۔ ایسا رستہ، جسے "اندھی گلی" کہہ سکتے ہیں۔ اسی وجہ سے اردو شاعری منزل مقصود سے دور رہ گئی۔ یہ منزل تک پہنچ بھی نہیں سکتی تھی کیونکہ رستہ مسدود تھا۔

دوسری عجیب بات ان مثالوں میں یہ نظر آتی ہے کہ عموماً ان سبھوں میں روح شاعری مفقود ہے۔ اردو شعراء جب تک فارسی کے زیر اثر لکھتے ہیں تو کامیاب اشعار کہہ لیتے ہیں لیکن جہاں ہندی جزئیات کا استعمال ہوا پھر ناکامیابی ان کا حصہ ہو جاتی ہے یعنی جب اردو شعراء گل وبلبل، جیحوں سیحوں، رستم واسفند یار کا جن سے وہ ذاتی طور پر واقف نہ تھے، ذکر کرتے ہیں تو کامیاب ہوتے ہیں لیکن جہاں اپنی آنکھوں سے مصرف لیا، اپنے گرد وپیش کے حالات، رسم ورواج، ملکی ومذہبی خصوصیات سے مصرف لیا تو پھر کامیابی عنقا ہے۔ فارسی روایات زیادہ سازگار ہوتی ہیں، ہندی روایات سم قاتل سے کم نہیں۔ چند مثالیں ملاحظہ ہوں، میرؔ کا ایک شعر ہے،

ہو کے اس کے شربتی لب سے جدا
کچھ بتاسا سا گھلا جاتا ہے جی

یہاں محض رعایت لفظی ہے "شربتی، بتاسا۔" جذبات کا نام ونشان بھی نہیں، دوسرے اشعار بھی اس قسم کے ہیں،

ہر اشک کو مری مژگاں سے یہ علاقہ ہے
کہ جوں ستار کی کھونٹی سے تار باندھ دیا
مصحفیؔ

ہے چاک چاک روز ازل سے یہ دل مرا
جوں خربزہ عیاں ہے جدا ایک ایک قاش

میر حسنؔ

افشری کا بوسہ بازی میں مجھے ملتا ہے لطف
قند کی ڈلیاں وہ لب ہیں خالِ لب ہیں فالسے

آتشؔ

ہوا دھوپ میں بھی نہ کم حسن یار
کنھیا بنا وہ جو سونلا گیا

صبا

ان شعروں میں شعریت مطلق نہیں۔ معلوم ہوتا ہے کہ جب شعراء ہندی جزئیات کا استعمال کرتے ہیں تو گویا وہ محسوس کرتے ہیں کہ وہ کسی اجنبی زبان میں شعر کہہ رہے ہیں اس لئے روانی، تازگی، اصلیت سب چیزیں عنقا ہو جاتی ہیں اور ان کی جگہ ایک قسم کی رکاوٹ، آورد، بھداپن، گرانی، اجنبیت یہ سب چیزیں نمایاں ہو جاتی ہیں۔ مصحفیؔ اور میر حسنؔ کے شعروں میں ہندی تشبیہیں ہیں اور محض تشبیہ کی حیثیت سے کچھ بری نہیں لیکن اسے کیا کیجئے کہ شعروں میں اثر مطلق نہیں۔ ان تشبیہوں سے مصحفیؔ و میر حسنؔ محظوظ نہیں ہوئے تھے، اس لئے قاری کو بھی ان سے کوئی مسرت حاصل نہیں ہوتی۔ اسی طرح اکثر شعروں میں ہندوستانی تلمیحات ملتی ہیں لیکن یہاں بھی وہی حال ہے یعنی شعر عموماً کامیاب نہیں ہوئے۔

خط نکلے پہ بوسہ رخ پر نور کا پایا
خیرات برہمن کو ملی چاند گہن کی

رند

لطف اگر یہ ہے کہ بتاں صندل پیشانی کا
حسن کیا صبح کے پھر چہرۂ نورانی کا

میرؔ

خاک شہید ناز سے بھی ہولی کھیلئے
رنگ اس میں ہے گلال کا بو ہے عنبر کی

آتشؔ

چاند گہن کی خیرات، صندل پیشانی، ہولی، یہ سب چیزیں ہندی مذہب ورسم ورواج سے تعلق رکھتی ہیں اور ظاہر ہے کہ اردو شعراء نے انھیں حلقۂ شعر میں داخل کیا ہے لیکن ان کی موجودگی سے حسن شعر میں افزائش نہیں، کمی ہوئی ہے۔ وجہ یہ ہے کہ اردو شعراء ان چیزوں سے واقف تو تھے لیکن یہ واقفیت سطحی تھی۔ یہ چیزیں ان کے احساسات کا جزو نہیں بن گئی تھیں۔ اردو شعراء ہندوستان میں رہتے تھے لیکن اپنا دامن سمیٹے ہوئے وہ ہندوستانی چیزوں سے دور کی واقفیت رکھتے تھے لیکن ان سے متاثر ہونا گناہ سمجھتے تھے۔ انھوں نے اپنے گرد ایک طلسمی دائرہ کھینچ رکھا تھا۔ یہ طلسمی دائرہ انھیں ہندی جزئیات کے اثر سے محفوظ رکھتا تھا، کبھی کبھی وہ ان چیزوں کا جو دائرہ سے باہر تھیں ذکر کر لیا کرتے تھے اور بس۔ بہرکیف یہ چیزیں جن کا ذکر ہوا زیادہ اہم نہیں۔ اردو میں خدا جانے کتنے اشعار بہار کے متعلق ملیں گے لیکن یہ بہار ایران کا موسم بہار ہے۔ ہندوستان کا موسم بہار برسات ہے اور عبدالسلام صاحب فرماتے ہیں کہ ہمارے شعراء نے اس بہار کی تمام خصوصیات کو نمایاں کیا ہے، چنانچہ خواجہ آتشؔ فرماتے ہیں،

جھومتی آتی ہے مستانہ گھٹا برسات کی

ساتھ کیفیت کے چلتی ہے ہوا برسات کی
پنجۂ مرجاں بنیں گے تیرے ہاتھ اے بحر حسن
بے کئے شوخی نہیں رہتی حنا برسات کی
روتے روتے عاشق شیدا ہزاروں مر گئے
مانگی اس دہقاں پسر نے جو دعا برسات کی
غم بہت کھلوا نہ مجھ گریاں کو تو اے ہجر یار
خوف بد ہضمی کا رکھتی ہے غذا برسات کی
مے نہ دینا مجھ کو بیدردی ہے اب تو ساقیا
ابتدا جاڑے کی ہے اور انتہا برسات کی

اس غزل میں ہندوستان کی برسات کی تمام خصوصیات یعنی رنگِ حنا کی شوخی، دہقاں پسر کا برسات کے لئے دعا مانگنا، بد ہضمی کا خوف ہونا، جاڑے کی ابتدا اور برسات کی انتہا نہایت واضح طور پر نمایاں ہیں۔ یہ سب صحیح لیکن شاید مطلع اور آخری شعر کے علاوہ بقیہ شعر ایسے گراں ہیں کہ ان سے "دماغی بد ہضمی" کا خوف ہے۔ آخری شعر خمریات کے زمرہ میں داخل ہے، مطلع میں البتہ کچھ اثر ہے لیکن غیر معمولی نہیں۔ ان شعروں کا غالبؔ کے قطعہ سے مقابلہ کیجئے،

پھر اس انداز سے بہار آئی
کہ ہوئے مہر و مہ تماشائی
دیکھو اے ساکنانِ خطۂ خاک
اس کو کہتے ہیں عالم آرائی
کہ زمیں ہو گئی ہے سر تا سر

روکشِ سطحِ چرخِ مینائی

سبزے کو جب کہیں جگہ نہ ملی

بن گیا روئے آب پر کائی

سبزہ و گل کے دیکھنے کے لئے

چشمِ نرگس کو دی ہے بینائی

ہے ہوا میں شراب کی تاثیر

بادہ نوشی ہے بادپیمائی

فرق نمایاں ہے۔ غالبؔ ایرانؔ کے موسمِ بہار کا ذکر کرتے ہیں، آتشؔ ہندوستان کی برسات کا۔ غالبؔ کی تصویر کی بنا تخیل پر ہے، آتشؔ نے تخیل سے کام لیا ہے۔ غالبؔ کی جزئیات عام ہیں، آتشؔ چند مخصوص دیکھی ہوئی چیزوں کا ذکر کرتے ہیں لیکن غالبؔ کا قطعہ شاعری کے اعتبار سے آتشؔ کے اشعار سے بلند پایہ ہے۔ غالبؔ کے دل میں ایک تصویرِ خیالی نے ہیجان برپا کیا تھا لیکن برسات کی دیکھی ہوئی تصویروں نے آتشؔ کے دل میں ایک لہر بھی پیدا نہ کی تھی، نتیجہ معلوم! آتشؔ کا مطلع جو نسبتاً اور شعروں سے اچھا ہے، غالبؔ کے اشعار کے سامنے بے رنگ اور بے لطف معلوم ہوتا ہے۔

آتشؔ کہتے ہیں: ساتھ کیفیت کے چلتی ہے ہوا برسات کی

غالبؔ کہتے ہیں: ہے ہوا میں شراب کی تاثیر

زیادہ کہنے کی ضرورت نہیں، آتشؔ کا مصرع کمزور، غالبؔ کا مصرع زوردار و با اثر ہے۔ یہی فرق تمام ظاہر ہے۔

اردو شاعری کا زیادہ سے حصہ غزلوں پر مشتمل ہے۔ صنف غزل اپنی آسانی اور زود اثری کی وجہ سے ہر دلعزیز ہو گئی تھی اور اس صنف میں فارسی کا اثر زیادہ سے زیادہ نمایاں

ہے۔ یہی وجہ ہے کہ جب شعراء مقرر شدہ رستہ سے کسی دوسری طرف جا بھکتے ہیں تو پھر کھوئے ہوئے معلوم ہوتے ہیں۔ دوسری صنفیں مشکل تھیں اور ان میں فارسی شاعری کا تتبع مشکل تر تھا اس لئے ان کی طرف توجہ کم ہوئی۔ قصائد جس قدر کم ہیں، اسی قدر رتبہ میں بھی کم ہیں، اس لئے ان کا ذکر ضروری نہیں لیکن عبد السلام صاحب نے محسنؔ کاکوروی کے ایک نعتیہ قصیدہ کی تشبیب پیش کی ہے جو ان کے الفاظ میں، "بالکل ہندوانہ انداز کی لکھی ہے اور واقعہ یہ ہے کہ نہایت پر اثر ہے۔" ایک تو ایسی مثالیں شاذ ہیں، دوسرے اس تشبیب میں صفائی اور لطف زبان کے سوا کچھ نہیں ہے۔ یہ "نہایت پر اثر" ہرگز نہیں۔ آورد، قصد، تصنع ہر جگہ موجود ہے۔ چند شعر ملاحظہ ہوں،

سمت کاشی سے چلا جانبِ متھرا بادل
برق کے کاندھے پہ لائی ہے صبا گنگا جل
گھر میں اشنان کریں سرو قدانِ گوکل
جا کے جمنا پہ نہانا بھی ہے اک طولِ امل
راکھیاں لے کے سلونوں کی برہمن نکلیں
تار بارش کا تو ٹوٹے کوئی ساعت کوئی پل
سبزۂ خط سے ہوا ہونے لگی سرخی لب
چمنِ حسن سے لال اڑ گئے بن کر ہریل
صاف آمادۂ پرواز ہے شاماں کی طرح
پر لگائے ہوئے مژگانِ صنم سے کاجل

آخری دو شعروں میں تو رعایت لفظی کی غالباً بدترین صورت ہے۔ باقی شعروں میں بھی آورد کی کارفرمائی ہے۔ یہاں ہندوانہ انداز ضرور موجود ہے لیکن جسے ذرا بھی مذاقِ

سلیم ہے، وہ ان اشعار کو "نہایت پر اثر" نہیں کہہ سکتا۔ اس تشبیب کا سودا کی مشہور تشبیب سے مقابلہ کیجئے جس کا پہلا شعر ہے،

اٹھ گیا بہمن ودے کا چمنستاں سے عمل
تیغ اردی نے کیا ملکِ خزاں مستاصل

سودا بہار کا نقشہ پیش کرتے ہیں، محسن کاکوروی برسات کا۔ سودا کی تشبیب سے کم سے کم بہار کی رنگینی و فراوانی کا اندازہ ملتا ہے۔ محسن کاکوروی کے اشعار سے پراگندگی پیدا ہوتی ہے اور کوئی صاف مکمل نقشہ مرتب نہیں ہوتا۔ سودا میں ایک زور ہے جس نے آورد کو آمد میں تبدیل کر دیا۔ محسن کاکوروی میں یہ زور موجود نہیں۔ غزل و قصیدہ سے مثنوی و مرثیہ میں زیادہ گنجائش تھی۔ مثنوی و مرثیہ میں بھی ہندی جزئیات ملتی ہیں لیکن ان میں دوسری قسم کی کمی محسوس ہوتی ہے۔

عبد السلام صاحب کہتے ہیں، "اردو مثنویوں میں سب سے زیادہ مشہور مثنوی بدر منیر ہے اور اس میں ناچ رنگ کے جلسے، گانے بجانے کے ٹھاٹھ، باغوں اور ہر قسم کی محفلوں کے سمے، سواریوں کے جلوس، مکانوں کی آرائش، شاہانہ لباس اور جواہرات اور زیورات وغیرہ کا بیان بالکل ہندوستانی طریقہ کے موافق کیا گیا ہے۔۔۔ میر حسن نے ہندوستانی ہی امراء کی طرز معاشرت کو سامنے رکھ کر یہ مثنوی لکھی ہے۔"

یہ ایک حد تک صحیح ہے لیکن اس مثنوی میں میر حسن نے گویا ایک خیالی دنیا کی تخلیق کی ہے اور یہ دنیا انسانی دنیا سے سراسر مختلف ہے۔ کردار، واقعات، تصویریں، فضا ساری چیزیں مختلف ہیں۔ جب ہم یہ مثنوی پڑھتے ہیں تو گویا ہم انسانی سرحد سے گزر کر کسی نئے ملک میں قدم رکھتے ہیں جس کے قوانین نئے، اجنبی اور غیر معمولی معلوم ہوتے ہیں۔ ایسی فضا میں جب ہم ہندوستانی جانی ہوئی چیزوں کو دیکھتے ہیں تو ہمیں استعجاب

ہوتا ہے۔ اس خیالی دنیا میں "ہندوستانی" ناچ رنگ کے جلسے، گانے بجانے کے ٹھاٹھ، ہر قسم کی محفلوں کے سمے، سواریوں کے جلوس، شاہانہ لباس وغیرہ بے موقع معلوم ہوتے ہیں۔ میر حسن جلوس، شادی کی دھوم دھام، دولہن کی آرائش کا تفصیل کے ساتھ ذکر کرتے ہیں اور یہ ذکر دلچسپ بھی ہے اور ہندوستانی امراء کی طرزِ معاشرت کو سامنے رکھ کر یہ تصویر کھینچی گئی ہیں۔

انھیں پیش نظر رکھ کر کہہ سکتے ہیں کہ میر حسنؔ کی آنکھیں وا تھیں۔ وہ گردوپیش کے حالات وواقعات سے باخبر تھے اور ان سے اپنی نظم میں مصرف بھی لے سکتے تھے لیکن حقیقت یہ ہے کہ یہ مرقعے زیورات کی طرح محض آرائش کے لئے مرتب کئے گئے ہیں اور یہ آرائش بے موقع بھی ہے اور مصنوعی بھی۔ اس کے علاوہ، وہ ان چیزوں کی تصویر کشی میں اپنی معاشرت سے مدد لینے پر مجبور تھے۔ اردو شعراء شروع سے غزل کی طرف مائل تھے۔ ابتدا میں اردو زبان کچی، خام اور ناقص تھی اس لئے اس میں اظہار خیال آسان نہ تھا، ساتھ ساتھ جب اردو نے کچھ ہوش سنبھالا تو مسلمانوں کا زوال تھا اور ان کی فطرت میں کاہلی، آرام طلبی، سہولت کی خواہش پیدا ہو گئی تھی، اس لئے انھوں نے آسان اور مختصر صنف شاعری غزل کو پسند کیا۔

قصیدہ اور مثنوی مشکل صنفیں تھیں۔ ان میں وہ فارسی شعراء کے نقش قدم پر چلنے میں کامیاب نہ ہو سکے، ابتداء میں کچھ فارسی کی تقلید کی گئی لیکن دشواری سے طبیعت جلد عاجز آگئی اور اردو میں مثنوی مولانا رومؔ یا شاہنامہ جیسی کوئی مثنوی نہیں لکھی گئی۔ بہرکیف مثنوی میں فارسی کی تقلید ممکن نہ ہوئی۔ اسی وجہ سے ایک حد تک اردو شعراء اپنے مشاہدہ سے مصرف لینے پر مجبور ہو گئے لیکن نتیجہ پھر بھی تشفی بخش نہ ہوا۔ خصوصاً جب باغ کی تصویر کشی ہوتی ہے تو یہ کمی بہت نمایاں ہو جاتی ہے۔ میر حسنؔ محض پھولوں

کے نام گنا دیتے ہیں۔ نرگس، گل یاسمن، چنبیلی، موتیا، رائے بیل، موگرا، لالہ، جعفری، گیندا، گل داؤدی، چنپا، نسرین، نسترن لیکن کبھی بھی ذاتی مشاہدہ کا ثبوت نہیں دیتے۔ باغ اور باغ کے پھول دونوں مصنوعی ہیں اور ان کا ہونا نہ ہونا برابر ہے۔

مرثیوں کا بھی یہی حال ہے، ان میں بھی ہندی جزئیات ہیں لیکن یہ بے موقع ہیں، "مراثی میں جو واقعات مذکور ہیں، ان کا تعلق اگرچہ تمام عرب سے ہے لیکن ان میں بھی ہندوستانی شان علانیہ نمایاں ہے، مثلاً ہمارے مرثیہ گویوں نے اہل حرم کے عادات اور مراسم شرفائے ہندوستان کی مستورات کے مطابق فرض کئے ہیں اور شادی و غمی کے متعلق جس قسم کے مراسم و عادات یہاں جاری ہیں، وہی تمام مرثیوں میں مذکور ہیں۔" (شعر الہند)

عبد السلام صاحب یہ لکھتے ہیں لیکن انھیں اس کا ذرا بھی احساس نہیں ہوتا کہ مراثی میں "ہندوستانی شان" کا اعلانیہ نمایاں ہونا ہی ان کا سب سے بڑا نقص ہے۔ کردار، واقعات، عادات، احساسات (مراسم) سبھی ہندوستانی ہیں۔ یہ صناعی کا فتور ہے اور اس وجہ سے مراثی کی اہمیت کم ہو جاتی ہے۔ یہی اردو شعراء کا نقص ہے کہ جب وہ ہندوستانی جزئیات، عقبی زمین کی طرف رجوع کرتے ہیں تو وہ فن شاعری کے دوسرے اہم اصول کو فراموش کر دیتے ہیں اور ان چیزوں کی موجودگی ان کی شاعری کے حسن میں اضافہ کرنے کے بدلے ایک بد نما دھبہ معلوم ہوتی ہے۔

بیت الشرف خاص سے نکلے شہ ابرار
روتے ہوئے ڈیوڑھی پہ گئے عترتِ اطہار
فراشوں کو عباس پکارے یہ بہ تکرار
پردہ کی قناتوں سے خبردار خبردار

باہر حرم آتے ہیں رسولِ دوسرا کے
شقہ کوئی جھک جائے نہ جھونکوں سے ہوا کے
لڑکا بھی بھی جو کوٹھے پہ چڑھا ہو وہ اتر جائے
آتا ہو ادھر جو، وہ اسی جا پہ ٹھہر جائے
ناقہ پہ بھی کوئی نہ برابر سے گذر جائے
دیتے رہو آواز جہاں تک نظر جائے
مریم سے سوا حق نے شرف ان کو دیے ہیں
افلاک پہ آنکھوں کو ملک بند کئے ہیں

"پردے کا رواج اگرچہ عرب میں بھی تھا، تاہم اس بارے میں مسلمانان ہندوستان میں جو سخت پابندیاں ہیں وہ اور کسی اسلامی ممالک میں نہیں پائی جاتیں، اس لئے پردے کا یہ اہتمام بالکل ہندوستانی رسم ورواج کے مطابق ہے۔" (شعر الہند)

یہ ایک ادنیٰ مثال ہے، اس قسم کی مثالوں سے مرثیے بھرے پڑے ہیں۔ مرثیہ گویوں نے ہندوستانی جزئیات کا غلط استعمال کیا ہے۔ مثنوی کی طرح مرثیہ میں بھی فطری مناظر کے مرقعے ملتے ہیں، خصوصاً انیسؔ نے اس قسم کے مرقعے نہایت اہتمام کے ساتھ مرتب کئے ہیں لیکن یہ مرقعے بھی خیالی ہیں اور مصنوعی۔ ان میں ایک عیب یہ بھی ہے کہ یہ مرقعے متضاد قسم کے ہیں،

وہ صبح اور وہ چھاؤں ستاروں کی اور وہ نور
دیکھے تو غش کرے ارنی گوئے اوج طور
پیدا اگلوں سے قدرت اللہ کا ظہور
وہ جابجا درختوں پہ تسبیح خواں طیور

گلشن خجل تھے وادیِ مینو اساس سے
جنگل تھا سب بسا ہوا پھولوں کی باس سے
وہ دشت وہ نسیم کے جھونکے وہ سبزہ زار
پھولوں پہ جابجا وہ گہرہائے آب دار
اٹھنا وہ جھوم جھوم کے شاخوں کا بار بار
بالائے نخل ایک جو بلبل تو گل ہزار
خواہاں تھے زیبِ گلشن زہرا آب کے
شبنم نے بھر دیے تھے کٹورے گلاب کے

ایک جگہ یہ حسن کا عالم ہے اور دوسری جگہ یہ مہیب سماں،

کوسوں کسی شجر میں نہ گل تھے نہ برگ و بار
ایک ایک نخل جل رہا تھا صورتِ چنار
ہنستا تھا کوئی گل نہ لہکتا تھا سبزہ زار
کانٹا ہوئی تھی پھول کی ہر شاخِ باردار
گرمی یہ تھی کہ زیست سے دل سب کے سرد تھے
پتے بھی مثلِ چہرۂ مدقوق زرد تھے

اردو میں صرف ایک شاعر ہے جس کی شاعری اپنے ماحول سے علیحدہ ہو کر فارسی فضا میں سانس نہیں لیتی۔ یہ نظیرؔ کی شاعری ہے۔ نظیرؔ کی زندگی، ان کے ماحول اور ان کی شاعری کے درمیان کوئی خلیج حائل نہیں۔ نظیر ہندوستان میں رہ کر ہندوستان سے دور نہیں رہتے تھے۔ وہ فارسی مضامین، فارسی حالات وواقعات، فارسی نقوش واستعارے کورانہ طور پر استعمال نہیں کرتے تھے۔ وہ ہندوستان میں رہتے تھے۔ ہندی طرزِ

معاشرت، ہندی خیالات و نقوش ان کی رگوں میں سرایت کر گئے تھے، جو زندگی وہ بسر کرتے تھے، جو چیزیں ان کی آنکھیں دیکھتی تھیں، جس طرز معاشرت سے وہ واقف تھے، جن مناظر کا وہ تماشا دیکھا کرتے تھے، جو زبان وہ بول چال میں استعمال کرتے تھے، انہیں سب چیزوں سے ان کی شاعری کی تعمیر ہوئی ہے، اسی لئے جو واقعیت، جو صداقت و حقیقت ان کی نظموں میں نظر آتی ہے، وہ اور کہیں نہیں ملتی۔ فطرت کے بو قلموں مرقعے، انسانی دنیا کے مختلف مناظر، یہ سب ہندی رنگ میں رنگے ہوئے ان کی نظموں میں ملتے ہیں۔

افسوس ہے کہ ان کے معاصرین نے نظیرؔ کی قدر نہ کی اور ان کی اہمیت کو بالکل نہ سمجھا ورنہ اردو شاعری کی داستان زیادہ رنگین اور کامیاب ہوتی۔ جو شخص کوئی نئی راہ نکالتا ہے، اسے مشکلیں درپیش ہوتی ہیں۔ اس کی سخت مخالفت ہوتی ہے یا اسے قابل توجہ خیال نہیں کیا جاتا ہے۔ نظیرؔ کو بھی قابل توجہ نہیں سمجھا گیا، اس نے ان کی شاعری کا گویا مطلق اثر نہ ہوا۔ نظیر نے اردو میں پہلی مرتبہ نئی مقامی روایات کی بنیاد ڈالی۔ ایسی روایات جو فارسی سے مختلف تھیں، جو فطری تھیں اور جن میں ترقی کی گنجائش تھی۔ یہ ضرور ہے کہ جن روایات کی بنا نظیرؔ نے ڈالی وہ فارسی روایات سے کم قیمت ہیں لیکن اگر دوسرے شعرا اس رستے میں جرأت کے ساتھ قدم آگے بڑھاتے جس میں نظیرؔ نے پہلی مرتبہ رہروی کی تھی تو اس وقت اردو روایت شاید فارسی روایات کا نعم البدل ہوتیں۔

بہرحال نظیرؔ نے اردو شاعری کی رَو کے خلاف جد وجہد کی اور اسے روکنے میں کامیاب نہ ہو سکے۔ نظیرؔ کی ایسی زبردست شخصیت نہ تھی کہ وہ اردو شاعری کے دھارے کو پلٹ دیتے اور شاید یہ ایک فرد کے بس کی بات بھی نہ تھی۔ اگر وہ فارسی اور ہندی یا مقامی روایات کے حسین و مکمل امتزاج کی کوشش کرتے تو شاید زیادہ کامیاب ہوتے۔

ان کی شاعری میں ہندی جزو غالب ہے اور یہی جزو ان کی زبان میں غالب ہے یا کہہ سکتے ہیں کہ اس جزو کے غلبہ اور نظیرؔ کی بے اعتدالی کی وجہ سے نظیرؔ کے معاصرین کچھ ایسے منغض ہوئے کہ وہ ان کے محاسن کو یک قلم نہ سے دیکھ سکے۔

دورِ حاضر کے شعراء کا ذکر میں نے قصداً نہیں کیا ہے۔ اس دور کے متعلق یہ کہنا کافی ہو گا کہ حالیؔ کی کوشوں کے باوجود بھی یہ زندہ روایات سے خالی ہے اور اب مشکلیں بڑھ گئی ہیں۔ اردو شاعری کی ابتدا میں غالباً زبان کی خامی سب سے بڑی مشکل تھی، ورنہ اور کوئی مشکل حائل نہ تھی۔ زندگی نسبتاً سیدھی سادھی تھی۔ ادبی روایات فارسی اور بھاشا اور سنسکرت روایات موجود تھیں جن سے شعرا مصرف لے سکتے تھے اور جن کی روشنی میں نئی، تازہ، زندہ روایات کی بناڈال سکتے تھے۔ مشاہدات کے لئے ہندوستان کے حسین فطری مناظر، فارسی وہندی طرزِ معاشرت، بدلنے والے سیاسی مرقعے، یہ سب چیزیں دعوتِ نظارہ دیتی تھیں۔ اب صورت حال بالکل بدل گئی ہے۔ ہندوستان اب بھی موجود ہے اور ہندوستان کے درخت، پھول، پھل، چشمے، دریا، صحرا، پہاڑ اب بھی موجود ہیں لیکن اب زندگی نہایت پیچیدہ ہو گئی ہے۔

سائنس کے کرشموں نے دنیا کو مختصر اور سمٹی ہوئی بنادیا ہے۔ مختلف ممالک ایک دوسرے سے دور نہیں نزدیک ہو گئے ہیں۔ مختلف تمدن آپس میں مل رہے ہیں یا کم از کم ایک دوسرے پر اثر ڈال رہے ہیں۔ سیاسی اسباب کی وجہ سے انگریزی زبان اور انگریزی ادب سے واقفیت ہو گئی ہے اور انگریزی کے ذریعہ سے دوسرے مغربی ادبوں سے بھی شناسائی ہے۔ دماغی اور جذباتی دنیا وسیع، پیچیدہ، مشکل ہو گئی ہے۔ اردو کی نئی روایات میں ان سب چیزوں کی جلوہ گری ہو گی۔ آزادؔ نے کہا تھا، "نئے انداز کی خلعت وزیور جو آج کے مناسب حال ہیں، وہ انگریزی صندوقوں میں بند ہیں کہ ہمارے پہلو میں دھرے ہیں

اور ہمیں خبر نہیں۔ ہاں صندوقوں کی کنجی ہمارے ہم وطن انگریزی دانوں کے پاس ہے، اس لئے اگر اردو شاعری میں انگریزی کا پرتو حاصل ہو گا تو انھیں لوگوں کی بدولت ہو گا جو دونوں زبانوں سے واقف ہوں گے اور سمجھیں گے کہ انگریزی کے کون سے لطائف اور خیالات ایسے ہیں جو اردو کے لئے زیور زیبائش ہو سکتے ہیں۔"

مسعود حسن صاحب فرماتے ہیں، "فارسی کی تقلید ترک کر کے انگریزی کی پیروی کرنے کی تجویز سے مجھے بھی اختلاف نہیں ہے۔ فارسی شاعری سے ہم کو جو کچھ لینا تھا لے چکے، اب اسی پر قانع رہنا اور اپنی شاعری کو محدود رکھنا مناسب نہیں۔ اگر انگریزی شاعری کی تقلید سمجھ کر کی جائے تو شاعری کے لئے نئے نئے راستے نکلیں گے، نئے نئے موضوع ہاتھ آئیں گے، اظہار جذبات کے نئے نئے اسلوب اور دل پر اثر ڈالنے کے نئے نئے طریقے مل جائیں گے۔"

لیکن نہ آزادؔ کو اور نہ مسعود حسن صاحب کو کام کی دشواری اور پیچیدگی کا احساس ہے۔ محض انگریزی ادب کی تقلید سے نئے نئے موضوع، نئے نئے اسلوب مل جائیں گے اور اس طرح اردو شاعری میں کچھ سطحی فرق نظر آنے لگے گا لیکن منزل مقصود پھر بھی دور ہی رہے گی۔ نئی روایات میں فارسی، عربی، بھاشا، سنسکرت، انگریزی اور دوسرے مغربی ادب سے علیحدگی نہ ہو گی، اس میں دور حاضر کی سائنٹفک، علمی، ادبی معلومات کا پرتو نظر آئے گا۔ اس میں دور حاضر کے مختلف تمدنوں کی جلوہ گری ہو گی، اس میں زندگی کی پیچیدگی کا احساس ہو گا، یہ کام شعراء ہی کر سکتے ہیں، نقاد محض رستہ بتا سکتا ہے اور بس!

***

۹

حالی کا مرتبہ اردو ادب میں

مجنوں گورکھپوری

تاریخ ادب میں حالی کی تین حیثیتیں ہیں۔ سب سے پہلے تو وہ شاعر تھے اور غزل کے شاعر۔ میں یہ کچھ صرف اس لئے نہیں کہہ رہا ہوں کہ ان کی کلیات کا ایک خاصا جزو غزلیات پر مشتمل ہے، بلکہ اس لئے کہ ایک مخصوص قسم کا تغزل ان کی فطرت کا ایک اہم عنصر تھا اور یہ عنصر جیسا کہ میں ابھی واضح کرنے کی کوشش کروں گا، اپنا کام کرتا رہا، جبکہ حالی کا دل پرانی شاعری سے سیر ہو چکا تھا اور جھوٹے ڈھکوسلے باندھنے سے ان کو شرم آنے لگی تھی۔

حالی کے کلام کا مطالعہ کرنے والے کو سب سے پہلے جس بات کا احساس ہوتا ہے وہ یہ ہے کہ ان کا کوئی شعر حال سے خالی نہیں ہوتا۔ حالی کے یہاں نہ کہیں زبردستی کی پرواز تخیل ہے، نہ خواہ مخواہ کے تشبیہات و استعارات۔ جو بات ہے "دو اور دو چار" کی طرح سیدھی مگر عالم گیر حقیقت ہے اور پیرایہ سادہ حسین و دلپذیر۔ یہی وجہ ہے کہ ان کی کہی ہوئی بات کو ہر شخص اپنے دل کی بات کی طرح مانوس پاتا ہے۔ چند اشعار سنئے،

دنیا کے خرخشوں سے چیخ اٹھے تھے ہم اول
آخر کو رفتہ رفتہ سب ہو گئے گوارا

گو جوانی میں تھی کج رائی بہت
پر جوانی ہم کو یاد آئی بہت
گھٹ گئیں کچھ تلخیاں ایام کی
بڑھ گئی ہے یا شکیبائی بہت
آ رہی ہے چاہ یوسف سے صدا
دوست یاں تھوڑے ہیں اور بھائی بہت
گھر ہے وحشت خیز اور بستی اجاڑ
ہو گئی اک اک گھڑی تجھ بن پہاڑ
اک عمر چاہئے کہ گوارا ہو نیش عشق
رکھی ہے آج لذت زخم جگر کہاں
ہم جس پہ مر رہے ہیں وہ ہے بات ہی کچھ اور
عالم میں تم سے لاکھ سہی تم مگر کہاں
کس سے پیمان وفا باندھ رہی ہے بلبل
کل نہ پہچان سکے گی گل تر کی صورت
عشق سنتے تھے جسے ہم یہ وہی ہے شاید
خود بخود دل میں ہے اک شخص سمایا جاتا
بارہا دیکھ چکے تیرے فریب اے دنیا
ہم سے اب جان کے دھوکا نہیں کھایا جاتا
بے قراری تھی سب امید ملاقات کے ساتھ
اب وہ اگلی سی درازی شب ہجراں میں نہیں

رنجش و التفات و ناز و نیاز
ہم نے دیکھا بہت نشیب و فراز
کر دیا خوگر جفا تو نے
خوب ڈالی تھی ابتدا تو نے
اب وہ اگلا سا التفات نہیں
جس پہ بھولے تھے ہم وہ بات نہیں
کوئی دل سوز ہو تو کیجئے بیاں
سرسری دل کی واردات نہیں
کوئی محرم نہیں ملتا جہاں میں
مجھے کہنا ہے کچھ اپنی زباں میں
نیا ہے لیجئے جب نام اس کا
بہت وسعت ہے میری داستاں میں
بہت جی خوش ہوا حالی سے مل کر
ابھی کچھ لوگ باقی ہیں جہاں میں
ہوا کچھ اور ہی عالم میں چلتی جاتی ہے
ہنر کی عیب کی صورت بدلتی جاتی ہے
دریا کو اپنی موج کی طغیانیوں سے کام
کشتی کسی کی پار ہو یا درمیاں رہے
کھیتوں کو دے لو پانی اب بہہ رہی ہے گنگا
کچھ کر لو نوجوان اٹھتی جوانیاں ہیں

ان اشعار سے ہم پر یہ بھی اثر ہوتا ہے کہ حالی اپنے کو ہمیشہ لیے دیے رہنے والے آدمی تھے۔ ان کی شاعری غیر معمولی ضبط و خودداری کا پتہ دیتی ہے۔ ان کے نالے رکتے ہوئے اور ان کی فریادیں تھمتی ہوئی ہوتی ہیں۔ ان کو جو چیز دوسرے اردو شاعروں سے ہمیشہ ممتاز رکھے گی وہ عقل و جذبات کے درمیان ایک توازن ہے۔ اگر حالی مسدس لکھنے سے پہلے ہی مر گئے ہوتے اور صرف غزلیات چھوڑ جاتے تو آج یہی توازن ان کا سب سے بڑا اکتساب اور اردو شاعری میں سب سے زیادہ قابل قدر اضافہ ہوتا۔ اسی توازن کا نتیجہ ہے کہ وہ غزلیں ہوں یا "مسدس" یا کچھ اور حالی کے کلام میں جوش نہیں ہوتا، گرمی اور دیرپا تاثیر ہوتی ہے۔

حالی نے ایک جگہ اعتراف کیا ہے کہ وہ شاگرد تو مرزا غالب کے تھے، لیکن تقلید میر کی کرتے رہے اور مستفیض شیفتہ سے ہوتے رہے اور اس میں شک نہیں کہ ان کی شاعری میں یہ تینوں اثرات نہایت خوبصورت اور مکمل آہنگ کے ساتھ نظر آتے ہیں۔ ان کے یہاں خستگی اور گھلاوٹ میر کی ہے، ظرف اور تمکنت کے تیور غالب کے ہیں، شائستہ عمومیت اور مہذب سادگی شیفتہ کی ہے۔ غالب کے شاگرد کو غالب کی پیچیدہ خیالی اور مشکل گوئی سے جس چیز نے بچالیا وہ یقیناً شیفتہ کی صحبت کا فیض تھا۔

حالی کئی لحاظ سے ہم کو انگریزی کے دو مشہور شاعر گرے (Gray) اور کالنس (Colins) کی یاد دلاتے ہیں جو انگریزی ادب میں رومانی تحریک (Romantic Movement) کے پیش رو سمجھے جاتے ہیں۔ جب ہم حالی کی غزلیات پڑھتے ہیں تو ہم کو وہ کالنس سے کافی قریب نظر آتے ہیں۔ اپنے وقت کی غزل گوئی کے رسوم و قیود سے بغیر کسی قسم کی بغاوت کئے ہوئے غزل کو حالی نے گویا از سر نو پیدا کیا ہے اور ان میں نئی کیفیتیں بھر دی ہیں۔ اس کے علاوہ ان کے اشعار میں جو مخلصانہ سادگی اور نرمی اور سنبھلی

ہوئی غمگینی پائی جاتی ہے، وہ بھی کالنس ہی کی یاد تازہ کرتی ہے۔ گرے کی خصوصیت حالی میں یہ ہے کہ وہ اپنے راز کو کبھی اچھی طرح افشا نہیں کرتے۔ بس زیر لب کچھ کہہ کر رہ جاتے ہیں۔ گرے کے متعلق بھی یہی کہا جاتا ہے کہ وہ کبھی کوئی بات کھل کر نہیں کہتا تھا۔

جہاں تک اسلوب کی بے ساختگی اور زبان و دل کی یکجہتی کا تعلق ہے، حالی ورڈسورتھ سے بھی بہت قریب کی مشابہت رکھتے ہیں۔ یہ سچ ہے کہ ان کے کلام میں اس عارفانہ اداسی اور مفکرانہ گداز کا احساس نہیں ہوتا جو ورڈسورتھ کے کلام میں حاوی ہے۔ لیکن اردو شاعری کو انہوں نے ہی پر خلوص سادگی، وہی پر تاثیر بے رنگی اور وہی دھیمی موسیقیت دی جو ورڈسورتھ نے انگریزی شاعری کو دی اور پھر یہ بھی نہ بھولئے کہ حالی سے اردو شاعری میں جدید اسلوب کی ویسی تحریک شروع ہوئی جو انگریزی شاعری میں ورڈسورتھ اور کولرج سے ہوئی تھی۔ اگرچہ اس تحریک اور رومانی تحریک کے درمیان سوااس کے کوئی قدر مشترک نہیں کہ دونوں نے دور گزشتہ کے ادبی مفروضات و اسالیب سے بالارادہ انحراف کیا اور ساگی اور فطری انداز پر زور دیا۔ اردو شاعری میں آج جو سیدھا پن اور فطری انداز پایا جاتا ہے اس کے موجد اور مبلغ حالی ہیں۔

حالی کی شاعری فلسفہ اور تصوف سے بالکل خالی ہے۔ ان کے اندر کوئی فلسفیانہ بصیرت یا عارفانہ رمز شناسی نہیں تھی۔ یہ ان کی فضیلت بھی ہے اور کمزوری بھی۔ فضیلت اس اعتبار سے کہ یہی خصوصیت ہے جو اور شاعروں کے مقابلے میں ان کو عوام الناس سے قریب اور مانوس بنائے ہوئے ہے۔ ورنہ ان کے اندر گہرائیاں ہوتیں تو وہ اس قدر عام فہم شاعر نہ ہوسکتے۔ لیکن یہی ان کی کمزوری ہو جاتی ہے کیونکہ اس کمی کی وجہ سے وہ نہ تو کوئی تعمیری تخیل (Constructive Idea) پیش کر سکے اور نہ اپنے ترنم

میں کوئی تنوع (Variety) پیدا کر پائے۔ ان کی ہر دھن ایک ہی دھن معلوم ہوتی ہے جس کو مجموعی اعتبار سے مرثیہ کی دھن کہہ سکتے ہیں، اگرچہ مرثیے کی عامیانہ قسم کی عام رقت پسندی اوریا (افادی الاقتصادی مرحوم کی اصطلاح میں) تیسرے درجے کے ابل پڑنے والے جذبات سے وہ منزلوں دور تھے۔ مگر اس کا سبب وہی توازن و استقلال ہے جس سے حالی کا خمیر ہوا تھا۔ اور جس کی طرف اشارہ کر چکا ہوں۔

حالی میں ہم کو دو چیزیں ہر جگہ نمایاں نظر آتی ہیں۔ واقعیت (Realism) اور عقلیت (Rationalism) انہیں دو چیزوں نے ان کو بچا لیا اور انہیں سے وہ کھوئے گئے۔ یہی واقعیت و عقلیت ہے جس نے حالی کے کلام میں وہ توازن اور ٹھہراؤ پیدا کیا جو کسی دوسرے اردو شاعر میں نہیں ملتا۔ لیکن یہی معقول پسندی اور واقعہ کے ساتھ بڑھی ہوئی موانست تھی جس نے حالی کو اس لطیف ہذیان سے محروم رکھا جس کو شیلی "پرآہنگ دیوانگی" (Harmonius Madness) کہتا ہے اور جو دنیا کے مشہور ترین شاعروں اور ادیبوں کی فطرت رہی ہے، ورنہ وہ اس سہولیت کے ساتھ اپنا انداز بدل نہ دیتے اور زمانے کے ان میلانات اور اثرات کے سامنے اتنا جلد سر نہ جھکا دیتے جو سرسید کی سرکردگی میں تحریک علی گڑھ کی صورت میں رونما ہو رہے تھے۔

یہ سچ ہے کہ یہ تحریک مسلمانوں کے لئے اسی طرح ضروری اور مفید تھی جس طرح مریض کے لئے جلاب، مگر پھر یقیناً وہ اسی طرح وقتی اور عارضی بھی تھی اور اس زمانے کی چیز تھی جب کہ مسلمان "فرنگی کے پیسے کو مردار" سمجھتے تھے اور محنت و مشقت کو باعث ننگ و عار۔ آج جب کہ ہم ڈوم اور چنڈال کے پیسے کو بھی حلال سمجھنے کے لئے تیار ہیں، یہ تحریک ہمارے لئے زیادہ سے زیادہ تاریخ کے صفحات میں اہمیت رکھ سکتی ہے۔ ایسی تحریکوں سے مغلوب ہو کر رہ جانا شاعر کے لئے زیبا نہیں۔ اس کو کسی خاص جگہ

یا کسی خاص زمانے کی چیز ہو کر نہ رہنا چاہئے، اگرچہ اپنے زمانے اور اپنی جگہ سے بالکل بے نیاز اور بے پروا رہنا بھی شاعر کی ایک ناقابل معافی کمزوری ہوتی ہے۔

حالی نے زمانے کے ساتھ گھاٹے پر صلح کرلی اور اس کے ہر نشیب و فراز کو بغیر چوں وچرا کے تسلیم کر لیا۔ اس کا نتیجہ یہ ہوا کہ وہ میر و مصحفی کی روش کو چھوڑ کر "مغرب کی پیروی" میں لگ گئے۔ کرتے کیا؟ زمانے کے میلان کے ساتھ مصالحت کر لینا نہ صرف سر سید کی تحریک تھی بلکہ حالی کی اپنی طبیعت کا تقاضا بھی تھا۔ ان کے پیغام کا ایک اہم جزو یہ بھی ہے،

زمانے کا دن رات ہے یہ اشارا
کہ ہے آشتی میں مری یاں گزارا
نہیں پیروی جن کو میری گوارا
مجھے ان سے کرنا پڑے گا کنارا
سدا ایک ہی رخ نہیں ناؤ چلتی
چلو تم ادھر کو ہوا ہو جدھر کی

خیر عام مسلمانوں کو ہوا کا رخ پہچان کر چلنا نہ اس وقت آتا تھا نہ آج تک آیا۔ لیکن حالی نے اپنی قوم کا کفارہ تنہا اپنی ذات سے ادا کرنے کا بیڑا اٹھالیا۔ زمانے کا رنگ بدلا ہوا دیکھا تو ساری مروجہ شاعری ان کو ایک "ناپاک دفتر" نظر آنے لگی اور شاعروں کی حیثیت ان کی نگاہ میں "قلی اور نفر" سے بھی گر گئی۔ لیکن شاعری ان کی فطرت میں داخل تھی اور اس کو دبا کر فنا کر دینا ایسا آسان کام نہ تھا۔ خود حالی "مسدس" کے دیباچے میں تسلیم کرتے ہیں کہ "یہ ایک ایسے ناسور کا منہ بند کرنا تھا جو کسی راہ سے تراوش کئے بغیر نہیں رہ سکتا۔ اس لئے بخارات اندرونی جن کے رکنے سے دم گھٹا جاتا تھا، دل و دماغ میں

تلاطم کر رہے تھے اور کوئی رخنہ ڈھونڈتے تھے۔" آخر کار دبائے ہوئے بخارات کو نکلنے کے لئے رخنہ مل گیا۔ "غزل کے شاعر" نے لاکھ اپنی فطرت سے انکار کیا، پھر بھی "مسدس" کا شاعر ہو کر رہا۔

یہ نہایت کھلی ہوئی بات ہے کہ "مسدس حالی" تبلیغی یا تنظیمی ادب (Propaganda Literature) کے عنوان کی چیز ہے، یعنی وہ ایک خاص دور کی چیز ہے اور اس کے خاص دور میں بھی ملک کی ایک محدود جماعت کے لئے مخصوص ہے، لیکن وہ شاعری بھی ہے اور صحیح معنی میں شاعری اور اس حیثیت سے اس کے اندر وہ تمام خصوصیات کہیں کم اور کہیں زیادہ موجود ہیں جو حالی کی عام شاعری میں عام طور پر ملتی ہیں۔ خود حالی نے مسدس کو ابالی کھچڑی سے تشبیہ دی ہے جو مزہ لے کر نہیں کھائی جا سکتی۔ شمس العلما مولانا امداد امام اثر حالی کی رائے سے اتفاق کر کے کہتے ہیں کہ ہر کچی بریانی اور مرغ مسلم پکانے والا ایسی کھچڑی نہیں تیار کر سکتا۔ میں خود مسدس حالی کو ایک قسم کی پرہیزی کھچڑی سمجھتا ہوں مگر وہ ابالی نہیں ہے۔ اس میں نمک اور دوسرے مسالے بڑے انداز سے ملے ہوئے ہیں۔ اگر آپ اس کو مزہ لے کر نہ کھائیے تو البتہ محض ابالی معلوم ہوتی ہے۔ یہ پکانے کے کمال کی دلیل ہے۔

"مسدس" کی شان نزول کچھ بھی ہو، اس کے وجود میں آنے کے اسباب و محرکات لاکھ غیر شاعرانہ سہی، اس میں سرسید کی غیر شاعرانہ تحریک کے جو اثرات نمایاں ہیں وہ سب مسلم، لیکن "مسدس" کے ایک خاصے حصے میں جو شخص شاعری نہیں پاتا وہ مذاق شعر کے محدود اور ناقص ہونے کا ثبوت دیتا ہے۔ بقراط کا جامہ پہن کر بھی حالی کا انداز قد چھپ نہیں سکتا اور صاف پہچانا جا سکتا ہے۔ وہ ہم کو ہمارے مرض کا سبب اور اس کی علامت سمجھاتے ہوئے آئے ہیں لیکن ہم کو دھوکہ نہ کھانا چاہئے۔ طبیب خود بھی اس

مرض کے جراثیم سے بچاہوا نہیں ہے جس کو تشخیص کر کے اس نے "تپ دق" بتایا ہے۔ البتہ اس نے اپنے پھیپھڑوں میں مصنوعی طور پر آکسیجن بھر لیا ہے جس سے اس میں تندرستی کی عارضی علامتیں آگئی ہیں۔

جو لوگ مسدس کو شاعری نہیں سمجھتے ان کو عموماً دو جماعتوں میں تقسیم کیا جا سکتا ہے۔ ایک تو وہ جو تبلیغ و تنظیم کو شعر وادب سے بلند و برتر چیز مانتی ہے اور "مسدس" کو شاعری کہنا اس کی توہین سمجھتی ہے۔ اس جماعت میں خود حالی بھی شامل ہیں بلکہ اس کے علم بردار ہیں۔ دوسری جماعت وہ ہے جس نے شاعری کے مفہوم کو بے انتہا محدود کر لیا ہے اور جس کے مذاق کو غزل کے سہل اور سست کیف واثر نے بگاڑ دیا ہے۔ تمام اصناف سخن میں غزل سے بڑھ کر دھوکے کی چیز کوئی نہیں۔

غزل شاعری کی معراج بھی ہو سکتی ہے اور اس کو خوار و رسوا بھی کر سکتی ہے۔ اس سے ہمارے مذاق میں اگر ایک طرف تمکنت آسکتی ہے تو دوسری طرف ہمارے مذاق کے رکیک اور مبتذل ہو جانے کا بھی اندیشہ ہے۔ بہر حال اگر ہم "مسدس" میں شاعری محسوس نہیں کرتے اور اس سے لطافت نہیں اٹھا سکتے تو اس کی ذمہ دار اگر ایک طرف ہماری بڑھی ہوئی ثقاہت ہے تو دوسری طرف اسی حد تک ہمارے مذاق کی عامیانہ سہل پسندی بھی ہے۔ ورنہ مسدس غیر شاعرانہ ہوتے ہوئے بھی شاعری ہے۔

مگر ایک تیسری جماعت بھی ہے جس کی نگاہ میں شاعر کا مرتبہ مبلغ یا مصلح سے زیادہ بلند ہے۔ یہ لوگ کسی ایسے پیغام کو جو وقتی مصلحتوں پر مبنی ہو یا جس کا روئے خطاب کسی محدود جماعت کی طرف ہو، شاعری کا صحیح موضوع نہیں مانتے۔ وہ کہتے ہیں کہ شاعر زمان و مکان کا غلام نہیں ہو سکتا۔ وہ تو ازل اور ابد کو اپنی مٹھی میں لئے ہوتا ہے۔ مسدس کا پیغام صرف ایک چھوٹی سی جماعت اور وہ بھی ایک خاص وقت کے لئے تھا جو اب دفن ہو کر رہ

گیا۔ پھر اس کو شاعری کیوں کر کہا جائے؟ شاعری تو وہ ہے جو اپنی تمام وقتی اور مقامی خصوصیات کے ساتھ بھی عام بنی نوع انسان کے لئے یا کم از کم کثیر سے کثیر تعداد کے لئے ابد تک روشنی اور صدائے بازگشت کا کام کر سکے۔

"مسدس" پر اس جماعت کا یہ اعتراض کافی اہم اور قابل غور ہے۔ اس کے جواب میں یہ کہا جا سکتا ہے کہ "مسدس" جہاں تک پیغام ہے وہاں تک شاعری نہیں ہے۔ "مسدس" کے اہم ترین ٹکڑے وہ ہیں جن میں یا تو اسلام کی گزشتہ شان و شوکت کی تصویر دکھائی گئ ہے یا ہندوستان کے مسلمانوں کی موجودہ ابتری اور پستی کا نقشہ کھینچا گیا ہے اور یہ ٹکڑے شاعری کے مکمل نمونے ہیں جن کو پڑھ کر ماننا پڑتا ہے کہ حالی کی غزلیات اور ان کے "مسدس" میں دراصل کوئی تصادم نہیں ہے۔ وہی انسانی دردمندی اور دل سوزی، وہی جذبات کی سنجیدگی، وہی دھیما تھما ہوا لب ولہجہ اور وہی زبان کی سادگی اور بے ساختگی، غرض کہ وہی تمام خصوصیات جو ان کی قدیم و جدید غزلیات یا "حب وطن" یا "مناجات بیوہ" کو شاعری بنائے ہوئے ہیں، "مسدس" میں بھی نمایاں ہیں۔

"مسدس" اپنے موضوع پر اور اپنی نوعیت کی نہ صرف اردو میں بلکہ شاید دنیا کی اور زبانوں میں بھی سب سے زیادہ طویل نظم ہے۔ اس پر بھی ملک میں اس قدر مقبول ہوئی کہ گھر گھر پڑھی اور کسی زمانے میں بار بار پڑھی گئی۔ ایسی طویل نظمیں عموماً پڑھنے والوں کو تھکا دیتی ہیں، لیکن "مسدس" اس عیب سے پاک ہے۔ شروع سے آخر تک پڑھ جایئے، نہ کہیں گرانی محسوس ہوگی نہ جی اکتائے گا، مسدس حالی کی مقبولیت کا سب سے بڑا سبب اس کا تسلسل اور زبان کی سنجیدہ سادگی ہے جو اس کی تاثیر کے وزن کو اول سے آخر تک یکساں قائم رکھے ہوئے ہے۔

آخر میں "مسدس" کے متعلق پھر بھی ایک سوال ہوتا ہے اور وہ یہ اگر "مسدس"

شاعری ہے تو کس مرتبہ کی اور مستقبل میں اس کو کیا حیثیت دی جائے گی؟ یہ تو نہایت کھلی ہوئی سی بات ہے کہ غزل یا خالص داخلی شاعری کی تاثیر و مقبولیت تو "مسدس" جیسی نظم کو کبھی میسر نہیں ہو سکتی۔ آخر فردوسی، نظامی اور جامی یا ہومر، ورجل اور ڈانٹے کو غزل یا (Lyrics) والی بات کہاں نصیب ہوئی۔ لیکن انسان کی زندگی میں ایسے لمحے بھی آتے ہیں جبکہ وہ غزل کی ساحرانہ آواز کی طرف سے کان بند کر لیتا ہے اور یہ ساحرہ اپنی تمام ساحری کے باوجود اس کو اپنی طرف نہیں کھینچ سکتی۔ اگر ایسا نہ ہوتا تو دنیا میں خارجی شاعری کا وجود ہی نہ ہوتا۔

جو لوگ آج غزل کو حقیر سمجھ رہے ہیں اور اس کو بے حیثیت اور ذلیل ثابت کرنے پر تلے ہوئے ہیں وہ تو خیر اپنے مذاق شاعری کو ناقابل اعتبار ثابت ہی کر رہے ہیں، لیکن جو لوگ شاعری کو صرف غزل تک محدود رکھتے ہیں وہ بھی اپنی تنگ حوصلگی کا ثبوت دے رہے ہیں۔ ہمارے مذاق کو ابھی بہت کچھ وسیع، متوازن اور مہذب ہونا ہے۔ "مسدس" غزل نہ سہی، لیکن مرثیہ ضرور ہے اور نہایت بلند معیار کا جو بحیثیت مجموعی ہم کو افسردہ اور بے دم نہیں کر دیتا۔ تاریخ اسلام کے ایک خاص رخ کو اس سے زیادہ دلکش اور پر تاثیر پیرائے میں نہیں پیش کیا جا سکتا تھا۔

رہ گیا یہ سوال کہ آئندہ مسدس کو کیا حیثیت ملے گی؟ میرا خیال ہے کہ اس کو کسی قوم کی منظوم انجیل (Bible) کا درجہ تو نہیں حاصل ہو سکتا، لیکن اردو مرثیوں سے تو اسے بلند مانا ہی جائے گا، اس لئے کہ اس میں تغزل کے لطیف عناصر بھی موجود ہیں اور اگر ہم کو غم دنیا سے سر اٹھانے کی اتنی مہلت ملی کہ شعر و ادب سے لطف اٹھا سکیں تو آئندہ یقیناً وہ اس سے زیادہ پڑھی جائے گی جتنی کہ اس وقت پڑھی جاتی ہے۔ اپنے وقت میں تو وہ شاعری سے زیادہ پیغام سمجھی گئی، اب وہ زمانہ آ رہا ہے کہ اس کو شاعری میں شمار

کیا جائے۔

اگر حالی کی "مسدس" میں کوئی فلسفہ تمدن (Social Philosophy) یا کوئی واضح اور متعین مرکزی تخئیل ہوتی یا اگر اس میں کوئی مسلسل اور مربوط داستان بیان کی گئی ہوتی تو آج وہ رامائن، مہابھارت، شاہنامہ، الیڈ اور پیرڈائزلاسٹ کے ٹکر کی چیز ہوتی۔ تاہم ان تمام خصوصیات سے معرا ہوتے ہوئے بھی مسدس جتنی پڑھی گئی ہے، شاید ہی اس قسم کی کوئی دوسری طویل نظم پڑھی گئی ہو۔

حالی کی تیسری حیثیت سے بحث کرنا باقی ہے، یعنی ان کی تنقید نگاری سے۔ یہ حالی کی وہ حیثیت ہے جس پر کچھ زیادہ کہنے کی ضرورت نہیں، کیوں کہ یہاں آکر رائیں ایک ہو جاتی ہیں۔ حالی نے نہ صرف اردو شاعری کو جدید راستے پر لگایا بلکہ اردو تنقید اور سیرت کے بھی مجتہد ہیں۔ وہ پہلے شخص ہیں جنہوں نے سیرت اور تنقید نگاری میں مغربی اصول فن کو رواج دیا اور اردو میں ادب کی ان دو اہم صنفوں کو معیار کی چیزیں بنا کر پیش کیا۔ کہا جاسکتا ہے کہ تنقید میں حالی اردو کے ڈرائڈن (Dryden) ہیں۔ جس طرح ڈرائڈن نے انگریزی تنقید میں نئی روح پھونکی اور جدید فن تنقید کی بنیاد ڈالی، اسی طرح حالی نے اردو تنقید کو تذکرہ نگاری کی سطح سے بلند کر کے ایک علمی اور تحقیقی فن کی حیثیت بخشی۔

جو خصوصیات حالی کی شاعری کی گنائی گئی ہیں، وہی ان کی تنقیدوں کی بھی شان امتیازی نظر آتی ہیں۔ یعنی وہی توازن اور وہی معقول پسندی۔ سرسید کے ساتھ انہوں نے جس بڑھی ہوئی عقیدت مندی اور جانب داری کا اظہار کیا ہے، اس کے لئے اگر رواداری کا ایک حاشیہ چھوڑ دیا جائے اور اس جگہ ان کو محض اردو کا باسویل (Boswell) تصور کر لیا جائے تو اردو میں ایسا معقول پسند اور منصف مزاج نقاد دوسرا نظر نہیں آتا۔ یہاں بھی وہ افراط و تفریط کے قائل نہیں، نہایت سنجیدگی کے ساتھ بغیر ماتھے پر شکن ڈالے

ہوئے اپنی جنچی تلی رائے دیتے چلے جاتے ہیں اور اس کا خاص لحاظ رکھتے ہیں کہ کوئی بات اتنی گہری نہ ہونے پائے اور زبان و بیان میں کہیں اتنی ادنی خصوصیات نہ اکٹھا ہو جائیں کہ وہ مدرسہ کی چیز ہو کر رہ جائے اور ہر خاص و عام اس کو نہ سمجھ سکے۔ شاعری ہو یا نثر، حالی ہر جگہ میر کی طرح اس مقولے پر عمل کرتے نظر آتے ہیں۔

بات میری ہے گو خواص پسند
پر مجھے گفتگو عوام سے ہے

پھر ایک صاحب اسلوب کی حیثیت سے دیکھا جائے تو بھی حالی اردو نثر میں ایک زبردست شخصیت کے مالک ہیں۔ اگر سرسید کے ساتھ حالی کی نثر وجود میں نہ آجاتی تو غالب کی نثر کے باوجود اردو نثر اسی جگہ رہ جاتی جہاں مرزا رجب علی بیگ سرور نے اس کو چھوڑا تھا اور اس قابل نہ ہوتی کہ اپنی ادبی حیثیت قائم رکھتے ہوئے بے تکلفی اور سہولت کے ساتھ کسی سنجیدہ موضوع پر بحث کر سکے۔ سرسید کی اخباری نثر میں ادبی جان بالکل نہیں تھی اور اس سے اردو میں کوئی ادبی تحریک نہیں شروع ہو سکتی تھی، اس لئے کہ کوئی ادیب ان کے اسلوب کی تقلید نہیں کر سکتا تھا۔ حالی سے اردو نثر کے اسلوب میں وہی تحریک شروع ہوئی جو انگریزی میں بیکن (Bacon) سے ہوئی۔

***

۱۰

اردو زبان

مسعود حسین خاں

اردو زبان صحیح معنوں میں ایک مخلوط زبان ہے، جیسا کہ اس کے ایک تاریخی نام "ریختہ" سے بھی ظاہر ہے۔ یوں تو دنیا کی اکثر زبانیں دخیل الفاظ کی موجودگی کی وجہ سے مخلوط کہی جاسکتی ہیں، لیکن جب کسی لسانی بنیاد پر غیر زبان کے اثرات اس درجہ نفوذ کر جاتے ہیں کہ اس کی ہیئتِ کذائی ہی بدل جائے تو وہ لسانیاتی اصطلاح میں ایک مخلوط یا ملواں زبان کہلائی جاتی ہے۔ اس اعتبار سے اردو کی نظیر کہیں ملتی ہے تو فارسی زبان میں، جس کی ہند ایرانی بنیاد پر سامی النسل عربی کی کشیدہ کاری نے کلاسیکی فارسی کو جنم دیا۔ عربی کے اس عمل کی توسیع جب فارسی کے وسیلے سے تیرھویں صدی عیسوی میں ہندوستان کی ایک ہند آریائی بولی، امیر خسرو کی "زبانِ دہلی و پیرامنش" پر ہوتی ہے تو اردو وجود میں آتی ہے۔ اس لسانی عمل کی توسیع کی دیگر مثالیں کشمیری، سندھی اور مغربی پنجابی ہیں، لیکن "زبانِ دہلی" کی طرح یہ کبھی بھی کل ہند حیثیت اختیار نہ کر سکیں۔

اردو کا نقطۂ آغاز ۱۱۹۳ میں مسلمانوں کا داخلۂ دہلی ہے۔ اس کا پہلا مستند شاعر امیر خسرو دہلوی ہے جس کا بیشتر ہندوی کلام غیر مستند سہی، لیکن جس کا شاعرِ ہندوی ہونا مسلّم ہے۔ خسرو کی مثنوی "نہ سپہر" میں ہمیں پہلی بار ہندوستان کی معروف زبانوں کی فہرست

ملتی ہے۔ یہ تعداد میں بارہ ہیں۔ سندھی، لاہوری (پنجابی)، کشمیری، ڈوگری (ڈگر؟)، کنڑ (دھور سمندری)، تلنگی، گجراتی (گجر)، تمل (معبری)، مغربی بنگالی (گوڑی)، مشرقی بنگالی (بنگال)، اودھی (اَود)، اور سب سے آخر میں "زبانِ دہلی و پیرامنش" (یعنی دہلی اور اس کے نواح کی بولیاں)،

ایں ہمہ ہندویست کہ ز ایامِ کہن

یہ "مصطلحے خاصہ" ہیں۔ (یعنی اپنی انفرادی خصوصیات رکھتی ہیں) ان کے علاوہ ایک اور زبان، برہمنوں کے نزدیک برگزیدہ "سنسکرت نام ز عہدِ کہن" بھی ہے جس کے بارے میں خسرو رقم طراز ہیں۔ "عامہ ندارد خبر از کن مکنش"

خسرو نے "زبانِ دہلی" کے ساتھ "پیرامنش" کا بھی ذکر کیا ہے۔ یہ "پیرامن" (اطراف) جاٹوں اور گوجروں کی زبان پر مشتمل تھا۔ جاٹوں سے منسوب کھڑی بولی اور ہریانوی ہیں اور گوجروں سے متعلق برج بھاشا۔ اِنھی کے نسوانی حسن کے بارے میں خسرو اس طرح رطب اللسان ہیں،

گجری کہ تو در حسن و لطافت چو مَہی

ہر گاہ بگوئی کہ "دَہی لیہو دَہی"

جاٹوں کی زبان کھڑی اور ہریانوی (ا) بنیاد بولیاں ہیں، یعنی ان میں اسماء صفات، اور افعال کا خاتمہ بالعموم (آ) پر ہوتا ہے۔ برج بھاشا (او) بنیاد کہی جاسکتی ہے جس میں اسماء، صفات اور افعال کا خاتمہ عموماً (او) پر ہوتا ہے۔ اسی لیے "پرانی ہندی" کے مصنف چندر دھر شرما گلیری نے اسے کھڑی کے مقابلے میں "پڑی بولی" کہا ہے۔

دہلی اور نواحِ دہلی کی بولیوں کا یہ ملغوبہ پرانی دِلّی کے بازاروں، حصاروں اور خانقاہو ں میں تقریباً سو سال تک اپنی ابتدائی شکل میں ارتقا پاتا رہا تا آں کہ چودھویں صدی کے

ربعِ اول میں یہ فتوحاتِ علائی و تغلق کے ذریعہ گجرات کے راستے دکن تک پہنچ جاتا ہے۔ گجرات میں اس کا مقامی نام 'گجری" پڑا جو غالباً "گذری" کا مھنّد ہے۔ "گذری" بازار کو کہتے ہیں، لیکن اس کا عمومی نام "ہندی" یا "ہندوی" قائم رہا۔ دکن میں سترھویں صدی عیسوی میں اس کا مقامی نام "دُکھنی" یا "دکنی" پڑتا ہے، حالاں کہ وجہی کی "زبانِ ہندوستان" کی ترکیب اور فرشتہ کی "ہندوستانی" میں یہ واضح اشارہ ملتا ہے کہ اس کا تعلق شمالی ہند سے ہے۔ سرزمینِ دکن میں جہاں یہ سلطنتِ بہمنیہ کے قیام کے بعد پھلی پھولی مراٹھی، کنڑّاور تلگو زبانیں رائج تھیں۔ پہلی کا تعلق ہند آریائی سے ہے جب کہ آخری دو دراویدی زبانیں ہیں۔ مراٹھی چونکہ متجانس ہند آریائی زبان تھی، اس لیے اس سے لین دین کا کاروبار زیادہ رہا۔ حالاں کہ جن محققین نے دکنی پر مراٹھی کے اثرات کا شد و مد کے ساتھ ذکر کیا ہے وہ اکثر یہ بھول جاتے ہیں کہ جن الفاظ کی نشان دہی وہ مراٹھی سے کرتے ہیں ان میں سے بیشتر نواحِ دہلی کی بولیوں میں تلفظات کے ہیر پھیر کے ساتھ آج تک رائج ہیں۔ ڈاکٹر عبدالستار دلوی نے "دکنی اردو" میں ایسے کئی سو الفاظ کی فہرست دی ہے جن میں سے ۸۰ فی صد الفاظ کی شناخت شمال کی "ہندوی" میں بہ آسانی کی جاسکتی ہے۔۔۔ مراٹھی سے قطع نظر تلگو اور کنڑّ کے اثرات کا بھی دکن کے بعض محققین ڈاکٹر زورؔ وغیرہ نے تذکرہ کیا ہے۔ یہ اثر عام طور پر چند الفاظ اور محاورات پر مشتمل ہے اور وہ بھی تحریری نہیں تقریری زبان پر۔۔۔ گوجری اور دکھنی میں نمایاں فرق نہیں جس کا ثبوت احمد گجراتی کی مثنوی 'یوسف زلیخا' ہے جو اس نے گول کنڈہ کے فرماں روا محمد قلی قطب شاہ کی دعوت پر گجرات سے گول کنڈہ آکر لکھی تھی۔۔۔ اِن لسانی شہادتوں کے پیشِ نظر میرے اس خیال کی تائید ہوتی ہے کہ گجرات تا بیجاپور تا گول کنڈہ، ادبی حیثیت سے ایک ہی محاورہ رائج تھا، جسے ہم چودھویں صدی عیسوی کی "زبانِ دہلی" کہہ سکتے ہیں۔

چوں کہ شمال سے نواحِ دہلی کی ایک سے زائد بولیاں دکن پہنچی تھیں اس لیے کچھ عرصے تک ان میں آنکھ مچولی ہوتی رہی تا آں کہ وجہی، نصرتی، غواصی جیسے باکمالوں کے ہاتھوں میں پہنچ کر ان کی معیار بندی ہو جاتی ہے۔

۱۶۸۶اور ۱۶۸۷سنہِ عیسوی میں بیجاپور اور گول کنڈہ کے سقوط کے بعد اورنگ آباد ایک بار پھر سلطنتِ دہلی کا صدر مقام بن جاتا ہے۔ اورنگ زیب دکن میں ۱۶۸۲میں لال قلعہ، دہلی کی سکونت ترک کر کے مستقل طور پر اورنگ آباد میں قیام پذیر ہو گیا تھا۔ شمال اور جنوب کے سارے دروازے ایک بار پھر کھل گئے۔ اورنگ آباد، شاہ جہان آباد کا ایک محلہ معلوم ہونے لگا۔ ایسے میں ولیؔ دکن کی خاک سے اٹھے، ۱۷۰۰میں دہلی پہنچے، اور شاہ گلشن کے مشورے پر ریختہ کو "بموافقِ محاورۂ شاہجہان آباد" کرنے کی کوشش کی۔ دیکھتے دیکھتے پچاس سال کے عرصے میں دہلی میں ریختہ گویوں کی ایک کھیپ سی نکل پڑی۔۔۔ مرزا مظہر جانجاناں اور حاتم نے زبان کی اصلاح کا بیڑا اٹھایا۔ متروکات کے نام پر اور "مرزا ایانِ دہلی" کی سند لے کر بے شمار ہندی کے الفاظ پر خطِ تنسیخ پھیر دیا۔ حاتمؔ کو شرم آئی تو اپنے ضخیم دیوان سے ۱۷۵۵میں ایک "دیوان زادہ" کی تولید کی۔ اس کے بعد سوداؔ نے اپنے قصائد کے ذریعے اس میں فارسی لغات کا دہانہ چھوڑ دیا۔

(ماخوذ از 'اردو زبان: تاریخ، تشکیل، تقدیر'، خطبۂ پروفیسر ایمے رئیس، علی گڑھ: شعبۂ لسانیات، علی گڑھ مسلم یونیورسٹی، ۱۹۸۸، ص۵۹)

***

۱۱

اردو کا حال اور مستقبل

مولوی عبدالحق

(یہ خطبۂ صدارت انجمن حمایت اسلام لاہور کے اکیانویں سالانہ اجلاس میں بحیثیت صدر شعبۂ اردو ۱۲/اپریل ۱۹۳۶ء کو پڑھ کر سنایا گیا۔)

اے صاحبو!

میں نے لڑکپن میں انجمن حمایت اسلام کا بچپن دیکھا تھا اور اب بڑھاپے میں اس کی جوانی کی بہار دیکھ رہا ہوں۔ میں جوں جوں بڑھتا جاتا ہوں، بڈھا ہوتا جاتا ہوں۔ یہ جوں جوں بڑھتی جاتی ہے، جوان ہوتی ہوتی ہے۔ اور اے اہل پنجاب! جب تک آپ کی ہمت جوان ہے، اس کی جوانی کبھی ڈھلنے نہ پائے گی۔ اس کی ابتدا کا خیال کیجیے تو ایک نازک پودے سے زیادہ نہ تھی، جس کی فنا کے لیے ہوا کا ایک جھونکا کافی تھا مگر آج یہ ہری بھری لہلہاتی کھیتی نظر آتی ہے۔ یہ آپ کے استقلال اور ایثار کی بے نظیر مثال ہے۔ یہ انجمن آپ کی سرزمین پر ابر رحمت کی طرح چھائی ہوئی ہے۔ اس کے ادارے بڑھتے جاتے ہیں، اس کے کارخانے ترقی پر ہیں، اس کے مقاصد میں وسعت پیدا ہوتی جاتی ہے اور اس کا اثر اور اس کی وقعت مسلم ہے۔

اس کی جواں ہمتی کا یہ تازہ ثبوت ہے کہ اس نے عین وقت پر اپنی زبان کی بقا اور

فروغ کی طرف توجہ کی ہے، جس پر میں آپ کو دل سے مبارکباد دیتا ہوں۔ لیکن یہ پہلی بار نہیں ہے جو پنجاب نے اردو کی دست گیری کی۔ وہ ابتدا سے اس کی حمایت کے لیے کمر بستہ رہا ہے۔ اردو کی اشاعت اور ترقی میں پنجاب برابر کا شریک رہا ہے اور اب تو شریک غالب ہے اور یہ حقیقت ہے کہ پنجاب نے اسے اپنی زبان بنالیا ہے بلکہ یہ کہنا درست ہو گا کہ وہ اسے "اپنی زبان" سے بھی زیادہ عزیز سمجھتا اور عزیز رکھتا ہے۔ اس لیے انجمن حمایت اسلام کا اس سال اپنے سالانہ جلسے میں اردو کا اجلاس رکھنا سنت قدیم کی پابندی اور موقع شناسی کی دلیل ہے۔

حضرات! زبان صرف اظہار خیال کا آلہ نہیں بلکہ ہماری زندگی کا جز ہے۔ ہر شخص جو اسے بولتا یا کام میں لاتا ہے وہ اپنی بساط کے موافق اس میں اپنی زندگی کا کچھ نہ کچھ نشان ضرور چھوڑتا جاتا ہے۔ اس میں ہمارے تمدن و شائستگی، خیالات و جذبات، تجربات اور مشاہدات کی تاریخ پنہاں ہے۔ ہر لفظ ایک زندہ شے ہے جو اپنے منہ سے اپنی حکایت بیان کر رہا ہے۔ ہمارے اسلاف نے کیسی کیسی محنت و مشقت سے اسے پالا پوسا ہے اور اپنے خون سے سینچا ہے۔ یہ ایک مقدس میراث ہے جو نسلاً بعد نسل ہم تک پہنچی ہے۔ ہم ناخلف ہوں گے اگر ہم نے اسے قائم نہ رکھا اور اس کی ترقی و فروغ میں پوری کوشش نہ کی۔

اس وقت اردو زبان کی ترقی کی دو صورتیں ہیں۔ ایک تو یہ کہ ملک میں عام طور سے زبان کی اشاعت کے ذرائع اختیار کیے جائیں۔ مثلاً اردو مدارس اور کتب خانوں کا قیام، سرکاری اور غیر سرکاری مدارس میں اردو کی شرکت، موجودہ نصاب اردو کی اصلاح، اردو کی انجمنوں کا قائم کرنا اور ایسے اردو اخباروں اور رسالوں کا اجرا جو سلیس زبان میں زمانۂ حال کے حالات اور واقعات کو اس طرح سنجیدگی اور صفائی سے پیش کریں کہ ہر پڑھا لکھا

شخص سمجھ سکے اور مستفید ہو سکے۔ وہ اپنی رائے میں بے لاگ ہوں اور انصاف کو ہاتھ سے نہ جانے دیں۔

ان جرائد کا تعلق زندگی کے ہر شعبے سے ہو لیکن مخصوص طور پر وہ اپنی زبان کے نگراں ہوں، یعنی وہ اپنی زبان کے متعلق ہر قسم کی خبریں مہیا کریں، مختلف علاقوں میں زبان کی جو حالت ہے اس سے آگاہ کریں اور ان مقامات میں جن اصلاحوں اور کوششوں کی ضرورت ہے ان پر بحث کریں، اردو تالیفات کا جائزہ لیں، انصاف کے ساتھ تنقید و تبصرہ کر کے ان کے حسن و قبح کو ظاہر کریں۔ ان تمام تجویزوں سے بڑھ کر ایک ضرورت اس بات کی ہے کہ ان مؤلفین و مترجمین کی قدر افزائی کی جائے جو اپنی زبان میں قابل قدر کام کر رہے ہیں۔

دوسری صورت زبان کی ترقی کی یہ ہے کہ زبان کو مستحکم اور شائستہ بنایا جائے۔ استحکام سے میری مراد یہ ہے کہ مختلف قسم کی جامع لغات، مبسوط صرف و نحو، انسائیکلوپیڈیا کی تالیف اور ہر قسم کے علوم و فنون پر تالیفات مہیا کی جائیں۔ زبان کو شائستہ بنانے کے معنی یہ ہیں کہ زبان میں صفائی، شستگی اور پختگی پیدا ہو، وہ نازک سے نازک خیال ادا کرنے پر قادر ہو اور اس میں مختلف اسالیب بیان کے سانچے موجود ہوں۔ یہ اسی وقت ممکن ہے جب کہ زبان میں اعلیٰ درجے کی تصانیف و تالیفات اور غیر زبانوں کی بہترین تصانیف کے ترجموں کا ذخیرہ فراہم ہو جو اہل قلم کی رہنمائی کر سکے۔

پہلی شق یعنی اشاعت زبان کے متعلق انجمن ترقیٔ اردو نے ڈول ڈالا ہے۔ سب سے اول یہ تجویز ہے کہ ہندستان کے تمام علاقوں اور صوبوں میں اردو زبان کا جائزہ لیا جائے، جس کا یہ مطلب ہے کہ جہاں تک ممکن ہو تحقیق طور سے یہ معلوم کیا جائے کہ ان علاقوں میں اردو سمجھنے، بولنے والوں اور پڑھے لکھوں کی کیا تعداد ہے، کتنے سرکاری اور

امدادی مدارس ہیں جن میں اردو کی تعلیم دی جاتی ہے، یہ تعلیم کس درجہ تک ہے اور طلبہ کی کیا تعداد ہے، اس کے درسی نصاب کی کیا حالت ہے، قدیم طرز مدارس کی تعداد جن میں اردو پڑھائی جاتی یا ذریعۂ تعلیم ہے کتنے ہیں اور ان میں طلبہ کی تعداد کیا ہے، سرکاری اور نجی اردو کتب خانوں کی تعداد، ایسی انجمنوں اور اداروں کی تعداد جو اردو کی خدمت کرتے ہیں، اردو مطابع اور جرائد کی تعداد اور حالت، سرکاری محکموں اور عدالتوں میں اردو کی حیثیت۔

ان شمار واعداد کے علاوہ یہ بھی دریافت کرنے کی کوشش کی گئی ہے کہ وہاں اردو زبان ترقی پہ ہے یا انحطاط پر اور اس کے کیا اسباب ہیں، لوگوں کو اردو سیکھنے اور پڑھنے کا شوق ہے یا نہیں، وہاں کی زبان کی مقامی خصوصیات، اردو کا اثر قرب وجوار کی زبانوں پر، وہاں کی قدیم تصانیف اور مصنفین اور شعرا کے نام وغیرہ وغیرہ۔ نیز اس بات کے کھوج لگانے کی بھی کوشش کی گئی ہے کہ ہر علاقے میں اس کے حالات کی رو سے اردو کی اشاعت و ترقی کے لیے کیا تدابیر عمل میں لائی جائیں۔

یہ تجویز جب میں نے شروع میں ایک منتخب کمیٹی کے سامنے پیش کی تھی تو اس کی مشکلات دیکھ کر ارکان مجلس کو اس کی کامیابی کے متعلق بہت کچھ شبہ تھا اور بعض دوستوں نے مجھے لکھا بھی کہ تم کس خبط میں گرفتار ہو، یہ بیل منڈھے چڑھنے والی نہیں ہے۔ لیکن میں کسی قدر خوشی سے یہ اطلاع دیتا ہوں کہ بعض صوبوں اور علاقوں سے مکمل رپورٹیں وصول ہو گئی ہیں اور بعض میں کام جاری ہے۔ ہر علاقے سے رپورٹیں وصول ہونے پر ایک مکمل رپورٹ شائع کی جائے گی۔ یہ گویا تمام ہندستان میں اردو زبان کی موجودہ حالت کا آئینہ ہو گا۔ یہ ایک نہایت ضروری اور بنیادی کام ہو گا۔ اس پر ہم اپنی عمارت کھڑی کر سکیں گے۔ تمام حالات معلوم ہونے پر ہم ہر صوبے اور علاقے میں اردو

کی اشاعت و ترقی کا کام شروع کریں گے اور مجھے یقین ہے کہ آپ کا صوبہ اس معاملے میں سب سے پیش پیش ہو گا۔

دوسری شق زبان کے مستحکم اور شائستہ بنانے کی ہے۔ انجمن ترقیٔ اردو اس کی طرف سے بھی غافل نہیں رہی۔ چنانچہ اس نے قدیم کمیاب تذکرے اور قدیم اردو کی کتابیں جن پر اردو ادب کی تاریخ کا بہت کچھ انحصار ہے، ڈھونڈ کر طبع کرائیں اور ان کی وجہ سے بہت سی غلط فہمیاں جو اب تک ہمارے ادب کی تاریخوں میں چلی آ رہی تھیں رفع ہو گئیں اور اس وقت سے اردو ادب کی تاریخ کا رنگ ہی بدل گیا۔

اس کے علاوہ مختلف قسم کی لغات زیر ترتیب و زیر طبع ہیں۔ مثلاً انگریزی اردو کی جامع لغات جو زیر طبع ہے اور چند ماہ میں چھپ کر شائع ہو جائے گی، اصطلاحات پیشہ وراں جو تقریباً مکمل اور زیر نظر ثانی ہے، اس کا پہلا حصہ عنقریب مطبع میں پہنچ جائے گا۔ قدیم اردو کی لغات وغیرہ، اردو زبان کی مبسوط جامع لغات جو نظام گورنمنٹ کی سرپرستی میں مرتب ہو رہی ہے، وہ بھی انجمن ہی کی تحریک کا نتیجہ ہے۔ ایک دوسری تجویز جو اس وقت انجمن کے زیر غور ہے وہ یہ ہے کہ دنیا کی اعلیٰ زبانوں کی جس قدر بہترین تصانیف ہیں، ان کا اردو میں ترجمہ کر دیا جائے۔ اس کی فہرست تیار ہو چکی ہے اور اب اسے عمل میں لانے کی تدبیر کی جا رہی ہے۔ یہ کام اگر سرانجام پا گیا تو عظیم الشان کامیابی ہو گی۔

اس مختصر ذکر سے میرا مقصد اس بات کا جتانا ہے کہ ادبی اداروں کو وہ اہم کام کرنے چاہییں جو افراد کے بس کے نہیں۔ اگر ادبی ادارے بغیر کسی اصول کو مد نظر رکھے ایسے ہی کام کرتے رہے جو قابل تعلیم یافتہ لوگ فرداً فرداً کر سکتے ہیں تو ایسے ادارے کچھ زیادہ مفید نہیں ہو سکتے، بلکہ بعض حالات میں مضر ہوں گے کیونکہ اس میں محنت، وقت، روپیہ زیادہ صرف ہوتا ہے اور کام اس کے مقابلے میں ویسا نہیں ہوتا جس کی توقع کی جاتی ہے۔

ایک مدت کے تجربہ کے بعد اور کچھ کھو کر یہ اتنی سی بات معلوم ہوئی ہے لیکن اسے حقیر خیال نہ کیجیے، یہ بہت بڑی بات ہے اور اس لیے میں نے اپنا فرض سمجھا کہ صاف صاف اس کا اظہار کر دوں۔

اس کے متعلق ایک دوسری بات یہ ہے کہ اگر ہمیں اپنی زبان کی حفاظت اور ترقی منظور ہے تو اب ادبی اداروں کو متحد ہو کر کام کرنا چاہیے۔ اتحاد عمل میں بڑی برکت اور قوت ہوتی ہے۔ جو کام فرداً فرداً مشکل اور محال معلوم ہوتا ہے، وہ باہمی مشورے اور اتحاد سے آسان ہو جاتا ہے۔ ہمیں مل کر پہلے سے اپنے "اعمال نامے" تیار کر لینے چاہییں کہ کیا کیا کرنا ہے، کیونکر کرنا ہے اور کتنی مدت میں کرنا ہے۔ یہ موقع اس کی تفصیل کا نہیں۔ اسے میں نے دوسرے وقت کے لیے اٹھا رکھا ہے۔

حضرات! اردو زبان میں ایسے ادیب، شاعر اور انشا پرداز گزر چکے ہیں اور بعض اب بھی ہیں جن پر ہم بجا طور سے فخر کر سکتے ہیں لیکن جب ہم دوسری مہذب اور ادبی زبانوں سے مقابلہ کرتے ہیں تو اپنی زبان کی کم مائیگی پر افسوس ہوتا ہے۔ اس کمی کی تلافی ہمارا فرض ہے۔ اس میں شک نہیں کہ کام کرنے والے کام کر رہے ہیں، ادبی اور علمی ادارے اپنی بساط کے موافق ہمارے ادب و علم کے ذخیرے میں اضافہ کر رہے ہیں، اخبار اور رسالے بھی پہلے سے بہت بڑی تعداد میں شایع ہوتے ہیں، شعر و شاعری کا بھی خوب چرچا ہے بلکہ بعض اوقات وبال جان ہوتا ہے لیکن ایک بات جو مجھے کھٹکتی ہے اسے کہے بغیر نہیں رہ سکتا۔

سر سید احمد خاں کے زمانے میں (جو جدید ادب کے بانی نہیں تو فروغ دینے والے ضرور تھے) ہمارا ادب عروج پر تھا۔ اس وقت ایسے ایسے ادیب پیدا ہوئے جن کا نام ہمارے ادب کی تاریخ میں ہمیشہ زندہ رہے گا۔ وہ زندگی کے صحیح معنی سمجھتے تھے اور

دوسروں کو سمجھانے کی کوشش کرتے تھے۔ ہم بے خبری اور غفلت کے عالم میں تھے، انہوں نے ہمیں جھنجوڑا، چونکایا، خبردار کیا اور رستے پر لگایا۔ وہ ادبی مجاہد تھے۔ وہ سربکف میدان عمل میں اترے اور زندگی کی مشکلات سے مردانہ وار ٹکراتے اور مقابلے کرتے رہے اور اکثر پر غالب آئے۔ انہوں نے اپنے زور بیان اور قوت تحریر سے ہل چل مچادی اور سب کو ایک مرکز پر لے آئے۔ ان میں خلوص، بے غرضی، درد اور ایثار تھا۔ انہوں نے اپنے درد سے دوسروں میں سوز، اپنے خلوص اور بے غرضی سے دلوں میں جلا اور اپنے ایثار سے حب قوم پیدا کی اور ایک جماعت ایسی کھڑی کر دی جو اپنی قوم کے لیے کام کرنا شرافت اور انسانیت ہی نہیں بلکہ باعث نجات سمجھتی تھی۔ کیا اب بھی ہمارے ادب کی یہی حالت ہے؟

یہ دیکھ کر کس قدر افسوس ہوتا ہے کہ ہمارے ادیب اور شاعر اس راستے سے ہٹتے جاتے ہیں۔ وہ زندگی کی کشمکش سے جھینپتے اور مشکلات سے کنیاتے ہیں۔ اس لیے وہ عالم خیال کی سیر کرتے رہتے ہیں اور دل فریب خوابوں سے اپنا جی بہلاتے ہیں۔ ہمیں جہاد کی ضرورت ہے اور وہ سیر و تفریح کے سامان فراہم کر رہے ہیں۔ شعر و ادب صرف "حظ نفس" کے لیے ہی نہیں ہے، اس سے اور بھی بڑے بڑے کام نکل سکتے ہیں تا کہ یہ حظ نفس کے ساتھ قوت روح بھی ہو جائے۔ ہمیں شعر و ادب کی ان تعریفات سے فی الحال قطع نظر کر لینا چاہیے جو فارغ البال اور عیش پرست قوموں نے کی ہیں۔

اس زمانے میں جب کہ ہم طرح طرح کی کشاکشوں میں گرفتار ہیں، ان سے آلات حرب کا کام لینا چاہیے۔ آلات حرب سے خدانخواستہ میری یہ مراد نہیں کہ ہم ملک میں فتنہ و فساد پیدا کریں۔ نہیں، بلکہ ان سے زندگی کی جنگ میں کام لینا چاہیے۔ ان کے ذریعہ سے دلوں کے ابھارنے، زندگی کے سنوارنے، شکوک کے مٹانے اور توہمات کی بیخ کنی

میں مدد لیجیے۔ سید احمد خانی درد اور ایثار دکھایئے کہ بغیر اس کے کسی خیال میں گرمی اور اثر پیدا نہیں ہو سکتا۔ جس دل میں آگ نہیں وہ دوسروں میں چنگاریاں کیونکر پیدا کر سکتا ہے۔ جس دل میں لگن نہیں وہ دوسروں کو کیسے ابھار سکتا ہے۔

یہ لگن کہاں سے اور کیونکر آئے؟ یہ اس وقت پیدا ہوگی جب آپ میدان میں آئیں گے، لوگوں کی بھیڑ میں گھسیں گے، کھوے سے کھوا چھلے گا، ہر طرف سے ٹکریں لگیں گی، مشکلات کا سامنا ہو گا۔ اس وقت آنکھیں کھلیں گی، زندگی اصلی روپ میں نظر آئے گی، اس وقت آپ کے دل پر چوٹ لگے گی اور درد اور خلوص پیدا ہو گا۔ اس وقت آپ کی صریر قلم ہولناک توپوں کی آواز سے زیادہ کارگر اور آپ کی زبان کا ایک ایک لفظ شمشیر کے گھاؤ سے زیادہ کاری ہو گا۔

یہ سچ ہے کہ یہ زمانہ بہت نازک ہے۔ بیکاری روز بروز بڑھتی جاتی ہے۔ معاشیاتی پیچیدگیوں نے ملک کو خستہ کر رکھا ہے، جس سے ادیب اور شاعر دونوں چوکڑی بھول گئے ہیں۔ لیکن یہ بھی یاد رکھنا چاہیے کہ یہ زمانہ امتحان کا ہے، یہیں ادیب اور شاعر کے جوہر کھلتے ہیں اور یہی وقت اسے اپنے خداداد جوہر سے کام لینے کا ہے۔ جو ادیب اور صناع الگ تھلگ رہنا چاہتا ہے اور کارزار زندگی میں شریک نہیں ہونا چاہتا اور خلوص کے ساتھ اپنے فطری جوہر کو کام میں نہیں لانا چاہتا، وہ مجرم ہے اور اس کی سزا وہی ہے جو ایک غدار کی ہوتی ہے۔ زبان بنی نوع انسان کی عملی اور روحانی زندگی کے لیے نہایت درجہ ضروری ہے۔ اس لے زبان وادب کی ترقی (جہاں تک ممکن ہو سکے) اسے قوم کی ضروریات اور حالات کے مطابق بنانے میں ہے۔ یہ نکتہ ہمارے ادیبوں کو کبھی نہیں بھولنا چاہیے۔

حضرات! زبان بلاشبہ ایک معاشرتی ضرورت اس کی تخلیق کا باعث ہوئی اور وہ اس

کی زندگی کا ایسا جزو ہے جو اس سے کبھی جدا نہیں ہو سکتا۔ وہ انسان سے الگ کوئی شے نہیں ہے۔ وہ ان لوگوں سے وابستہ ہے جو اسے بولتے اور اس میں فکر کرتے ہیں۔ اس کی جڑیں ہمارے دل و دماغ اور جسم میں پھیلی ہوئی ہیں اور وہیں سے اس کی نشو و نما ہوتی ہے۔ زبان کی ترقی و انحطاط معاشرتی حالات کے تابع ہے۔ یہی وجہ ہے کہ علمائے لسانیات تمدن و معاشرت کی تاریخ کو زبان کی تاریخ میں تلاش کرتے ہیں۔ اسے وقتی سیاسیات کا رنگ دینا سوتے ہوئے فتنے کو جگانا ہے۔ کیا سیاسی کانگریسیوں اور سبھاؤں کے لیے یہ مناسب نہ ہو گا کہ وہ اس وقت تک تہذیبی اور ذوقی معاملات پر ہاتھ نہ ڈالیں جب تک وہ قومیت کی کوئی صورت قایم نہ کر لیں؟ اس سے زیادہ قابل الزام وہ سیاسی حضرات ہیں جو زبان کے پردے میں جس کی تہ زمین سیاست ہے، اس مسئلہ کو چھیڑ کر طرح طرح سے پروپیگنڈا کر رہے ہیں۔

انڈین نیشنل کانگریس نے یہ قرارداد منظور کی تھی کہ ہندستان کی زبان ہندستانی ہو گی، خواہ وہ ناگری حروف میں ہو یا فارسی حروف میں۔ یہ فیصلہ معقول تھا اور اس دور اندیشی پر مبنی تھا جو اس قسم کی کانگریس ایسے موقعوں پر عمل میں لاتی ہیں لیکن ان صاحبوں کے اطمینان کے لیے کافی نہ تھا جن کا منشا کچھ اور تھا۔ انہوں نے اس رزولیوشن کو طفل تسلی سے زیادہ وقعت نہ دی اور دوسری ادھیڑ بن میں لگ گیے۔ ان کی کوششوں کا نتیجہ اپریل ۱۹۳۵ء میں ظہور میں آیا۔ یعنی ہندی سمیلن کا سالانہ جلسہ اندور میں منعقد ہوا، جس کی صدارت مہاتما گاندھی نے فرمائی۔ اس جلسے میں بالاتفاق یہ قرارداد منظور ہوئی،

"ہندستان کے ان ادیبوں میں جو اپنے اپنے صوبوں کی زبان میں کام کر رہے ہیں، ارتباط پیدا کرنے کی غرض سے نیز ہندی زبان کے ارتقامیں ان کا اتحاد عمل حاصل کرنے

کی غرض سے یہ کانفرنس اصحاب ذیل کی ایک کمیٹی قائم کرتی ہے۔"

چنانچہ اس کمیٹی نے فوراً کام شروع کر دیا اور ماہانہ ہندی رسالہ "ہنس" جو ہندی اردو کے مشہور ادیب منشی پریم چند کئی سال سے نکال رہے تھے، اس ادارے کے تحت میں آ گیا۔ یہ ادارہ "بھارت ساہتیا پریشد" کے نام سے مشہور ہے (یعنی انجمن ادب ہند) اور ہنس اب اس کا رسالہ ہے۔ منشی پریم چند کے ساتھ گجراتی زبان کے مؤرخ اور ادیب مسٹر کنھیالال منشی بھی اس کی اڈیٹری میں شریک ہو گے۔ مہاتما گاندھی اس تحریک کے دینی باپ اور مسٹر کنھیالال اس کے روح رواں ہیں۔ چنانچہ "ہنس" کے فاضل اڈیٹر اکتوبر کے رسالے میں فرماتے ہیں (یہ میں اپنی زبان میں بیان کرتا ہوں اگر اصل زبان سناؤں تو آپ کے سمجھانے کے لیے مترجم کی ضرورت ہو گی۔)

"اب ہندی ملکی زبان کی صورت اختیار کر کے خاص و عام کی زبان ہو چکی ہے۔ مہاتما گاندھی جیسے ملک کے سدھارنے والے اسے زندہ ملکی زبان بنانے کا عہد کر چکے ہیں۔"

خود مہاتما جی کا خط ملاحظہ فرمایئے، جو انہوں نے "ہنس" کے متعلق تحریر فرمایا ہے،

"ہنس ہندستان بھر میں انوکھا پریتن ہے۔ یدی ہندی اتھوا ہندستانی کو راشٹر بھاشا بنانا ہے تو ایسے ماسک کی آوشکتا ہے۔ پرتیک پرانت کی بھاشا میں جو لیکھ لکھا جاتا ہے اس کا پرچیے راشٹر بھاشا دوارا سب کو ملنا چاہیے۔ بہت خوشی کی بات ہے کہ اب ایسا پرچیے دل چاہے ان کو ہنس دوار اپرت ماس ادھے روپے میں ادا کرے گا۔"

اس ہوشیاری کو آپ نے دیکھا۔ اب تک ملک کی زبان "ہندستانی" تھی اور سب سے بڑی اور سب سے زیادہ منظم اور باوقعت کانگریس نے اسے علی الاعلان تسلیم کر لیا تھا، لیکن اب ہندی یا ہندستانی ہو گئی۔ یہ ہندستانی کے الفاظ خاص ذہنیت کو ظاہر کر رہے ہیں۔ رفتہ رفتہ یہ لفظ حذف ہو جائیں گے بلکہ یہ سمجھیے کہ ہو گئے، جیسا کہ "ہنس" کے

اڈیٹروں کی تحریر سے صاف ظاہر ہے۔ اب اس تحریر کا (جسے مہاتماجی ہندستانی کہتے ہیں) مہاتماجی کے اس خط سے مقابلہ کیجیے جو انہوں نے حکیم اجمل خاں کو اردو زبان اور اردو رسم خط میں لکھا تھا اور جس کا عکس بعض رسالوں میں شائع ہو چکا ہے۔ ان دونوں میں سے ہم کس زبان کو ہندستانی کہیں۔ زبان کو سیاسیات کے خارزار میں گھسیٹنے اور سیاست دانوں کے ہاتھوں میں کھلونا بنانے کا یہ نتیجہ ہے کہ دو طبقوں میں بجائے اتفاق کے نفاق اور بڑھتا جاتا ہے۔

اب مہاتماجی جس زبان کو ہندی یا ہندستانی کہتے ہیں، اس کا ایک نمونہ تو آپ نے خود ان کے خط میں دیکھ لیا۔ دوسرا نمونہ ہنس کے فاضل اڈیٹر منشی پریم چند کی تحریر سے پیش کیا جاتا ہے،

"آپ نے بہت ٹھیک کہا کہ کوتا کیول منورنجن کی وستو نہیں اور نہ گا گا کر سنانے کی چیز ہے۔ وہ تو ہمارے ہردے میں پریرناؤں کو ڈالنے والی، ہمارے اوساد گرست من مں آنندمے اسپھورتی کا سنچار کرنے والی ہم میں کومل بھاؤناؤں کو جگانے والی (استرین بھاؤناؤں کی نہیں) وستو ہے۔"

اسے مہاتما گاندھی ہی ہندستانی کہہ سکتے ہیں ورنہ کسی اور زبان داں کو یہ جرأت نہیں ہو سکتی۔ یہ میں نے آسان سا جملہ آپ کو سنایا ہے۔ اگر میں اس رسالے کے کسی مضمون کا کوئی حصہ سناتا تو آپ کانوں میں انگلیاں دے لیتے اور کہہ اٹھتے،

گر تو ہندی بدیں نمط خوانی
ببری رونق زباں دانی

اور یہ بھی یاد رہے کہ جو جملے میں نے ابھی آپ کو سنائے ہیں، یہ ایسے شخص کی تحریر ہے جو اردو کا بھی ایسا ہی اچھا ادیب ہے جیسے ہندی کا اور جو ان لوگوں میں سے ہے جو

ہندستانی زبان کے فروغ کے حامی ہیں۔ مجھے اس کی زبان پر مطلق اعتراض نہیں، یہ بہت صحیح اور فصیح ہندی ہے لیکن اسے ہندستانی کہنا لوگوں کی آنکھوں میں خاک جھونکنا ہے۔ ممکن ہے کہ مہاتما گاندھی جو توجیہ و تاویل کے فن کے استاد کامل ہیں، لفظ اتھوا (یا) کے کچھ اور معنی پیدا کرلیں ورنہ بحالت موجودہ ہندی یا ہندستانی کا کوئی دوسرا مفہوم نہیں ہو سکتا۔ زبان کا آسان یا مشکل ہونا ایک دوسری بات ہے۔ ہر ایک کا ایک اسلوب بیان یا طرز تحریر ہوتا ہے اور خاص کر ادبی اور سائنٹفک مضامین میں لامحالہ زبان مشکل ہو جاتی ہے لیکن جو تحریر جس زبان میں ہے، اسے اسی زبان سے منسوب کرنا مناسب ہے۔ لفظوں کے داؤ پیچ سے غلط فہمیاں پیدا کرنا درست نہیں۔ میں یہ بھی عرض کر دینا ضروری سمجھتا ہوں کہ جہاں تک مے ھص علم ہے، "ہنس" کے قابل اڈیٹروں نے اپنے رسالے کی زبان کو کبھی ہندستانی نہیں کہا۔ یہ مہاتما گاندھی ہیں جو "ہنس" کی زبان کو ہندستانی کہتے ہیں اور ایسی بڑی جسارت ایسا ہی بڑا آدمی کر سکتا ہے۔ اگرچہ ہمیں ہنس کے اڈیٹروں کے اس قول کے تسلیم کرنے میں بہت تامل ہے کہ اب ہندی زبان تمام ہندستان کی عام زبان ہو گئی ہے۔

اس رنگ کو (یعنی سیاسی رنگ کو) اور گہرا کرنے کے لیے اکثر اوقات اور عموماً مذہب کی پٹ دی جاتی ہے۔ جس زمانے میں شدھی اور سنگھٹن کا زور تھا، اس بدعت نے بھی زور پکڑا۔ اگرچہ شدھی اور سنگھٹن کا مقصد ہندوؤں کی تنظیم اور تقویت اور ہندو مذہب کی تبلیغ تھا، لیکن زبان بھی اس کی لپیٹ میں آگئی۔ اگر آپ شدھی اور سنگھٹن کے قبل کے ہندی ادب کا مقابلہ بعد کے ہندی ادب سے کریں گے تو معلوم ہو گا کہ ہندی کی اصل اشاعت و ترقی اسی وقت سے شروع ہوئی ہے۔ جب کوئی وار کارگر نہیں ہوتا تو مذہب اور سیاسیات کی آڑ لی جاتی ہے۔ لوگوں کو اکسانے اور ان میں جوش پیدا

کرنے کے لیے اس سے بڑھ کر کوئی چلتا ہوا عمل نہیں ہے۔

زبان کو جیسا کہ میں کہہ چکا ہوں، انسانی ضرورت نے پیدا کیا اور زبان اور اس کے ادب کا ارتقا زمانے کی ضروریات اور حالات و افکار کے تابع رہا اور آئندہ بھی رہے گا۔ مذہب کے نام سے یا سیاسیات کے پردے میں اس کی اشاعت کا پراپیگنڈا کرنا خصوصاً ایسے زمانے میں جب کہ نفاق کی آگ ملک میں بھڑک رہی ہے، دانش مندانہ فعل نہیں ہے۔ اس قسم کی تحریکوں سے نہ صرف اردو داں طبقے کو صدمہ پہنچا بلکہ نیشنل کانگریس کی اس قرارداد کی بھی بے وقعتی ہوئی جس کی رو سے "ہندستانی" ملک کی عام زبان قرار پائی تھی اور ہندستانی قومیت اور ہندستانی زبان و ادب کے بنانے کے لیے دلیرانہ اور دانش مندانہ پیش قدمی کی گئی تھی۔ لیکن اب معلوم ہوا کہ ہندستانی کے معنی ہندی ہیں اور اس کی تائید میں مہاتما گاندھی کا بیان سب سے بڑی شہادت ہے۔

ابھی حال میں آپ کے پڑوس کے صوبے میں اسی قسم کا ہنگامہ بپا ہوا تھا۔ اس میں بھی سیاسی رنگ کی جھلک پائی جاتی ہے۔ اگرچہ صوبہ سرحد کی مقامی زبان جسے وہاں کا تقریباً ہر باشندہ بولتا اور سمجھتا ہے پشتو ہے یا پنجابی، اب جو انہوں نے اپنی مقامی زبان ترک کر کے اردو کو اپنے نصاب تعلیم میں داخل کیا ہے تو ان کا یہ فعل قابل تعریف ہے نہ لائق مذمت۔ انہوں نے بڑی اخلاقی جرأت سے کام لیا ہے اور محض ہندستانی قومی زبان کی خاطر اتنی بڑی قربانی کی ہے۔ جو لوگ ہندستانی قومیت کے خواب دیکھ رہے ہیں انہیں خوش ہونا چاہیے کہ صوبۂ سرحد نے اس طرف سب سے پہلے قدم بڑھایا ہے۔ اس معاملے کے متعلق میں کچھ زیادہ کہنا نہیں چاہتا کیونکہ آپ مجھ سے بہتر ان باتوں کو جانتے اور سمجھتے ہیں۔

ایک اور تازہ واقعہ سنیے کہ مسلمانوں نے دہلی کے نشر گاہ (یعنی براڈ کاسٹنگ سٹیشن)

کی زبان کے متعلق ایک شاخسانہ نکالا ہے۔ سننے والوں نے نہیں بلکہ اسمبلی کے بعض ممبروں نے۔ وہی سیاسی رنگ! سنا جاتا ہے کہ اس زبان پر جسے کبھی ہندستان کی عام زبان بنانے کا ارادہ تھا، نزلہ گرنے والا ہے اور اس کے پروگرام میں اس قسم کی تبدیلی ہونے والی ہے کہ اردو یا ہندستانی برائے نام رہے اور اس کی جگہ مہاتما گاندھی کی ہندی (یا ہندستانی) کو دے دی جائے۔ اور اس میں انہیں کامیابی ہو جائے گی کیونکہ آج کل اخباروں کی چیخ پکار اور ارکان اسمبلی کے سوالات بڑی وقعت رکھتے ہیں۔ اردو داں طبقہ کو اپنے اخباروں کی خبر لینی چاہیے اور انہیں زیادہ بہتر اور باوقعت بنانے کی کوشش کرنی چاہیے۔ اس زمانے میں یہ بہت بڑی قوت ہے۔

ہر شخص کو اور ہر قوم کو یہ حق ہے کہ وہ اپنی زبان کی اشاعت و ترقی کے لیے ہر جائز ذریعہ کو استعمال کرے اور جہاں تک اس کی قدرت میں ہو، اس کی بہتری کے لیے کوشش کرے لیکن کسی فرد یا جماعت کو یہ حق حاصل نہیں ہے کہ وہ اپنی زبان کی محبت یا جنون میں دوسری زبانوں کی تخریب کے درپے ہو اور وفد لے کر والیان ریاست کی خدمت میں حاضر ہو اور اصرار کرے کہ وہ اپنے علاقوں سے اردو زبان کو خارج کر کے ہندی داخل کر لیں۔ اردو داں طبقہ کبھی اس کا مرتکب نہیں ہوا۔ ہم کسی زبان کے مخالف نہیں، البتہ اپنی زبان کی ترقی کے خواہاں ہیں اور اس معاملے میں کامل رواداری اور آزادی کے قائل ہیں۔

اسی ضمن میں رسم خط کا مسئلہ بھی آ جاتا ہے۔ آج کل اس پر بڑی پرزور بحثیں ہو رہی ہیں جن میں سے بعض دلچسپ اور کارآمد ہیں۔ لیکن یہ سمجھ میں نہیں آتا کہ اس کی تان اردو رسم خط ہی پر کیوں توڑی جاتی ہے۔ یہ مسئلہ ہندستان کے تمام رسوم خط سے متعلق ہے، جہاں متعدد اور مختلف تحریر کے طریقے رائج ہیں، خصوصاً جنوبی ہند میں، جس

کا تعلق نہ اردو رسم خط سے ہے نہ دیوناگری سے۔ ہندستان کی تمام زبانوں کے لیے کسی ایک رسم خط کا ہونا ممکن تو ہے لیکن اس کا عمل میں آنا بہت دشوار ہے۔ مثالاً میں آپ کو ایک پر لطف لطیفہ سناتا ہوں۔

مسٹر ہری کول ٹائپ حروف اور اس کی طباعت کے بڑے ماہر ہیں۔ انھوں نے حال میں بنگالی اور ہندی کا ٹائپ تیار کیا ہے۔ جو بہت قابل قدر ایجاد ہے۔ انھوں نے رسالہ "وشال بھارت" کلکتہ میں دیوناگری رسم خط کی تائید میں ایک مفصل مقالہ لکھا ہے جس کے ضمن میں انھوں نے یہ بحث کی ہے کہ مسلمان جو یہ کہتے ہیں کہ دیوناگری رسم خط اختیار کرنے سے ان کے کلچر کو صدمہ پہنچے گا، یہ بالکل غلط خیال ہے۔ رسم خط کو کلچر سے کوئی تعلق نہیں۔ یہ بحث کرتے کرتے وہ رومن رسم خط پر آتے ہیں تو فرماتے ہیں کہ رومن رسم خط اختیار کرنے سے ہندو تہذیب اور کلچر کو سخت نقصان پہنچے گا۔ کیا عجیب بات اور کیسی عجیب منطق ہے۔ میں قابل مقالہ نویس کو "حافظہ نباشد" کا الزام نہیں دیتا لیکن اتنا ضرور عرض کرتا ہوں کہ دلوں کی تہوں میں جو بات چھپی ہوئی تھی، اس کا راز کس سادہ لوحی سے طشت از بام ہو گیا۔ جب تک اس خیال اور دماغ کے لوگ ہم میں موجود ہیں (خواہ وہ کسی طبقے یا فرقے کے ہوں) اس وقت تک ملک کی ساری زبانوں کے لیے کسی ایک رسم خط کا ہونا محال ہے۔

رہا اردو رسم خط تو یہ آج کا نہیں ہے۔ جب سے یہ زبان پیدا ہوئی یہ اس کے ساتھ ہے اور یہ زبان جیسا کہ معلوم ہے اور ظاہر ہے ٹھیٹ ملکی زبان ہے۔ ہندو مسلمانوں کی مشترکہ ملک ہے، دونوں کو ان کے بزرگوں سے میراث میں ملی ہے اور یہ رسم خط بھی اسی کے ساتھ آیا ہے جسے دونوں یکساں طور پر استعمال کرتے رہے اور کرتے ہیں۔ اس میں ایک کو دوسرے سے شکایت کا موقع ہی نہیں۔ ہاں یہ ممکن ہے کہ ایک وقت ایسا

آئے کہ جب ہندستان کی سب زبانوں کا رسم خط ایک ہو جائے لیکن اس وقت کوئی نہیں کہہ سکتا کہ وہ کب آئے گا اور اس کی کیا صورت ہو گی۔ البتہ یہ میں مانتا ہوں کہ فی الحال اصلاح رسم خط کا مسئلہ قابل غور اور نہایت ضروری ہے۔

دنیا کا کوئی رسم خط کامل نہیں اور ہم بھی یہ دعوی نہیں کر سکتے کہ ہمارا رسم خط بے عیب ہے۔ ہر زندہ زبان اور زندہ شے میں تغیر و تبدل اور اصلاح کا ہونا لازم ہے۔ البتہ مردے میں کسی تغیر و تبدل کی گنجائش نہیں ہوتی کیونکہ نمو کا اس میں امکان ہی نہیں۔ اگر ہم اپنے رسم خط کا سراغ لگاتے لگاتے اس ابتدائی صورت تک پہنچیں جہاں سے اس نے آگے بڑھنا شروع کیا اور پھر اس طرف سے چلیں اور ہر قرن اور ہر عہد کے رسم خط کو دیکھیں تو معلوم ہو گا کہ رفتہ رفتہ ہر عہد میں تغیر ہوتا گیا ہے اور جب ہم موجودہ رسم خط تک پہنچیں گے اور اس کا مقابلہ ابتدائی صورت سے کریں گے تو زمین آسمان کا فرق معلوم ہو گا۔

آپ دور کیوں جائیں۔ خود اردو رسم خط کو دیکھیے۔ کیا یہ ابتدا سے اب تک اسی ایک حالت میں ہے؟ پرانی تحریریں دیکھیے، سو ڈیڑھ سو برس بلکہ تیس چالیس برس پہلے کی چھپی ہوئی کتابیں ملاحظہ فرمایئے۔ کیا اس وقت سے اب تک کسی قسم کا کوئی فرق نہیں ہوا؟ یہ فرق کیوں ہوا اور کس نے پیدا کیا؟ زمانے کے حالات اور خود ہماری ضرورتوں نے۔ ہمیں اصلاح سے کبھی منہ موڑنا نہیں چاہیے اور اس کے لیے ہر وقت تیار رہنا چاہیے۔

چنانچہ ہندی والوں نے بھی جنہیں اپنے رسم خط کے کامل ہونے کا دعویٰ تھا، اس بات کو محسوس کیا اور ہندی سمیلن نے ایک خاص کمیٹی اس غرض سے مقرر کی ہے کہ وہ غور و فکر کے بعد مناسب اصلاحیں تجویز کر کے پیش کرے۔ اسی طرح ڈاکٹر رابندرناتھ

ٹیگور کی تحریک پر کلکتہ یونیورسٹی نے ایک کمیٹی کا اسی مقصد سے تقرر کیا ہے کہ وہ بنگالی رسم خط پر غور کر کے ضروری اصلاحیں تجویز کرے۔ میں اس وقت اس مسئلہ پر تفصیل سے بحث کرنا نہیں چاہتا کیونکہ قریب زمانے میں انجمن ترقیٔ اردو منتخب اصحاب کی ایک کانفرنس کرنے والی ہے، جس میں اردو زبان کی اصلاح اور ترقی واشاعت کے متعلق متعدد تجاویز پیش کی جائیں گی۔ اسی میں یہ مسئلہ بھی زیر بحث آئے گا۔

بعض صاحبوں نے اس مسئلہ پر بہت غور وخوض کیا ہے اور کافی معلومات بہم پہنچائی ہیں۔ مجھے امید ہے کہ انجمن حمایت اسلام بھی اپنے نمائندے بھیج کر اس کانفرنس میں شریک ہوگی۔ بہر حال ہمیں یہ کبھی نہیں بھولنا چاہیے کہ اگر ہمیں اپنی زبان کی اشاعت منظور ہے تو ہمیں ہر قسم کی سہولتیں بہم پہنچانے کی کوشش کرنی چاہیے۔ کوئی زبان ایک ہی حالت میں ایک جگہ کھڑی نہیں رہ سکتی۔ اسے زمانے کے ساتھ آگے بڑھنا چاہیے ورنہ اس کی قسمت میں فنا ہونا لکھا ہے۔

اس وقت زبان کی اشاعت کے تین عام ذریعے ہوسکتے ہیں۔ ایک اخبارات کا، جن کا پیام گھر گھر پہنچتا ہے، جن کے خیالات حتی کہ ان کے الفاظ اور جملے چند ہی روز میں زبان زد خاص وعام ہو جاتے ہیں۔ دوسرا ذریعہ عام ابتدائی تعلیم ہے۔ یہ ان تعلیمی کانفرنسوں کا کام ہے جو ہر صوبے میں قائم ہیں۔ بجائے فضول قصیدہ خوانی اور ٹھنک ٹھنک کر اشعار پڑھنے اور لہک لہک کر وعظ کہنے کے ان کانفرنسوں کا خاص کام یہ ہونا چاہیے کہ وہ قصبے قصبے اور گانو گانو میں ابتدائی مدارس کے سلسلے قائم کر دیں۔ انہیں چھوٹے چھوٹے مدارس میں ہماری قومی زبان کی نشوونما اور قومی بہبودی کی بنیاد پڑے گی۔ جب تک تعلیم عام نہ ہوگی، اس وقت تک نہ آپ کے اخبار کام آئیں گے اور نہ آپ کی کتابیں زیادہ مقبول ہوں گی۔ تیسرا ذریعہ سنیما ہے۔ لہو ولعب سمجھ کر اس سے بے التفاتی کرنا درست نہ ہوگا۔

ہمارے اخبار اور کتابیں وہیں کام آسکتی ہیں جہاں پہلے سے تعلیم موجود ہے لیکن فلم وہاں بھی کار آمد ہو سکتا ہے جہاں تعلیم مفقود ہے۔ اول اول سنیما کو رونق دینے والی ہماری ہی زبان تھی لیکن بعد میں بعض وجوہ کی بنا پر جن سے میں بحث نہیں کرنا چاہتا اور جس میں ہمارا بھی قصور ہے، اس کا رخ دوسری طرف پھر گیا۔ اب بھی وقت ہے کہ ہم اس کی طرف توجہ کریں۔ ہمارا فرض ہے کہ زمانے کے حالات کو دیکھ کر ہر ایسے ذریعے سے کام لیں جو ہماری زبان کی اشاعت کے لیے مفید ہو۔

حضرات! یہ وقت ہماری زبان پر بہت نازک ہے کچھ مشکلات اندرونی ہیں اور کچھ بیرونی۔ اس سے ہماری ذمہ داری بہت کٹھن ہو جاتی ہے۔ اس ذمہ داری کا حق ادا کرنے کے لیے ہمیں ہر قسم کی جوکھم جھیلنے اور ضرورت کے وقت ہر قسم کی قربانی کرنے کے لیے آمادہ رہنا چاہیے۔ اور کچھ نہیں تو ہر پڑھے لکھے کو یہ عہد کر لینا چاہیے کہ وہ ہر سال اور یہ نہ ہو سکے تو پانچ سال یا دس سال میں یا یہ بھی ممکن نہ ہو تو عمر بھر میں کم سے کم ایک شخص کو اردو لکھنا پڑھنا سکھا دے گا۔ اگر ہم دل پر رکھ لیں تو یہ کوئی بڑی بات نہیں لیکن اس کے نتائج عظیم الشان ہوں گے۔

زبان کا کوئی رنگ روپ (ورن) نہیں۔ اس کی کوئی ذات نہیں، اس کی کوئی قومیت نہیں، اس کا کوئی مذہب اور وطن نہیں؛ جو اسے بولے، لکھے پڑھے اور استعمال کرے گا، اسی کی وہ زبان ہو گی۔ اگر آپ کی زبان میں یہ خواص ہیں اور ساتھ ہی اس میں بڑھنے اور ترقی کرنے کی صلاحیت ہے تو یہی ہندستان کی زبان ہو کے رہے گی۔

٭٭٭

۱۲

اردو کی مقبولیت کے اسباب

مولوی عبدالحق

گری زوں سوسنان کا ایک پرگنہ ہے اور پہاڑی علاقہ ہے۔ اس کی ایک بڑی خصوصیت یہ ہے کہ وہاں بہت سی زبانیں بولی جاتی ہیں۔ ان کے ہاں قدیم سے ایک روایت مشہور چلی آرہی ہے کہ خلاق عالم نے فرشتہ کلمائیل کو بیجوں بھرے تھیلے دیے اور فرمایا جاؤ تم دنیا کا ایک چکر لگاؤ۔ فرشتے نے ارشاد خداوندی کی تعمیل کی اور یہ بیج بنی نوع انسان کے دماغوں میں جم گئے اور فوراً اگنے شروع ہوئے اور زبانیں چشمے کی طرح ابلنے لگیں۔ جب فرشتہ کلمائیل اپنے تھیلے خالی کر چکا اور خلاق عالم کے واپس آنے کو ہوا تو یہ دیکھ کر اسے سخت ندامت اور پریشانی ہوئی کہ گری زون کا علاقہ چھٹ گیا ہے۔ اس نے خدائے تعالیٰ کی بارگاہ میں اس فروگزاشت کے متعلق عرض کیا۔ خدا نے مختلف تھیلیوں کے ملے جلے بیج جو بچ رہے تھے، اسے دیے اور کہا کہ جاؤ یہ وہاں جاکر بو آؤ۔ یہی وجہ ہے کہ اس پہاڑی آبادی میں طرح طرح کی زبانیں اور بولیاں پائی جاتی ہیں۔

یہ نقل بہ نسبت گری زون کے ہندوستان پر زیادہ صادق آتی ہے۔ جہاں بھانت بھانت کی بولیاں بولی جاتی ہیں جن کی تعداد بیسیوں نہیں سینکڑوں تک پہنچ گئی ہے لیکن اس ہجوم میں ایک زبان ایسی بھی نظر آتی ہے جو ملک کے اکثر علاقوں میں بولی جاتی ہے

اور تقریباً ہر جگہ سمجھی جاتی ہے۔ یہ زبان ہندوستانی اردو ہے جس کا ادب نظم و نثر میں نویں صدی عیسوی سے مسلسل موجود ہے۔ یہ ہمارا ہی دعویٰ نہیں بلکہ اس کی شہادت غیروں نے بھی دی ہے اور یہ شہادتیں یوروپی سیاحوں کی تحریروں میں سترہویں صدی کی ابتداء سے بعد تک برابر ملتی ہیں۔ ایک موقع پر کسی خاص معاملے میں ابی سینا کے سفیر خوجہ (Movaad) سے چند استفسارات کیے گئے۔ ان میں سے ایک یہ تھا کہ "فلاں شخص نے آپ کی حضوری میں کس زبان میں گفتگو کی۔" وہ جواب دیتے ہیں، "ہندوستانی زبان میں جس کی ترجمانی ویر ہز اکسیلینزی دی ہائی گورنمنٹ آف بٹاویا کے سیکریٹری نے کی۔" یہ واقعہ ۱۶۹۷ء کا ہے۔ اس زمانہ کا ایک سیاح لکھتا ہے کہ "دربار کی زبان تو فارسی ہے مگر عام بول چال کی زبان 'اندوستان' ہے۔"

یہ اگلی باتیں ہیں۔ انہیں جانے دیجئے، کمپنی کے زمانے کو لیجئے۔ جب ایسٹ انڈیا نے اپنا کاروبار یہاں جمایا اور تجارت سے سیاست کی طرف قدم بڑھایا تو تجارت اور سیاست دونوں اغراض کی خاطر تازہ ولایت نوکار انگریزی ملازموں کی تعلیم کے لیے ملک کی ایک ایسی زبان کا انتخاب کیا جو اپنی عام مقبولیت اور وسعت کی وجہ سے سب سے زیادہ کار آمد تھی۔ یہ زبان ہندوستانی یعنی اردو تھی، اس کے لیے ایک بڑا مدرسہ قائم کیا گیا جو فورٹ ولیم کالج کے نام سے مشہور ہے۔ اس میں قابل زبان داں ہندی ملازم رکھے گئے جو نوجوان نو واردوں کو ہندوستانی زبان کی تعلیم بھی دیتے تھے۔ اردو کی کتابیں بھی تالیف اور ترجمہ کرتے تھے۔ اس کالج کے معلم اول ڈاکٹر جان گل کرسٹ تھے۔ اردو کے محسن اور اس کے شیدائیوں میں سے تھے۔ اس زبان کو (Grand popular speech of India) کہتے ہیں۔ ایک دوسری جگہ وہ اس کی نسبت لکھتے ہیں کہ "یہ نہایت کارآمد اور عام زبان ہے جس پر ہندوستان فخر کر سکتا ہے۔"

اب میں یہ دکھانا چاہتا ہوں کہ اردو کی مقبولیت کے کیا اسباب ہوئے۔ سب سے بڑی وجہ اس کی مقبولیت عام کی یہ ہوئی کہ اس کی بنیاد عوام کی زبان پر رکھی گئی تھی جو بول چال کی زبان تھی۔ خود اردو کا لفظ ہی اس کی اصل اور ابتداء کا پتہ دیتا ہے اور اس وقت جتنی شائستہ اعلیٰ درجہ کی زبانیں ہیں، جن کی دھاک ساری دنیا پر بیٹھی ہوئی ہے، وہ ایک وقت میں عوام کی معمولی بولیاں تھیں اور حقارت کی نظر سے بولی جاتی تھیں۔ یہاں تک کہ خود اہل زبان اس میں لکھنا پسند نہ کرتے تھے۔ بعینہ یہی حال پہلے پہلے اردو کا بھی تھا۔ اس کے بولنے والے بھی اس میں لکھتے ہچکچاتے تھے اور جو کبھی کوئی لکھتا اور وہ بھی مذہبی ضرورت سے ہوتا تھا تو پہلے معذرت کرتا کہ چونکہ سب عربی فارسی نہیں جانتے، اس لیے ان کے خیال سے اس زبان میں لکھ رہا ہوں لیکن آخر یہی عوام کی بولی رفتہ رفتہ شائستہ اور ادبی زبان بن گئی اور اس کا تعلق برابر عوام کی بولی سے رہا۔

عوام کی زبان مثل قلب کے ہے جس سے تمام اعضاء کو خون پہنچتا رہتا ہے اور ان کی تقویت کا باعث ہوتا ہے۔ جب تک زبان کو عوام کی بولی سے مدد ملتی رہتی ہے اور وہ عوام کی بولی کا ساتھ دیتی رہتی ہے تو وہ زندہ رہتی ہے اور جس وقت سے اس کا تعلق عوام کی کی بولی سے منقطع ہو جاتا ہے تو اسی وقت سے اس پر مردنی کے آثار نمایاں ہو جاتے ہیں۔ چنانچہ یونانی، سنسکرت، لاطینی جو دنیا کی کامل اور بہترین زبانیں خیال کی جاتی ہیں اسی لیے وہ مر گئیں۔ البتہ اردو پر ایک ایسا تاریک زمانہ آیا کہ ہمارے شعراء نے اکثر ہندی لفظوں کو متروک فرما دیا۔ ان کے بجائے عربی فارسی کے لفظ بھرنے شروع کیے اور یہی نہیں بلکہ بعض عربی فارسی الفاظ جو بہ تغیر ہیئت یا بہ تغیر تلفظ اردو میں داخل ہو گئے ہیں، انہیں بھی غلط قرار دے کر اصل صورت میں پیش کیا اور اس کا نام "اصلاح زبان" رکھا۔ یہ وہ زمانہ تھا جب کہ تکلف اور تصنع ہمارے ادب پر چھا گئے تھے اور ہماری زبان ایک

ایسی زبان ہو گئی تھی کہ ادب کو بے جان، بے لطف اور بے اثر بنا دیا تھا۔

لیکن یہ دور تاریکی چند روزہ تھا۔ اس کے دفع کرنے میں سب سے بڑا کام سید احمد خان نے کیا۔ اس کی تحریروں نے ہمارے ادب میں نئی جان ڈال دی۔ اگرچہ اس کی زبان اور اس کا انداز بیان سادہ تھا لیکن اس میں فصاحت، اثر اور قوت تھی۔ اس نے علمی اور سنجیدہ مضامین لکھنے کا نیا ڈول ڈالا اور موافق و مخالف دونوں نے اس کی پیروی کی اور اس کے رفقاء یعنی نذیر احمد، شبلی، حالی، ذکاء اللہ خاں وغیرہ نے اسے چمکایا اور بڑھایا۔ سید احمد خاں کا اردو پر بڑا احسان ہے۔ اس نے صرف ہمارے ادب ہی کو نہیں بنایا اور سنوارا بلکہ ہر موقع پر جب ضرورت پڑی اس کی حمایت کی اور اس پر آنچ نہ آنے دی۔ سر سید کی وجہ سے اب اردو ادب کی تاریخ میں ایک نئے باب کا اضافہ ہو گیا ہے جو "علی گڑھ اسکول" کے نام سے موسوم ہے۔

اس نئے اسکول نے پھر عام بول چال کی طرف رجوع کی اور خاص کر نذیر احمد، حالی، آزاد، ذکاء اللہ نے ان الفاظ کو جو گھروں کے کونوں، کھدروں، گلیوں، بازاروں اور کھیتوں میں کسمپرسی کی حالت میں پڑے تھے، چن چن کے نکالا، انہیں جھاڑا پونچھا، صاف کیا، جلا دی اور ان میں سے بہت سے اچھوتوں کو مسند عزت پر لا بٹھایا۔ اس نئے خون نے جو ہمیشہ ہماری زبان کی رگ و پے میں پہنچتا رہا ہے، ہمارے ادب کی رونق اور تازگی کو دوبالا کر دیا۔

اردو کی مقبولیت کی ایک وجہ اور بھی ہوئی جو قابل غور ہے۔ جس وقت یہ زبان وجود میں آئی تو ملک میں جتنی بولیاں مروج تھیں، وہ سب اپنے چھوٹے چھوٹے رقبوں اور حلقوں میں محدود تھیں۔ یہ زبان قدرت سے ایسے ماحول اور ایسے حالات اور اس قسم کے اثرات کے تحت بنی تھی اور اس طرح سے اس کی ترکیب عمل میں آئی تھی کہ وہ خود

بخود ملک کے اکثر خطوں میں پھیلتی چلی گئی اور لوگ اسے قبول کرتے چلے گئے۔ ملک میں کوئی دوسری بولی یا زبان ایسی نہ تھی جو اس کا مقابلہ کرتی اور جتنی بولیاں یا زبانیں تھیں، وہ اپنے اپنے حلقے سے باہر نہ بولی جاتی تھیں اور نہ سمجھی جاتی تھیں۔ یہی وجہ ہے کہ جب اہل یورپ اور خصوصاً انگریز اس ملک میں آئے تو انہوں نے اسے ہندوستانی یعنی ہندوستان کی زبان سے موسوم کیا اور یہی وجہ ہے کہ جب فارسی کے بجائے اردو سرکاری دفاتر کی زبان قرار پائی تو کسی نے اختلاف نہیں کیا۔ اختلاف ہوتا تو کس بنا پر؟ کوئی دوسری زبان ایسی تھی ہی نہیں جو ہندوستانی ہونے کا دعویٰ کرتی۔

اردو زبان کی ایک اور خصوصیت بھی ہے جس پر بہت کم توجہ کی گئی۔ وہ عورتوں کی زبان ہے۔ یوں تو دنیا میں اور بھی زبانیں ہیں، جن میں مردوں اور عورتوں کی زبان میں کچھ کچھ فرق ہے لیکن اردو زبان میں یہ فرق بہت نمایاں اور گہرا ہے۔ اردو نے جس خطے میں جنم لیا یا جہاں جہاں اس نے زیادہ رواج پایا، وہاں پردے کی رسم رائج رہی۔ اسی وجہ سے مردوں اور عورتوں کی معاشرت میں بہت کچھ فرق پیدا ہو گیا۔ عورتوں کے الفاظ اور محاورے اور ان کا طرز بیان اور بول چال بھی بہت کچھ الگ ہو گئی۔

پردے میں رہنے کی وجہ سے ان کا سارا وقت امور خانہ داری، بال بچوں کی پرورش اور نگہداشت، شادی بیاہ، رسم و رواج کی پابندی اور ان کے متعلق جتنے معاملات ہیں، اس میں صرف ہوتا ہے اور اس اقلیم میں ان کی عمل داری کامل ہوتی ہے، پھر ان کی زبان اور لہجے میں لطافت، نزاکت اور لوچ ہوتا ہے۔ اس لیے انہوں نے اپنے تعلقات کے لحاظ سے جو طرح طرح کے لفظ، محاورے اور مثلیں بنائی ہیں، وہ بڑی لطیف، نازک، خوبصورت اور سبک ہیں۔ ایسے الفاظ جن کا زبان سے نکالنا بدتمیزی سمجھا جاتا ہے یا جن کے کہنے میں شرم و حجاب مانع ہوتا ہے، عورتیں ایسے الفاظ نہیں بولتیں بلکہ وہ اس مفہوم

کو لطیف پیرائے یا تشبیہ اور استعارے کے رنگ میں بڑی خوبصورتی سے بیان کر جاتی ہیں۔ عربی فارسی کے ثقیل الفاظ جن کا تلفظ آسانی سے ادا نہیں ہوتا، وہ انہیں سڈول بنالیتی ہیں۔ بعض اوقات ان کے معنی تک بدل جاتے ہیں اور وہ خالص اردو کے الفاظ ہو جاتے ہیں۔

ہماری عورتوں کے الفاظ اور محاورے وغیرہ زیادہ تر ہندی ہیں یا عربی فارسی کے لفظ ہیں تو انہیں ایسا تراشا ہے کہ ان میں اردو کی چمک دمک پیدا ہو گئی ہے۔ اب جدید حالات کچھ ایسے ہو گئے ہیں کہ جہاں ہماری اور بہت سی عزیز چیزیں مٹی جا رہی ہیں، یہ لطیف زبان بھی مٹتی جاتی ہے۔ ریختی گو شعراء کا بڑا احسان ہے۔ (اگرچہ ان میں سے بعض نے بہت کچھ فحش بھی بکا ہے) کہ انہوں نے اس زبان کو محفوظ کر دیا ہے۔ اس زبان کے سینکڑوں، ہزاروں الفاظ اور محاورے اور مثلیں ادبی زبان میں آ گئی ہیں اور ہمارے ادب کی زیب و زینت ہیں۔ اس زمانے میں نذیر احمد، حالی، سید احمد دہلوی، راشد الخیری اور بعض دیگر اصحاب کی بدولت صنف نازک کی اس پاکیزہ زبان کا اکثر حصہ ہمارا مشترکہ سرمایہ ہو گیا ہے۔ اس کے اضافے سے ہماری زبان میں شگفتگی اور حسن ہی نہیں پیدا ہوا بلکہ اسے مقبولیت بھی حاصل ہوئی۔

***

۱۳

اردو لٹریچر کے عناصر خمسہ

مہدی افادی

آئندہ زمانہ میں اردو لٹریچر کی اگر تاریخ لکھی گئی تو انیسویں صدی کا پچھلا دور اس عہد کا "نشاۃ الثانیہ" (یعنی دور جدید) ہو گا جس میں ایک بازاری زبان جس کا سرمایہ ناز ایک بے غایت شاعری کا مجموعۂ خود رو تھا، منازل ارتقائی طے کرتی ہوئی اس سطح امتیازیہ کے قریب قریب پہنچ گئی جہاں دنیا کی اعلیٰ تر زبانیں اپنا سکہ جما رہی ہیں۔

کل کی بات ہے جب تُک سے تُک ملا لینا کمال فن سمجھا جاتا تھا۔ گرمی محفل کے لیے چند مصرعوں کی پیوند کاریاں لٹریچر کے فرائض سے ہم کو سبکدوش کر دیتی تھیں لیکن اقتضائے وقت کے ساتھ تغیر مذاق دیکھئے کہ آج ہم کو ان کے ذکر سے بھی شرم آتی ہے۔ یہ کیوں؟ صرف اس لئے کہ ہم دیکھتے ہیں کائنات میں کوئی چیز نہیں جو تغیر پذیر نہ ہو، ہمارے جذبات بدلے، خیالات بدلے، تغیر حالت کے ساتھ وہ آثار خارجی بھی جن میں ہم گھرے ہوئے تھے، کچھ سے کچھ ہو گئے۔ غرض زمین بدلی، آسمان بدلا اور ہم بھی وہ نہیں رہے جو پہلے تھے اور ابھی معلوم نہیں مؤثرات خارجی اور واقعات کی قدرتی رو ہم کو کہاں سے کہاں لے جائے گی۔

اس کش مکش اور سلسلۂ انقلابات میں اتنا ہوش کہاں کہ طبقات ارتقائی کی درمیانی

کڑیاں آپ کو گنائی جائیں، صرف یہ سمجھ لیجئے کہ بوسیدہ اور فانی اجزا کی جگہ قوی تر عناصر نے لے لی اور اقلیم سخن کی شریف تر ہستیاں عالم وجود میں آئیں جن سے اردو ساکم سواد لٹریچر ایک دم سے آشنائے فلسفۂ ادب ہو گیا۔ میری غرض لائق عزت سرسید، پروفیسر آزاد، نذیر احمد، حالی و شبلی سے ہے جن کے قلم کے سایہ میں اردو یعنی کل کی چھوکری اتنی رودار ہو گئی کہ السنۂ یورپ یعنی مغربی سے بے تکلف آنکھیں ملا سکتی ہیں، ان میں سے ہر شخص مختص النوع خصائص ادبی کے ساتھ اپنے اپنے دائرہ کا آپ مالک ہے اور جس طرح ادب القدما (یعنی کلاسیکس) آج واجب التعظیم سمجھا جاتا ہے، ایک وقت آئے گا جب ان کے ادبیات کا بیشتر حصہ لائق پرستش اور غیر فانی سمجھا جائے گا۔

یہ موضوع نہایت اہم ہے اور چونکہ بہت پھیلایا جا سکتا ہے، اس لئے سرسری طور پر ٹالنا منظور نہیں، بلکہ میری خواہش ہے کہ آج کل کے اچھے لکھنے والے اس پر قلم آزمائی کریں۔ میری عرض لائف نگاری سے نہیں ہے بلکہ صرف تنقید ادبی (یعنی لٹریری ریویو) چاہتا ہوں، جس میں بہ لحاظ فن فرداً فرداً ہر مصنف کے نتائج فکر کی خصوصیات اس طرح دکھائی جائیں کہ ایک حد تک تنقیدات عالیہ (یعنی ہائر کریٹی سزم) کا حق ادا ہو جائے۔

سرسید نے ادب اور معقولات پر جس حد تک مجتہدانہ رنگ چڑھایا، دراصل ان کی اولیات میں داخل ہونے کے لائق ہے۔ یہ انہیں کے قلم کی آواز بازگشت ہے جو ملک میں بڑے سے بڑے مصنف کے لئے دلیل راہ بنی، آج جو خیالات بڑی آب و تاب اور عالمانہ سنجیدگی کے ساتھ مختلف لباس میں جلوہ گر کئے جاتے ہیں، دراصل اسی زبردست اور مستقل شخصیت کے عوارض ہیں، ورنہ پہلے یہ جنس گراں بار با صف استطاعت اچھے اچھوں کے دسترس سے باہر تھی۔ سرسید کے کمالات ادبی کا عدم اعتراف صرف ناشکری

نہیں بلکہ تاریخی غلطی ہے اور میں خوش ہوں کہ شریف النفس حالی نے آج کل کی بہتر سے بہتر "سوانح عمری" لکھ کر منحرف طبائع کو بہ وساطت سخت سے سخت شکست دی جو خیال میں آسکتی ہے۔ لیکن نئی نسل پچھلا سبق کسی قدر بھول چکی ہے، حالانکہ سرسید کے حقوق زیادہ تر اسی کی گردن پر ہیں، بلکہ مجھے کہنا چاہئے کہ لٹریچر کے حقوق کا اقتضا یہ ہے کہ سرسید کے علمی کارنامے پر نگاہ عکس ریز ڈالی جائے اور اس کے لئے سید سجاد حیدر (یلدرم) مجھے زیادہ تر موزوں معلوم ہوتے ہیں۔

علامہ نذیر احمد کو میں "شم المار ہروی" توبہ! سید افتخار عالم کے سر لگانا چاہتا ہوں، جنھوں نے حال میں مولانا کی نہایت مفصل سوانح عمری شائع کی ہے، بالاستحقاق ان سے بہتر کوئی شخص خیال میں نہیں آتا۔ یہ لکھیں گے اور ہم دردانہ اور سخن گسترانہ لکھیں گے۔ اسی کی ضرورت ہے۔ نذیر احمد گو ایک حد تک عقلیات سے رسیاں تڑاتے رہے لیکن ادب اور "منقولات" سے متعلق جو دفتر انھوں نے چھوڑا ہے، وہ اس قدر اہم ہے کہ کچھ سرسری ریمارک کرنا چاہتا ہوں مگر سمجھ میں نہیں آتا، کہاں سے شروع کروں۔ ان کی اعلیٰ درجہ کی عربیت کے ساتھ بے مثل قدرت بیان، وسیع ذخیرۂ الفاظ اور وہ تصرفات جو جدت خیال اور ظریفانہ نکتہ سنجیوں کے لحاظ سے صرف اس شخص کا حصہ ہیں، لٹریچر کی جان ہیں۔ اس پر اضافہ کیجئے اردو سی کم مایہ زبان کا ایسے شریفانہ قالب میں ڈھلنا جس پر کلاسیکس کا دھوکا ہو۔

بعض صاحبوں کو غالب کی طرح ان کی مشکل پسندی کا رونا ہے اور وہ پیوند کاریاں جو ان کی شستہ رفتہ اور برجستہ اردو میں ہوتی ہیں جس میں انگریزی زیادہ بے جوڑ ہوتی ہے، عام خیال ہے کہ ثقل سے خالی نہیں، لیکن انصاف یہ ہے کہ یہ سب ان کی جدت اختراع اور قوت آخذہ کا زور ہے۔ آمد کی رو میں اضطراری طور پر اپنے پرائے کی تفریق نہیں ہو

سکتی اور یہی وجہ ہے کہ بعض حصے بہ لحاظ ترکیب و تحلیل اجزائے السنہ غیر گنگا جمنی ہوتے ہیں، تاہم متانت اور حسن کلام سے کبھی علیحدہ نہیں ہوتے جو ان کے لٹریچر کا خاصۂ طبعی ہے۔ نہ ان کے اچھوتے اور مستقل طرز ادا (اسٹائل) پر جو شارع عام سے الگ تھلگ اور آپ اپنی نظیر ہے، کوئی اثر پڑتا ہے۔ جو باتیں اوروں کے ہاں بیگانی ہیں، ان کی بے ساختگی اور برجستگی خیال کے ساتھ سلسلۂ بیان میں اس طرح جذب ہو جاتی ہیں کہ مغائرت یا اجنبیت کا احساس تک نہیں ہوتا۔ پھر بھی جہاں تک اس حیثیت سے اعتراض کی گنجائش ہے، ادب چاہتا ہے۔ سبک نکتہ چینیوں سے ان کا کمال ہمیشہ بے نیاز رہے گا۔

میں آج تک یہ فیصلہ نہ کر سکا کہ باوصف کمالات علمی جو ایک حد تک ان کے ہم عصروں کو بھی مرعوب کرنے والے تھے، ان کی فطری قابلیت اور اعلیٰ مذاق سخن کی آزمائش کا بہتر سے بہتر پیرایہ کیا ہو سکتا تھا۔

جس طرح ناولوں اور تراجم میں بہ رعایت فن یہ اپنی قادرالکلامی کا بڑے سے بڑا ثبوت دے سکے، لٹریچر کے وہ اجزاء جن کا موضوع زیادہ اہم اور سنجیدہ ہے، مثلاً فلسفۂ تاریخ وغیرہ، جس میں وسعت نظر کے ساتھ تحقیق و تنقید، قوت استقرا، تفریع مسائل اور فلسفیانہ استخراج نتائج کے ساتھ غیر منقطع انضباط خیال کی ضرورت ہے، یہ قصداً اس طرف نہیں آتے۔ یہی حد فاصل ہے جو شبلی کی قلم رو سے ان کے دائرہ کمالات کو جدا کرتی ہے اور یہی وہ آزادی ہے جس کے آثار ان کے لکچروں میں آپ دیکھیں گے اور جس کی بنا پر یہ اکثر کہا گیا ہے کہ وہ موضوع سخن کے حدود کو قائم نہیں رکھ سکتے۔ لیکن سچ یہ ہے کہ ان کا مرتبۂ انشا پردازی چاہتا ہے کہ ہم مان لیں کہ یہ صرف زور بیان کا قصور ہے جو اظہار فصاحت میں کسی چیز کا محکوم نہیں ہوتا۔

زمانہ کتنی ہی ترقی کرے، اس علم کے پتلے کو پھر پیدا نہیں کر سکتا جس کا کوئی رونگٹا

بے کار نہیں، جہاں تک لائق ادب "مشرقیت" کا تعلق ہے، قوم کی یہ آخری بہار تھی جس کے اجزاء کچھ اٹھ گئے، کچھ باقی ہیں۔ قدیم علوم کے نام لیوا ایک آدھ سے زیادہ نہیں ہیں۔ جس عربی، مرحوم عربی کو ہم بیسویں صدی میں ڈھونڈتے ہیں، علامہ نذیر احمد کے ساتھ دفن ہو گئی، مگر ان کا حصۂ غیر فانی یعنی ان کی تصنیفات مرنے والی چیز نہیں۔ وہ اپنی بقائے دائمی کی آپ ضامن ہیں اور یہی انسان کا بڑے سے بڑا تخیل (آئڈیل) ہے جس سے دنیا میں کوئی بے نیاز نہیں۔

نذیر احمد کے استادانہ اور باوقار لٹریچر کا سلسلہ ہمیشہ کے لئے ختم ہو گیا۔ یہ ایک ایسا نقصان ہے جس کی تلافی اب نہیں ہو سکتی، لیکن اخلاف کے لئے جس قدر سرمایۂ علمی انھوں نے چھوڑا ہے، وہ موجودہ اور آئندہ نسلوں کو ہمیشہ ان کی یاد دلاتا رہے گا۔ ہم ان کی قیمتی تصنیفات کو سینہ سے لگائیں گے، آنکھوں میں جگہ دیں گے۔ دائمی جدائی کے بعد ادائے سپاس کا حق کچھ تو ادا ہو رہے گا۔

سرسید کے بعد اگر ان کے رنگ میں کوئی قلم ہاتھ میں لے سکتا ہے تو بوڑھے حالیؔ ہیں۔ یہ ایک ہی وقت میں جہاں فطری شاعر ہیں، اعلیٰ درجہ کے ناثر بھی ہیں۔ لائف نگاری کے ساتھ نکتہ سنجی اور سخن آفرینی کا ایک خاص سلیقہ ہے، جس نزاکت کے ساتھ ادائے خیال کے مختلف پہلوؤں سے دیکھتے دیکھتے یہ اپنا مطلب نکال لیتے ہیں، کثرت مواد کے ساتھ بھی دوسرے اس قسم کے لطیف تصرفات نہیں کر سکتے۔ طبیعت میں ایک چچا تلا خاص طرح کا مادہ ہے جو حشو و زوائد سے غرض نہیں رکھتا اور ساتھ ہی کسی موضوع بحث میں ان نکات متعلقہ کی طرف نہایت خوبصورتی سے فوری انتقال ذہن کا باعث ہوتا ہے جو دراصل اس بحث کی جان ہوتے ہیں۔ لٹریچر کا بہت بڑا وصف یہ ہے کہ سخت سے سخت مسائل باتوں باتوں میں طے کر دیے جائیں۔ یہ سلاست و نفاست قدرت کلام کی

آخری حد ہے جو سر سید کے بعد حالیؔ کے حصہ میں آئی۔

ایک خاص بات یہ ہے کہ ان کے خیالات و مقالات میں جھول جھال یعنی کسی طرح کا "تذبذب فی الرائے" نہیں ہے۔ خالص یک رنگی ہے جسے اصطلاح میں فلسفیانہ کہئے۔ معیار خیال اس قدر بلند پایہ اور سلجھا ہوا ہے کہ کہیں سے یہ بیگانے نہیں ہوتے۔ مجھے ہنسی آتی ہے جب سنتا ہوں کہ حالیؔ کی جدید شاعری بہ لحاظ فن ساقط المعیار ہے اور اس لائق نہیں کہ اس پر توجہ کی جائے۔ یہ فتویٰ "پرانی لکیر" کے شیدائیوں کا ہے جو خیر سے یہ بھی نہیں جانتے کہ شاعری دراصل کیا چیز ہے اور اس کا موضوع اصلی کیا ہے؟ بھیڑوں کا ایک غول ہے جو مدت ہوئی آنکھیں بند کئے ایک راستہ پر پڑ لیا اور آگے پیچھے آج تک چلا آیا لیکن ہم کو اس سے کچھ بحث نہیں، نہ ہم اس مجموعۂ ردیات پر نظر ڈالنا چاہتے ہیں جو پرانے خیال والوں کا سرمایۂ ناز ہے۔ ہم ایک حد تک معصوم حماقتوں سے، کسی کی ہوں، لطف اٹھانے کے لئے تیار ہیں، کیونکہ یہ بھی ایک عیش ہے۔ صرف اتنا کیجئے کہ برے بھلے حالیؔ کو جدید گروہ کی لائق فخر پیشوائی کے لئے چھوڑ دیجئے۔

میرا خیال ہے حالیؔ کے کلام پر مولوی عبد الحق کھل کر داد سخن دیں گے۔ یہ آج تک باوصف قابلیت اور فلسفیانہ مذاق کے صرف "مقدمات" پر ٹالتے رہے۔ ان کا مصرف صحیح کچھ اور تھا۔ ان میں مادۂ اختراعی (اریجینٹی) خاصہ ہے مگر قوت فیصلہ کی کمی "صحافت" سے آگے بڑھنے نہیں دیتی، حالانکہ ان کا سلیقہ تحریر سفارشی ہے کہ مستقل تصنیف و تالیف کے سوا یہ کچھ اور نہ کرتے۔ بہر حال ان کو کم سے کم میری خواہش تو پوری کرنی ہو گی۔

یادش بخیر! شبلی پر بہت کچھ لکھا جا چکا ہے جس سے زیادہ ایک زندہ مصنف پر قلم آزمائی کی گنجائش نہیں۔ چبائے ہوئے نوالوں کا بار بار منھ میں پھیرنا خواہ وہ کتنے ہی خوش

ذائقہ ہوں، جدت طرازی جائز نہیں رکھتی اور چونکہ نئی بات نہیں کہہ سکوں گا اس لئے مختصراً اس قدر کافی ہے کہ شبلی ملک میں پہلے شخص ہیں جنھوں نے تاریخ پر فلسفہ کا رنگ چڑھایا اور حکیمانہ انکشافات و نکتہ آرائیوں سے اسے ایک مستقل فن دیا۔

علی گڈھ کو انھوں نے چھوڑا اور ندوۃ العلماء نے، مجھے افسوس کے ساتھ کہنا پڑتا ہے خود ان کو، لیکن میرا بس ہو تو شبلی کو ہندوستان سے باہر کالے کوسوں، یورپ کے کسی "بیت الحکماء" (لٹریری اکیڈمی) میں بھیج دوں جہاں ان کو اپنی غیر معمولی قابلیت کی داد بڑے بڑے علمائے مستشرقین سے ملے گی جو بہ لحاظ ہم فنی، ان کے یاران طریقت ہیں۔ شبلی کا وسیع دائرۂ تحقیقات، اہل زبان کی سی فارسی اس میں بھی شاعری کا ملکۂ راسخہ اور سب سے زیادہ اپنی زبان میں ان کی لائق رشک انشاپردازی، وہ صفات ہیں جو علانیہ ان کو ہم نفسوں سے ممتاز کرتی ہیں۔ شعر العجم کے چوتھے حصہ میں فلسفۂ شاعری پر مختلف پہلوؤں سے جس طرح تنقید کا حق ادا کیا گیا ہے، "ادب الاساتذہ" کا بہتر سے بہتر مرقع ہے جس پر دنیا کی کوئی زبان فخر کر سکتی ہے۔

اردو میں ان کے مطائباتِ نظم کو جو جدید پیداوار ہیں، ان کے سلسلۂ کمالات سے علیحدہ کر کے دیکھئے جن میں لطائف ادبی کوٹ کوٹ کر بھرے ہیں، یہ رنگ بھی ان کا حصہ ہے، شوخی کے ساتھ سنجیدگی یہ معلوم ہوتا ہے دور سے زبان کی بلائیں لے ر ہے۔ لیکن اس کی جامعیت کے ساتھ بھی سوال یہ ہے کہ قوم نے کہاں تک حوصلہ افزائی کی؟

کل کی بات ہے ایک اتفاقی واقعہ پر شبلی پر ملک کے چپہ چپہ سے لے دے شروع ہو گئی اور اس قدر غل شور ہوا کہ کان پڑی آواز نہیں سنائی دیتی تھی۔ بڑے بڑے سنجیدہ

حضرات اپنے نامۂ اعمال کی طرح اخباروں کے کالم سیاہ کرتے رہے جس سے کچھ دنوں کے لئے اخباری افق کی فضائے بسیط ایک دم سے تیرہ و تار ہو گئی۔ کیا یہ کوئی علمی واقعہ تھا؟ ہرگز نہیں صرف حاسدین کی کم نظری تھی۔ دلوں کی جمی ہوئی سیاہی لغزش قلم سے ٹپکی اور بری طرح ٹپکی لیکن شرافت علم دیکھئے! شررؔ کو جو "شبلی" پر کبھی کبھی سخن گسترانہ چوٹیں کرتے تھے، اس ناگوار واقعہ کے بعد جس کا انجام ندوہ سے مولانا کی دست کشی پر ہوا، اپنی آواز بلند کرنی پڑی۔ وہ صاف صاف کہہ گذرے کہ ندوہ میں جو کچھ دم تھا، شبلی کی وجہ سے تھا، اب وہ ایک جسد بے روح ہے۔ اسی ضمن میں مولانا کے کمالات کا شناسانہ اعتراف اور قوم کی ناسپاری کا رونا تھا۔

"نقاد" میں تاریخ کا معلم اول کے عنوان سے ایک مضمون شائع ہوا تھا۔ ایک قاصر النظر نے اہتمام کے ساتھ "مشرق" میں اس کی تردید کی جسارت کی لیکن عامیانہ و حاسدانہ، جس میں علامہ شبلی کو ان اوصاف سے معرا کر کے دکھایا تھا جو مضمون نگار نے حسن عقیدت سے نہیں بلکہ خود "فلسفہ" کے ایما سے غیر فانی شبلی کی طرف منسوب کئے تھے۔

بہر حال میں کہنا یہ چاہتا تھا کہ شبلی پر اگر کوئی قلم اٹھانا چاہے تو جی لگنے کے سامانوں میں کمی نہیں۔ میرے خیال میں سید عبد الماجد اگر فلسفۂ تاریخ سے اتنی ہی دلچسپی کا اظہار کرتے جس اہتمام سے "الکلام" پر منحرفانہ نظر ڈالی گئی تھی تو کفارۂ معصیت کے ساتھ تنقید کا بھی حق ادا ہو جاتا۔

سب سے آخر، مگر دراصل سر فہرست آزادؔ پر میں خود کچھ لکھنا چاہتا ہوں۔ آزاد اس پایہ کے ادیب ہیں کہ ان کے دائرہ کے اور خلاقین سخن کو ان کے آگے سر جھکانا

پڑے گا۔ آزاد کی جن حیثیتوں پر خصوصیت کے ساتھ نگاہ پڑ سکتی ہے، وہ تحقیقات السنہ کے مذاق کے ساتھ پاکیزگیٔ زبان اور آزاد کا خاص انداز بیان ہے جس سے ان کی نثر عموماً زر نگار معلوم ہوتی ہے۔

ایک مغربی شاعر کے خیال میں جس نے شوخی سے عالم فطرت (نیچر) پر کمال صنعت (آرٹ) کو ترجیح دی ہے، خوش آب موتیوں کا نشاط انگیز انتشار کے ساتھ فرش ریشمی پر بکھر جانا روانیٔ آب سے زیادہ دلکش ہے مگر اس سے زیادہ تر دلکش ہے کسی نازک خیال مصنف کی مرصع پیداوار دماغی جو حسن صوری اور معنوی کے ساتھ آمد اور بے ساختہ پن کی تصویر ہو۔ اس کے سلیس و نفیس لٹریچر کا یہ وصف اضافی کہ روکھے پھیکے مسائل کو بھی اس لطافت سے جذب کر سکے کہ کہیں سے بار طبیعت نہ ہو اور فسانے (یعنی لائٹ ریڈنگ) کا لطف آئے، میرا خیال ہے لائق ذکر خصائص میں سے ہے، جس کی بنا پر ایک مشہور موقع پر یہ کہا گیا تھا کہ "آزاد اردوئے معلیٰ کا ہیرو ہے۔"

جس طرح تاریخ میں فلسفہ کا رنگ سب سے پہلے شبلی نے چمکایا ہے، اردو کو انشاپردازی کے درجہ پر جس نے پہونچایا وہ آزاد اور صرف آزاد ہیں اور گو اس مسئلہ پر ابھی کافی توجہ نہیں کی گئی ہے، لیکن آزاد کی ادبی فتوحات تاریخ لٹریچر کا ایک واقعہ ہے جس کا فیصلہ خود فلسفۂ ادب کے ہاتھوں میں ہو گا۔ جن حضرات کی نگاہیں دلی لکھنؤ کے اختلافات تک محدود ہیں یا جن کی قاصر النظری میرے اس خیال کی تائید کی مانع ہو وہ مجھے معاف فرمائیں گے، اگر میں بلا خوف تردید یہ عرض کروں کہ پروفیسر آزاد کا درجہ بحیثیت ادیب جو کچھ ہے اس کا سمجھنا دوم درجہ کی خلقت کے لئے جو فلسفہ لٹریچر سے قطعاً بیگانہ ہے، آسان نہیں ہے۔ اس لئے کسی اختلافی بحث کا چھیڑنا "گول خانہ میں چوکھنٹی چیز

ہے" سے بھی زیادہ گیا گذرا ہو گا۔

سر سید سے "معقولات" الگ کر لیجئے تو کچھ نہیں رہتے، نذیر احمد بغیر مذہب کے لقمہ نہیں توڑ سکتے، شبلی سے تاریخ لے لیجئے تو قریب قریب کورے رہ جائیں گے۔ حالی بھی جہاں تک نثر کا تعلق ہے سوانح نگاری کے ساتھ چل سکتے ہیں لیکن "آقائے اردو" یعنی پروفیسر آزاد صرف انشا پرداز ہیں جن کو کسی اور سہارے کی ضرورت نہیں، اسی لئے واقعات بھی انھوں نے جس قدر لکھے ہیں، "قصص" (یعنی ٹیلز) کی حیثیت رکھتے ہیں، جنھیں "افسانہ یارانہ کہن" سمجھئے۔

اس بحث کو اصل تنقیدی مضمون میں پھیلاؤں گا، یہاں افتتاحی حیثیت سے بھی قوت کا صرف کرنا منظور نہیں۔ اسی سلسلہ میں آپ دیکھیں گے کہ جدید شاعری جس کے "آدم" حالی سمجھے جاتے ہیں، غالباً اس کی داغ بیل سب سے پہلے آزاد نے ڈالی تھی۔ مجھ کو آزاد کے لٹریچر سے غیر معمولی دلچسپی ہے، اس لئے ذرا تفصیل کے ساتھ ان کی دلکش تصنیفات کے ان اجزاء کو ابھار کر دکھاؤں گا جن کا ایک ایک حرف لٹریچر کی جان ہے۔

بہر حال ارکان خمسہ کی تجویز آپ کے سامنے ہے۔ اکبری نورتن کے مقابلہ میں بعض صاحبوں کو یہ تجدید پسند نہ آئے گی لیکن مجھے افسوس ہے کہ مصنفین کی صف اول میں اس سے زیادہ گنجائش معلوم نہیں ہوتی۔ تاہم غیر ضروری نکتہ چینی سے علیحدہ ہو کر اگر کوئی صاحب (بشرطیکہ لٹریچر کا صحیح مذاق رکھتے ہوں) مجھے مفید مشورہ دے سکیں تو میرا خیال ہے میں اس پر غور کرنے کے لئے ایک حد تک تیار ہوں۔

اس تجویز کو قوت سے فعل میں لانے کے لئے ضرورت ہے کہ کم سے کم سو صفحے ہر

مصنف کے نذر کئے جائیں۔ اس طرح پانچ سو صفحوں کی ایک کتاب تیار ہو جائے گی جس کا ایک طبع خاصہ (یعنی اڈیشن ڈی لکس) بہتر سے بہتر کاغذ اور چھپائی کے ساتھ شائع ہو گا، جس میں مصنفین کے ساتھ منقدین کی ہاف ٹون عکسی تصویریں شامل کی جائیں گی۔ اس کی تکمیل مالی امداد سے قطعاً بے نیاز ہے۔ صرف ضرورت ہے تو ترتیب مضامین کی، جس کی طرف ایک مرتبہ اور میں ان اصحاب کو متوجہ کرنا چاہتا ہوں جن کو فرداً فرداً میں نے نامزد کرنے کی عزت حاصل کی ہے۔

***